200% ATELIER

Pour une prise en main rapide et facile !

104 Ateliers pour Excel 2013

Micro Application

Copyright © 2013 MA éditions
88 ter, Avenue du Général Leclerc
92100 Boulogne-Billancourt

Édition Novembre 2013

Auteurs Élisabeth Ravey

ISBN : 978-2-822-402743

Tous les produits cités dans cet ouvrage sont protégés, et les marques déposées par leurs titulaires de droits respectifs.
Dans l'objectif pédagogique de cet ouvrage vous pouvez accéder gratuitement (hors frais de connexion) aux images utilisées dans les ateliers sur le site de MA EDITIONS à l'adresse suivante :

http://ma-editions.com

Cette adresse vous est personnelle et utilisable qu'en votre qualité de possesseur licite de notre ouvrage et les photos sont la propriété exclusive de leurs titulaires respectifs. **Elles ne peuvent être utilisées qu'à titre privé et vous sont proposées uniquement pour réaliser les ateliers. Toute autre utilisation est interdite.**

LES ATELIERS

POUR COMMENCER

JOUER AUX FLÉCHETTES

RANGER SES PHOTOS

FAIRE UNE COURSE DE KART

COURSE À PIED

HIERARCHIE D'UNE ASSOCIATION

La barre d'outils Accès rapide
Le Ruban
La zone Nom
L'onglet de feuille
La Barre d'état
FICHIER
ACCUEIL
INSERTION
MISE EN PAGE
FORMULES
Coller
Cambria
11
Presse-papiers
Police
Alignement
R48
LUNDI
MARDI
MERCREDI
Calendrier familial saisons
PRÊT

1

POUR COMMENCER

Avant de profiter pleinement de votre tableur, il faut vous familiariser avec les diverses commandes et savoir où les trouver. Ce chapitre décrit l'environnement, les commandes essentielles, les outils et certaines techniques dont vous avez besoin pour vous servir du tableur Excel 2013.

L'ÉCRAN DE DÉMARRAGE

0h10

Lorsque vous démarrez Excel vous arrivez directement sur le mode Backstage, qui vous propose d'ouvrir un fichier récent ou de créer un nouveau document vierge ou à partir d'un modèle.

1/ Créer un nouveau classeur

À l'ouverture de l'application, cliquez sur Nouveau classeur.

2/ Un classeur vierge

Le nouveau classeur est ouvert et prêt à être utilisé.

3/ Utiliser des modèles

Les modèles sont des fichiers conçus pour être des documents intéressants, percutants et de qualité professionnelle. Leur mise en forme est complète, il ne vous reste plus qu'à leur ajouter les données que vous voulez. Cliquez sur le modèle de votre choix.

4/ Rechercher des modèles

Pour trouver d'autres modèles que ceux proposés sur la page du Backstage, cliquez dans la zone Rechercher modèles en ligne et saisissez un mot clé correspondant au type de classeur que vous souhaitez puis appuyez sur la touche Entrée. Un choix de modèles vous est proposé. Cliquez sur celui qui vous intéresse.

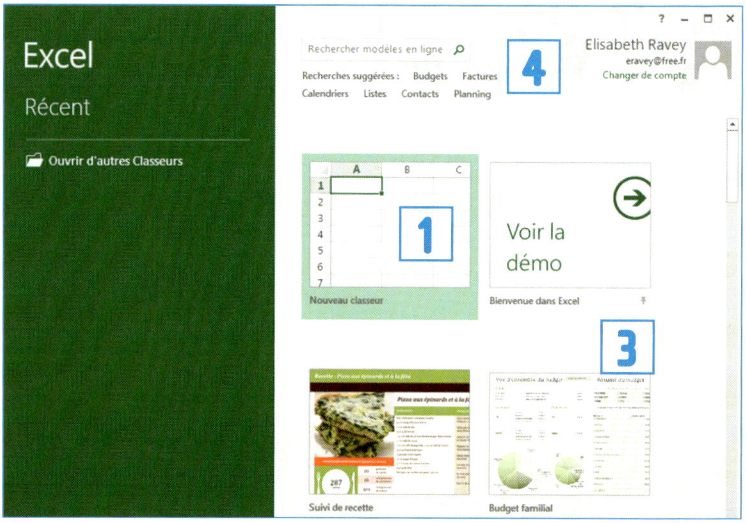

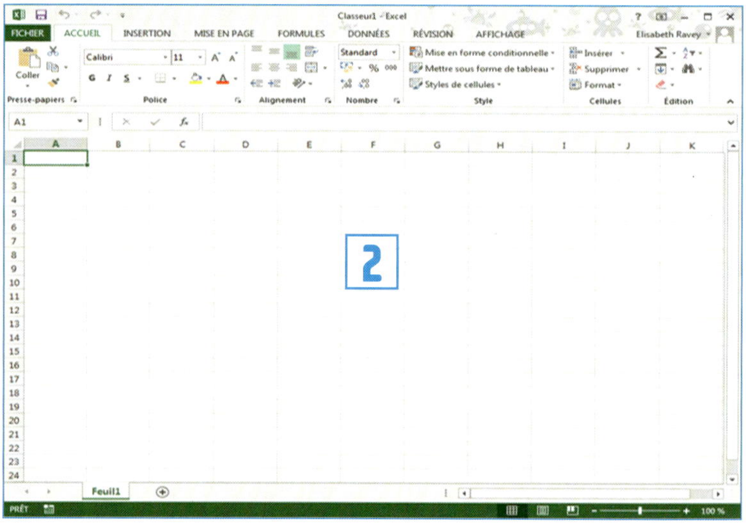

Alt + F > Ouvrir le mode Backstage

LE MODE BACKSTAGE vous permet de gérer vos documents et les données qui y sont liées, de créer, enregistrer et envoyer des documents, d'inspecter des documents afin d'y rechercher des métadonnées cachées ou des informations personnelles, de définir des options telles que l'activation ou la désactivation des suggestions de saisie semi-automatique, etc.

5/ Créer à partir du modèle

Lorsque vous cliquez sur un modèle, une fenêtre d'aperçu s'affiche, vous indiquant quelques informations supplémentaires sur le modèle sélectionné. Cliquez sur le bouton Créer pour lancer la création d'un classeur reprenant ces caractéristiques.

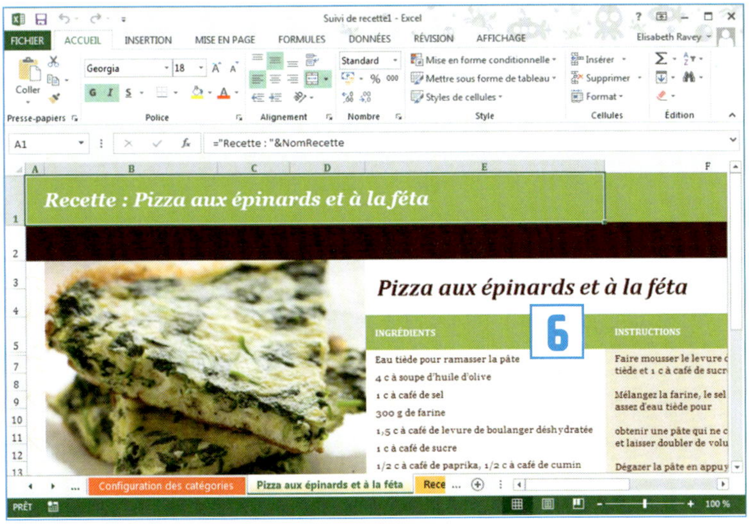

6/ Modèle prêt à utiliser

Un nouveau classeur est ouvert avec toute la mise en forme et les divers attributs du modèle sélectionné. Vous pouvez à présent y insérer vos propres données, que ce soit du texte, des formules, des liens hypertextes, des images ou des vidéos, entre autres.

APPRIVOISER LE RUBAN

0h15

Le ruban offre un affichage complet de boutons groupés que vous voyez tout le long du bord supérieur de la fenêtre. Il facilite l'accès aux diverses commandes. C'est un centre de contrôle unique qui regroupe les commandes indispensables et les rend plus visibles.

1/ Un onglet actif

Les commandes sont organisées autour des tâches principales que vous effectuez qui sont représentées par un onglet. Dans l'exemple l'onglet Accueil est actif, ce sont ses commandes que vous visualisez.

2/ Les autres onglets

Les autres onglets sont inactifs. Par défaut le ruban affiche huit onglets : Fichier ; Accueil ; Insertion ; Mise en page ; Formules ; Données ; Révision ; Affichage. Il suffit de cliquer dessus pour afficher les commandes qui leur correspondent.

3/ Les groupes

Chaque onglet est scindé par fonction en groupe. Les groupes rassemblent toutes les commandes dont vous pouvez avoir besoin pour un type de tâche.

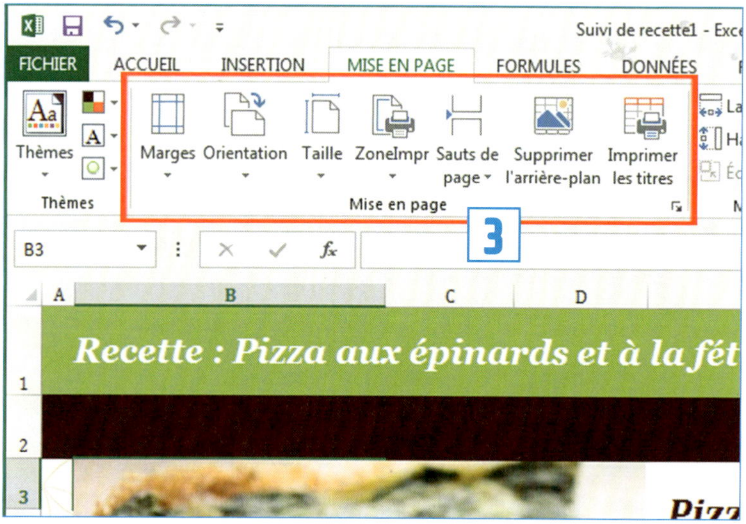

LA HIÉRARCHIE AU SEIN ET ENTRE LES ONGLETS DU RUBAN est conçue pour se rapprocher d'un modèle général de workflow, avec les caractéristiques et les options les plus souvent utilisées, empilées plus ou moins de gauche à droite à l'intérieur et entre les onglets.

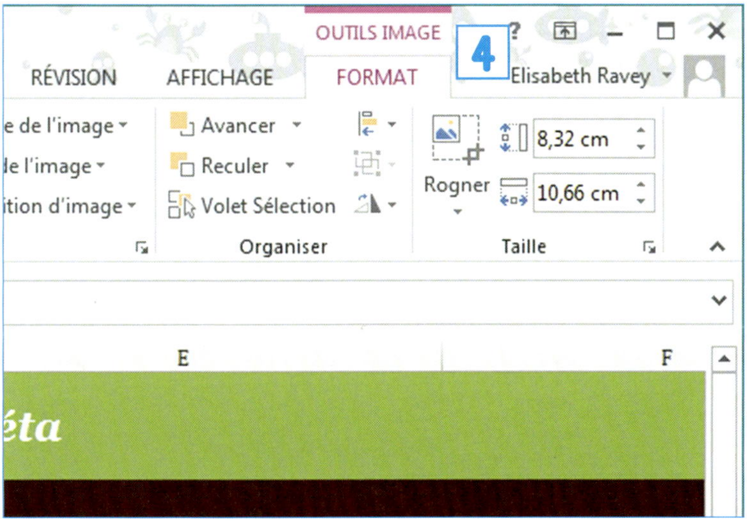

4/ Les outils contextuels

Bien que les principaux onglets du ruban contiennent un grand nombre de commandes, toutes n'y figurent pas. Certaines apparaissent uniquement en réponse à une action que vous effectuez. Par exemple, les commandes de mise en forme d'image n'apparaissent que lorsque vous insérez ou sélectionnez un objet image.

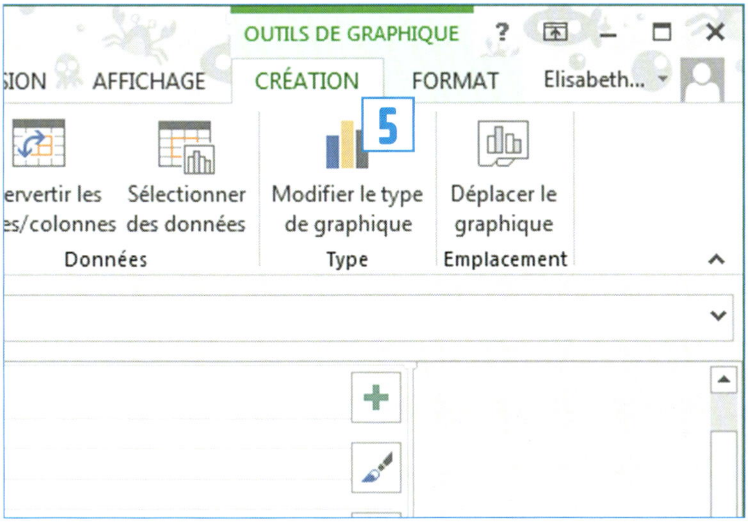

5/ Les onglets contextuels

Le nombre et le nom des onglets diffèrent selon l'action effectuée. Ici, un graphique a été sélectionné. Sous la zone Outils de graphique, deux nouveaux onglets se sont affichés : Création et Format.

L'APPARENCE DU RUBAN

0h10

Selon la taille et la résolution de votre écran, il se peut que vous n'ayez pas le même affichage que sur les images que contient cet ouvrage. En effet, vous pourriez voir plus ou moins de boutons dans chacun des groupes. Les boutons que vous voyez peuvent être représentés par

1/ Ruban entièrement affiché

Dans cet ouvrage, la résolution utilisée permet l'affichage complet des commandes du ruban.

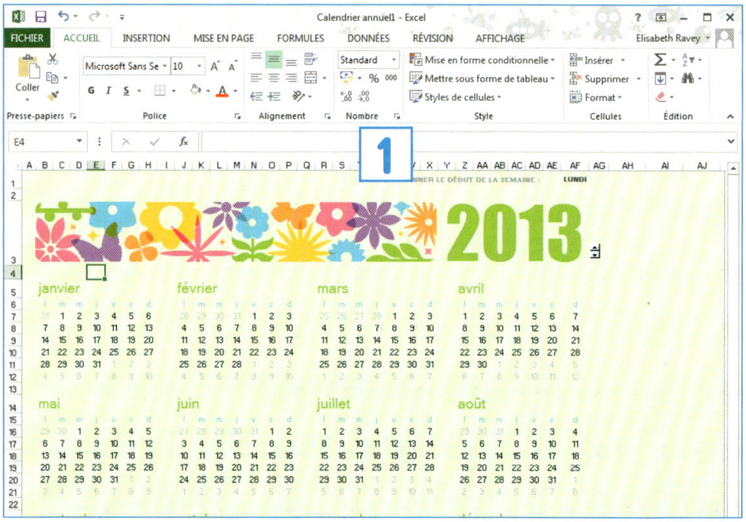

2/ Le ruban se redimensionne

Lorsque vous réduisez la taille de la fenêtre Excel, le ruban étant dynamique, il compacte l'affichage des groupes pour permettre à toutes les commandes d'être accessibles.

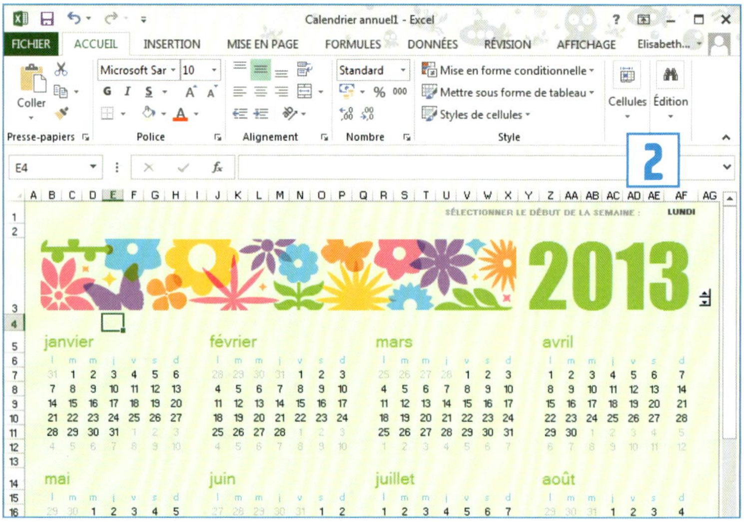

Le ruban maximum Le ruban minimum	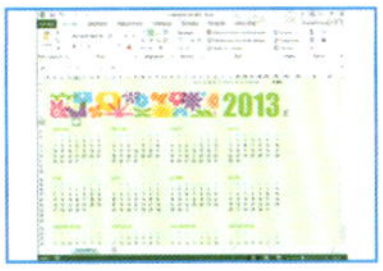 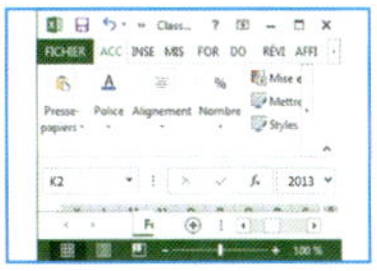

des icônes plus grandes ou plus petites que celles indiquées, ou le groupe pourrait être représenté par un seul bouton sur lequel vous cliquez pour afficher ses commandes.

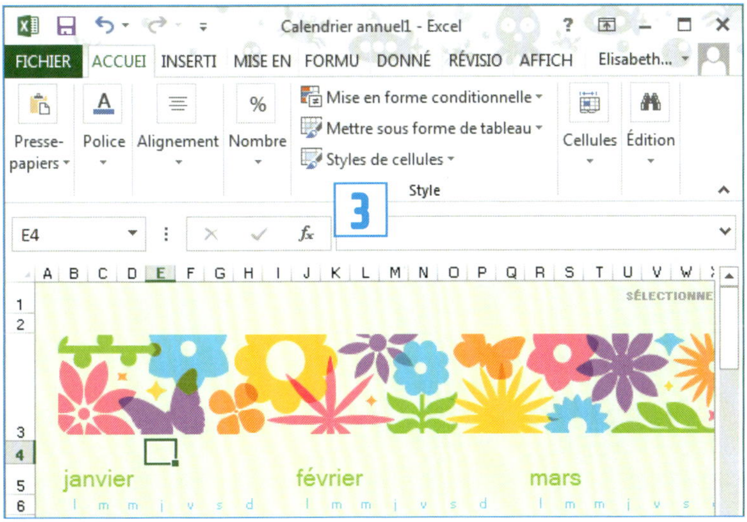

3/ Ruban compacté

Lorsque le ruban est entièrement compacté, pratiquement tous les groupes sont devenus des boutons qui affichent les commandes qu'ils contiennent lorsque vous cliquez dessus.

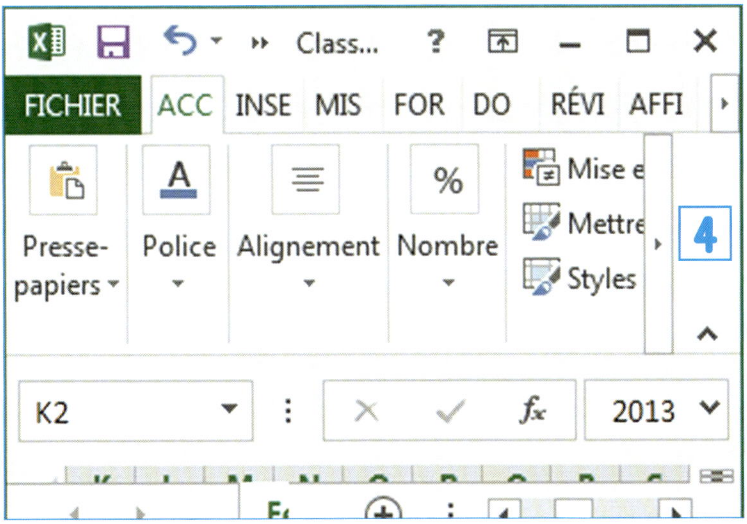

4/ Le ruban dans une petite fenêtre

Si la fenêtre devient trop petite pour afficher le ruban compacté, Excel se trouve obligé de les rogner. Pour y avoir accès vous devez cliquer la flèche qui affichera la partie manquante.

AFFICHER ET MASQUER LE RUBAN

0h10

Grâce au ruban, les commandes sont centralisées et faciles à trouver. Or, vous n'avez parfois besoin d'aucune commande et souhaitez simplement travailler sur votre feuille de calcul et disposer d'espace supplémentaire ; pour cela, il suffit de masquer le ruban.

1/ Options d'affichage du ruban

Cliquez sur le bouton Option d'affichage du ruban . Il se trouve à droite du bouton Aide dans la barre de titre.

2/ Les trois possibilités d'affichage

Un menu se déroule vous proposant trois options d'affichage : Masquer automatiquement le ruban ; Afficher les onglets ; Afficher les onglets et commandes. Cliquez sur une des options proposées dans le menu qui s'affiche.

3/ Masquer automatiquement

Si vous cliquez sur Masquer automatiquement le ruban, vous aurez l'écran entier pour travailler et il suffit de cliquer sur le haut de l'écran pour faire réapparaître temporairement les commandes et la barre d'état.

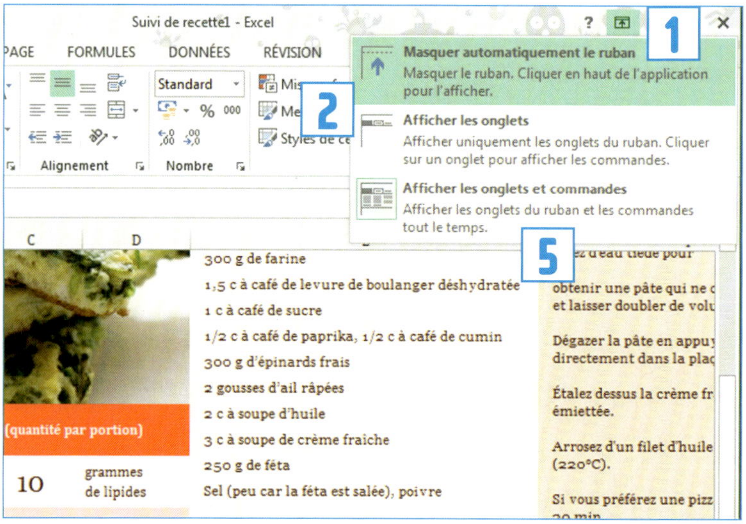

Ctrl+F1 > Réduire ou Attacher le ruban

atelier 04

Vous pouvez aussi, simplement, double-cliquer sur l'onglet actif pour réduire le ruban. Chaque fois que vous avez besoin d'afficher à nouveau le ruban, double-cliquez sur un onglet pour rétablir les groupes.

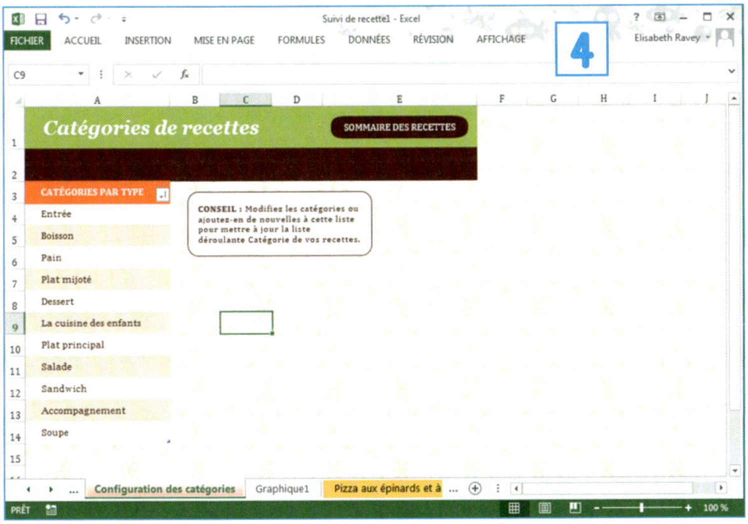

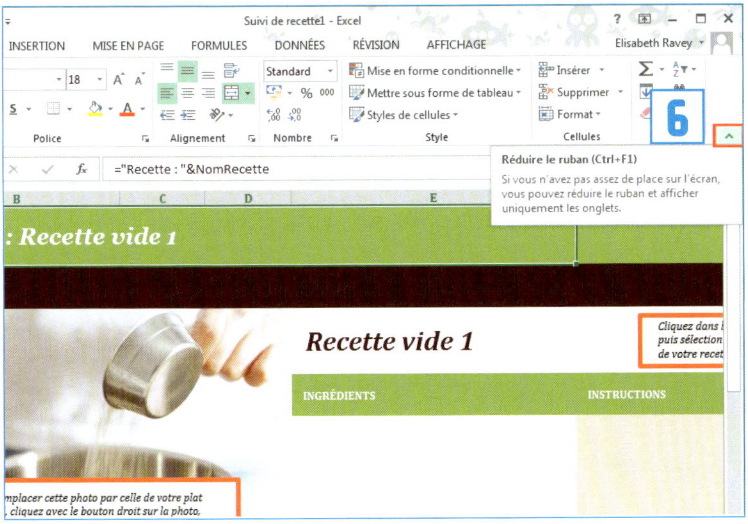

4/ Afficher les onglets

Afficher les onglets permet de masquer les commandes du ruban en ne laissant à l'écran que les onglets. Il suffit de cliquer une fois sur l'onglet dont vous avez besoin pour faire apparaître temporairement les commandes correspondantes. Dès que vous aurez terminé vos manipulations, les commandes se masqueront de nouveau automatiquement.

5/ Faire réapparaître le ruban

Bien sûr, si vous cliquez sur Afficher les onglets et commandes, le ruban réapparaît dans son intégralité et reste affiché.

6/ Réduire le ruban

Cliquez sur le bouton Réduire le ruban qui se trouve à l'extrémité droite du ruban. Le ruban se réduit et ne laisse plus que les onglets en visuel. Les groupes disparaissent. Pour réafficher le ruban, cliquez sur le bouton Attacher le ruban qui remplace Réduire le ruban.

PERSONNALISER LE RUBAN

0h25

Excel vous permet d'adapter l'ensemble du ruban en vous proposant de masquer et d'afficher des onglets du ruban, de réorganiser les onglets affichés sur le ruban, de personnaliser les onglets existants, et de créer des onglets personnalisés.

1/ Personnaliser le ruban

Pour afficher la fenêtre de configuration, vous pouvez faire un clic droit n'importe où sur le ruban. Cliquez ensuite sur la commande Personnaliser le ruban dans le menu qui apparaît.

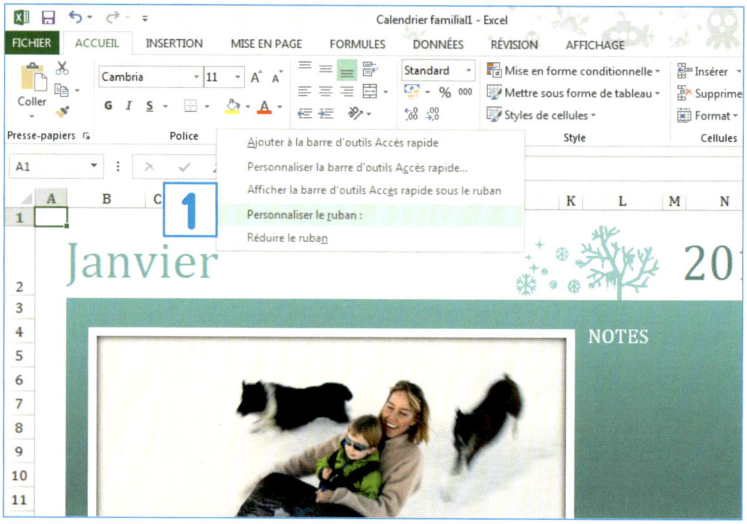

2/ Afficher/masquer les onglets

Les onglets existants sont listés. Vous pouvez cocher ou décocher la case devant chacun pour les afficher ou les masquer.

3/ Réorganiser onglets et groupes

Pour réorganiser l'ordre des onglets cliquez sur un onglet et utilisez les boutons Monter et Descendre. Utilisez la même manipulation pour organiser les groupes.

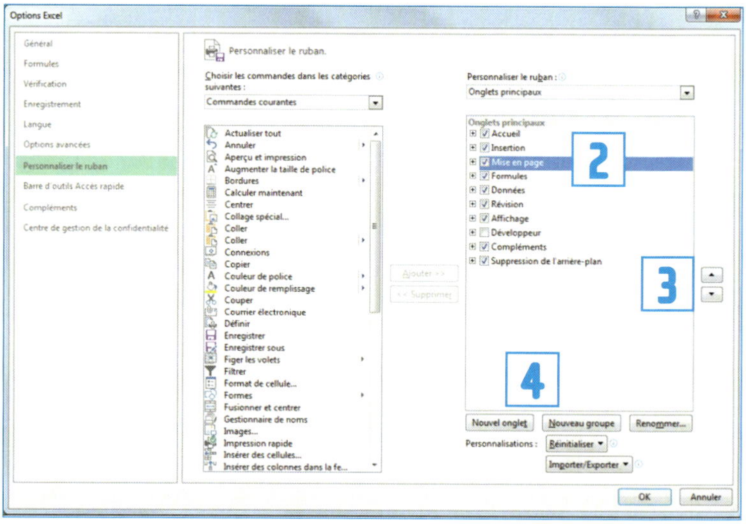

4/ Ajouter onglets et groupes

Pour ajouter un onglet, cliquez sur le bouton Nouvel onglet.

Pour ajouter un nouveau groupe, sélectionnez l'onglet dans lequel vous voulez le faire apparaître puis cliquez sur le bouton Nouveau groupe.

Un ruban personnalisé

atelier 05

PAR EXEMPLE, VOUS POUVEZ DÉSACTIVER L'AFFICHAGE DES ONGLETS existants et en créer un avec des groupes personnalisés regroupant les commandes que vous utilisez fréquemment.

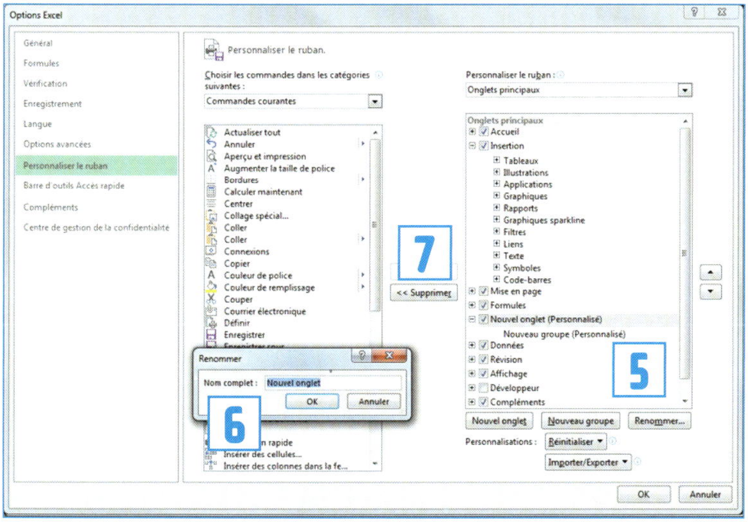

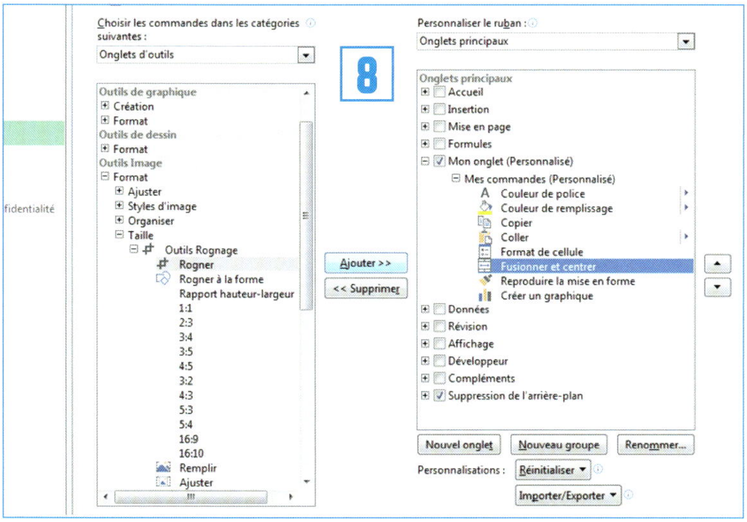

5/ Renommer onglets et groupes

Lorsqu'un nouvel onglet ou un nouveau groupe est inséré il porte un nom générique. Pour le rendre plus pertinent, sélectionnez-le et cliquez sur le bouton Renommer.

6/ Nommer l'onglet

Dans la boîte de dialogue Renommer, saisissez le nom de votre choix et cliquez sur le bouton OK.

7/ Supprimer onglets et groupes

Il est impossible de supprimer les onglets préexistants, seuls les groupes personnalisés peuvent l'être. Tous les groupes peuvent être supprimés.
Cliquez sur l'onglet ou le groupe à supprimer et cliquez sur le bouton Supprimer.

8/ Ajouter des commandes

Vous ne pouvez ajouter de commandes qu'à des groupes personnalisés.

- Sélectionnez la commande à ajouter.
- Sélectionnez le groupe dans lequel vous voulez l'ajouter.
- Cliquez sur le bouton Ajouter.

LA PERSONNALISATION DU RUBAN est spécifique au programme Microsoft Office avec lequel vous travaillez. Elle ne s'applique pas d'un programme Office à un autre

LORSQUE VOUS CRÉEZ UN GROUPE vous pouvez définir une icône qui s'affichera dans le cas où le ruban serait dans une résolution qui le compacte.

9/ Onglets contextuels

Pour faire des modifications dans les onglets contextuels, sélectionnez Onglets d'outils dans la zone Personnaliser le ruban.

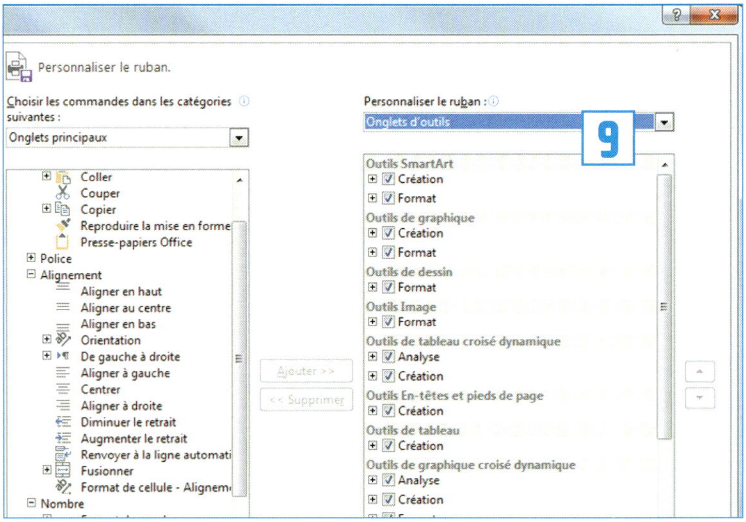

10/ Réinitialiser le ruban

Pour retrouver le ruban par défaut, cliquez sur le bouton Réinitialiser. Dans la liste de choix, cliquez sur la commande Réinitialiser toutes les personnalisations.

Si vous ne souhaitez réinitialiser qu'un seul onglet, sélectionnez-le avant de cliquer sur le bouton Réinitialiser, puis sélectionnez Réinitialiser uniquement l'onglet du ruban sélectionné.

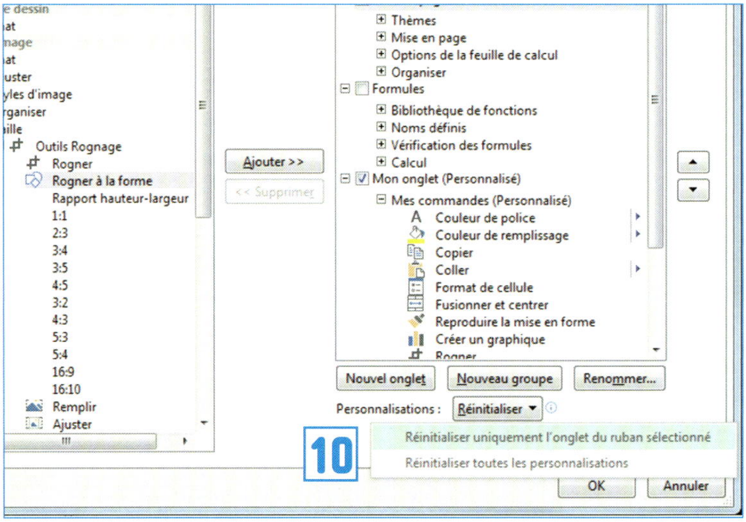

Groupe personnalisé nommé Perso

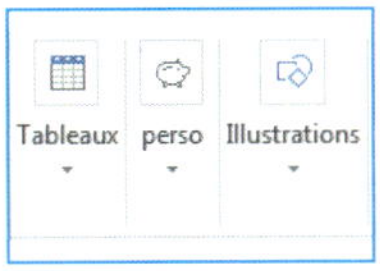

atelier 05

CHAQUE COMMANDE que vous ajoutez dans un groupe personnalisé peut être renommée pour qu'elle soit plus pertinente si vous le souhaitez. Vous pouvez aussi changer son icône.

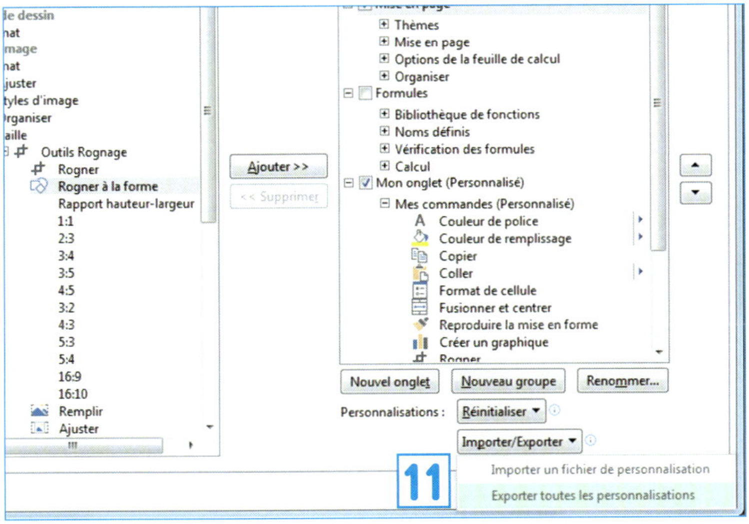

11/ Emporter son ruban

Si vous voulez pouvoir vous servir d'Excel avec votre configuration personnalisée du ruban, cela est possible en l'exportant. Cliquez sur le bouton Importer/Exporter puis sur la commande Exporter toutes les personnalisations. Enregistrez votre ruban sur une clé usb ou à l'emplacement de votre choix.

Pour la récupérer sur un autre poste, cliquez sur le bouton Importer/Exporter puis sur la commande Importer toutes les personnalisations et allez chercher votre ruban personnalisé.

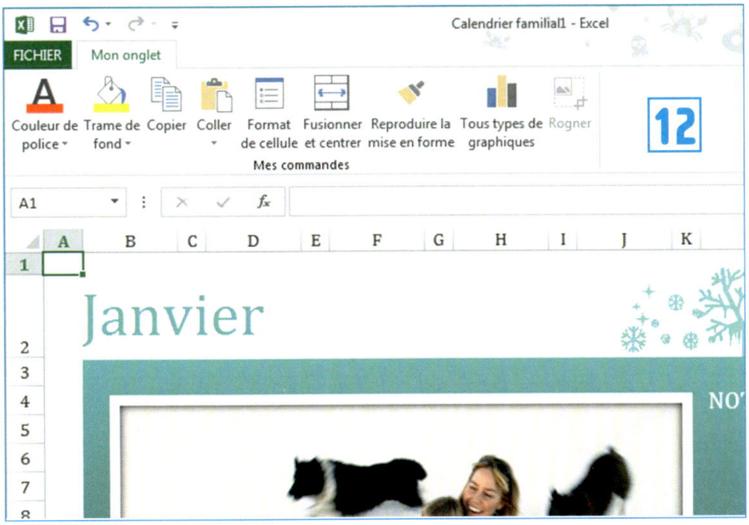

12/ Un ruban personnalisé

Une fois que vous avez cliqué sur le bouton OK dans la fenêtre de configuration, votre nouveau ruban est affiché.

UTILISER LES TOUCHES ACCÉLÉRATRICES

0h10

Le ruban inclut des raccourcis clavier pour chaque bouton. Ils s'appellent des touches accélératrices et apparaissent sous forme de badges. Il n'est pas nécessaire de les apprendre par cœur, une simple pression de touche du clavier et elles apparaissent.

1/ Badges d'onglets

Pour afficher les badges correspondant aux onglets, appuyez sur la touche Alt de votre clavier.Puis appuyez sur la touche du clavier correspondant à l'onglet à afficher. Par exemple G pour afficher l'onglet Mise en page.

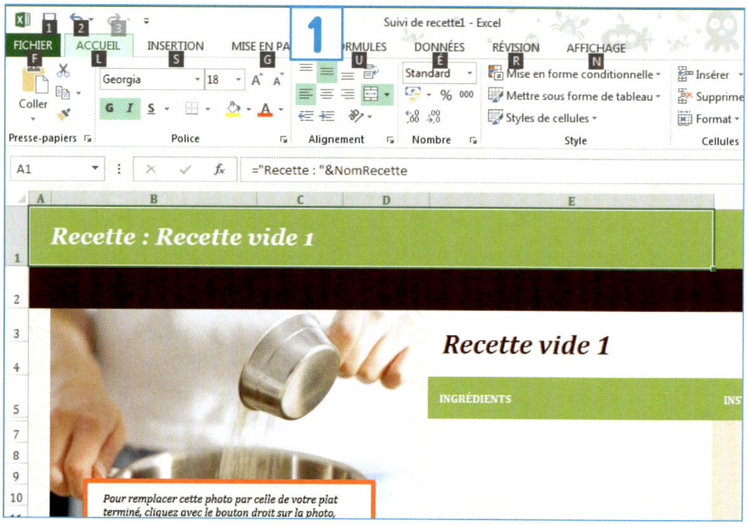

2/ Lancer les commandes

Chaque commande a un badge qui lui est attribué. Appuyez sur la ou les touches correspondant à la commande désirée.

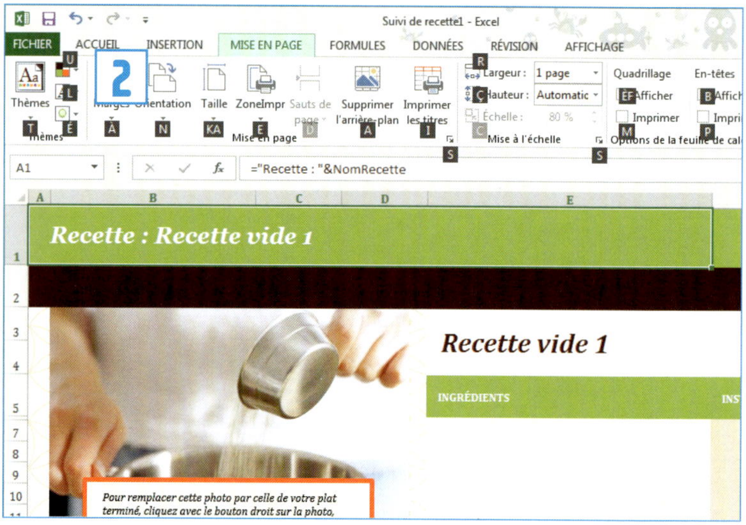

Ctrl + Touche
Alt + Touche

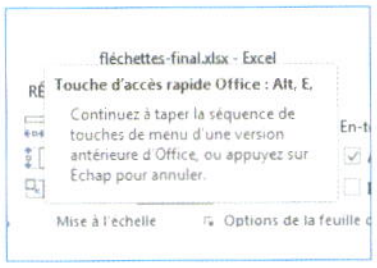

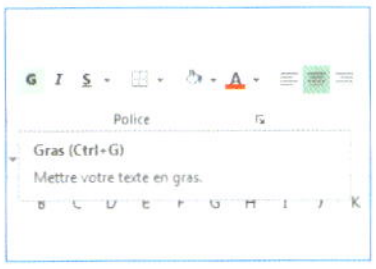

atelier **06**

LA PLUPART DES ANCIENS RACCOURCIS MENU commançant par Alt sont encore utilisables, comme par exemple Alt+E puis G pour le collage spécial. Dans les infos-bulles, s'ils existent, les raccourcis vous sont indiqués, par exemple Ctrl+G pour mettre le texte en gras.

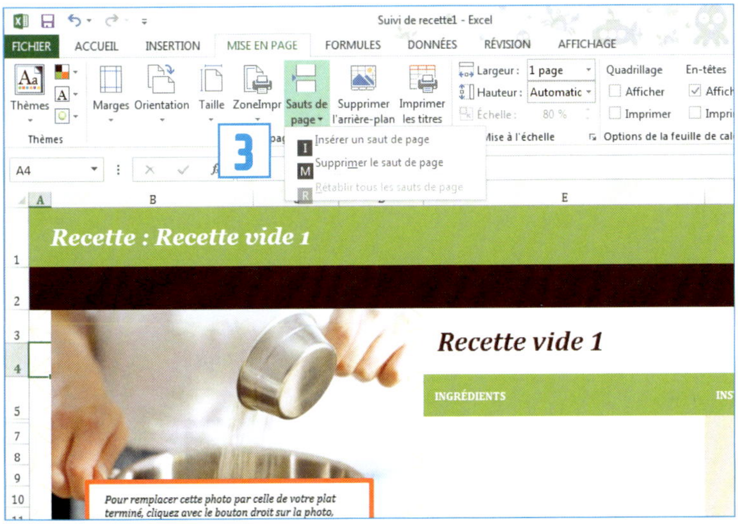

3/ Les menus déroulants

Lorsque la commande ouvre sur un menu déroulant, celui-ci s'affiche et propose les badges pour chaque ligne de menu active.

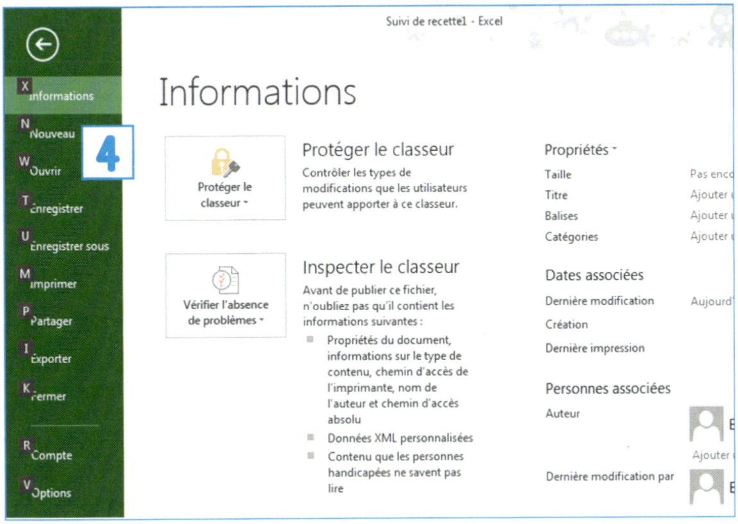

4/ Badges du Backstage

En appuyant sur les touches Alt puis F vous ouvrez le Backstage, dans lequel les badges de touches de raccourcis sont aussi affichés.

LA BARRE DE TITRE

0h10

La barre de titre. La bande du haut de la fenêtre est appelée barre de titre car elle affiche le nom de l'application ainsi que celui du document ouvert. Elle comporte aussi des boutons de commande d'affichage ou de fermeture de la fenêtre.

1/ Classeur vide

À l'ouverture d'un nouveau classeur un nom générique est affiché du type, «classeur 1», «classeur2»...

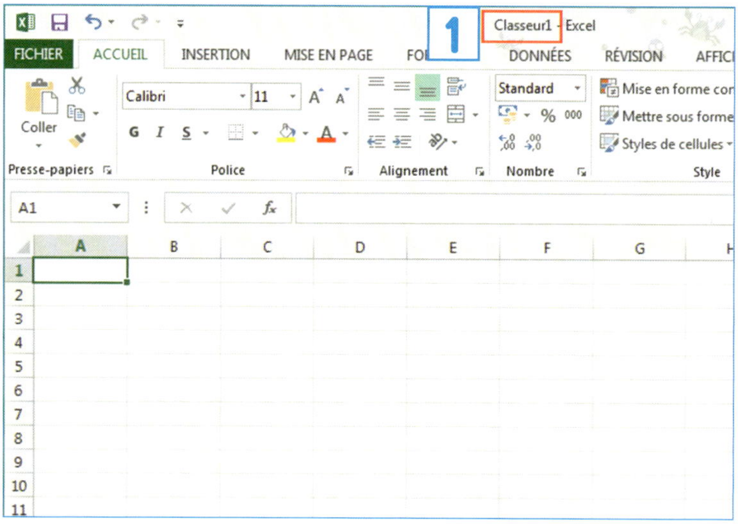

2/ Nom du classeur

Lorsqu'un classeur existant est ouvert, ou qu'un nouveau classeur a été enregistré, le nom de celui-ci est affiché.

3/ Nom de l'application

La barre de titre est un élément que l'on retrouve dans toutes les applications existantes et le nom de l'application utilisée est affiché.

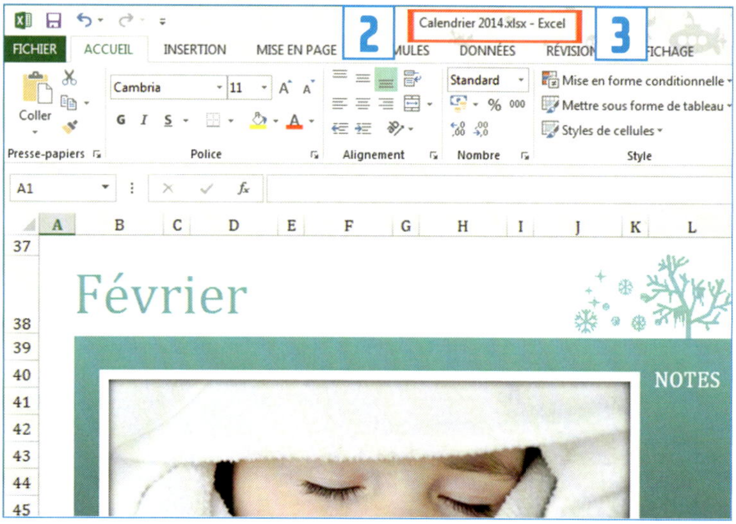

Ctrl+F4 ou Ctrl+W > Fermer la fenêtre
Alt+F4 > Fermer l'application
Ctrl+F10 > Restaurer ou Agrandir

DANS LA BARRE DE TITRE vous trouverez aussi le bouton Aide. Le raccourci clavier pour afficher l'Aide est F1.

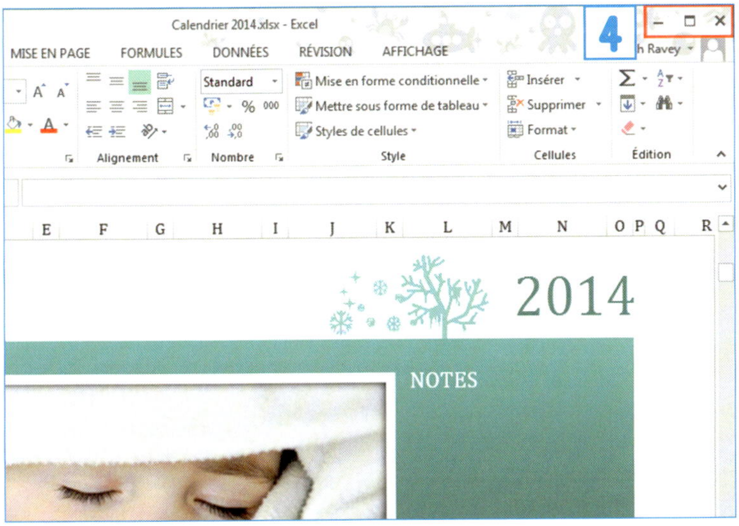

4/ Redimensionner ou fermer

✕ Le bouton Fermer permet de quitter l'application.

Le bouton Niveau inf. permet de réduire la taille de la fenêtre et de l'ajuster à sa guise.

Lorsque la fenêtre est de taille inférieure, le bouton prend la fonction Agrandir et permet de rendre à la fenêtre sa taille maximale.

– Le bouton Réduire permet de diminuer la fenêtre en un bouton dans la barre des tâches.

? Le bouton Aide permet d'ouvrir la fenêtre d'aide de l'application.

5/ Redimensionnement rapide

Vous pouvez redimensionner rapidement la fenêtre de votre classeur en double-cliquant sur la barre de titre.

LA BARRE D'ÉTAT

0h10

La barre d'état est la barre horizontale qui s'affiche en bas de la fenêtre du document Microsoft Excel, fournit des informations sur l'état actuel des éléments affichés à l'écran ainsi que d'autres informations contextuelles.

1/ Sélection

Faites une sélection de cellules. Elles peuvent être non adjacentes.

2/ Informations diverses

La barre d'état affiche diverses informations, comme la moyenne, le nombre de cellules contenant des données, le nombre de cellules contenant des données numériques, les valeurs minimale et maximale ou la somme des cellules sélectionnées.

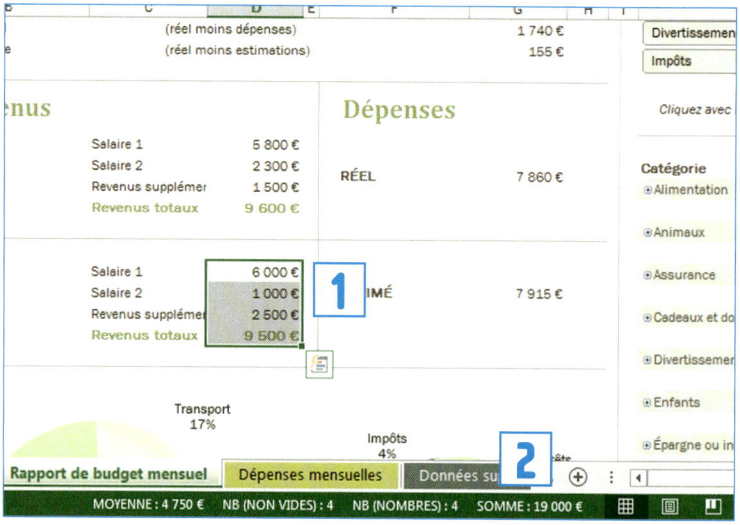

3/ Personnaliser la barre d'état

Pour personnaliser ce que la barre d'état affiche, cliquez avec le bouton droit de la souris sur la barre d'état, puis cliquez sur les options que vous souhaitez afficher ou masquer. Lorsque la coche est présente, l'option est activée.

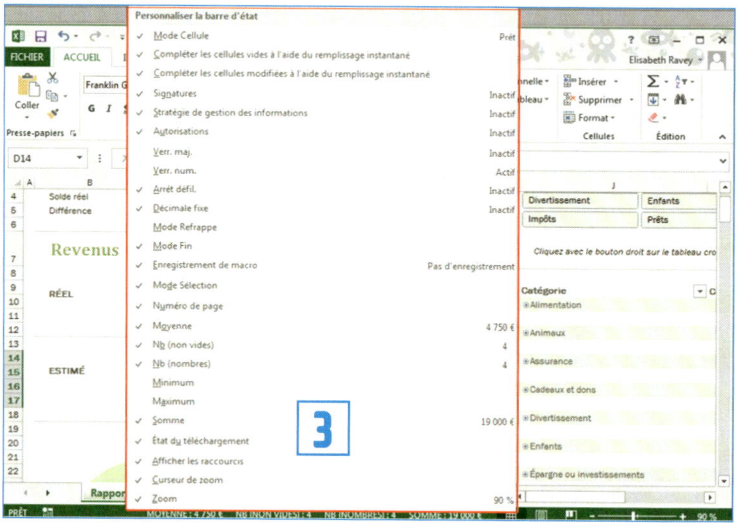

À partir de la barre d'état, on peut aussi changer de mode d'affichage.
Normal > Mise en page > Aperçu des sauts de page

atelier 08

SUR LA BARRE D'ÉTAT les éléments suivants peuvent s'afficher :

VERR. MAJ. : signifie que la touche Maj est verrouillée.

VERR. NUM. : signifie que le verrouillage numérique est activé.

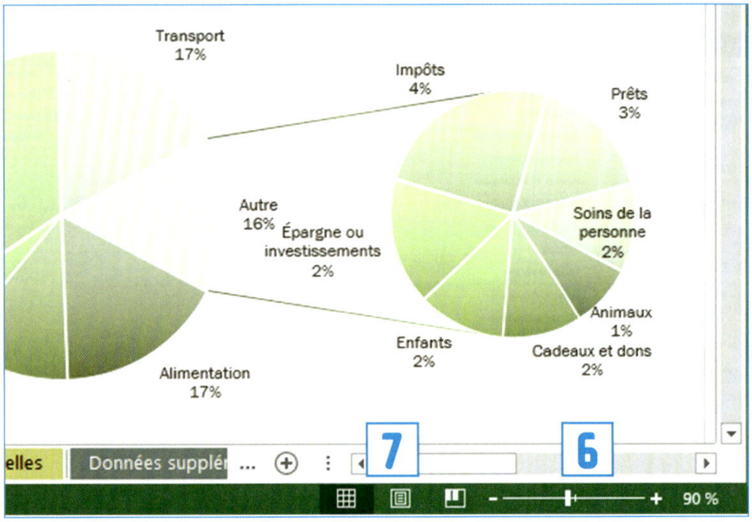

4/ Informations contextuelles

La barre d'état affiche aussi des informations contextuelles. Par exemple, sélectionnez une cellule ou une plage de cellule et copiez-la. Elle se borde d'une ligne discontinue clignotante.

5/ Informations contextuelles (2)

Dans cet exemple, la barre d'état vous indique ce qu'il reste à faire pour coller les données.

6/ Le zoom

Vous pouvez augmenter ou réduire la taille d'affichage du contenu du classeur en utilisant le curseur du zoom qui se trouve dans la partie droite de la barre d'état.

7/ Mode d'affichage

À partir de la barre d'état on peut aussi changer de mode d'affichage.

- Normal
- Mise en page
- Aperçu des sauts de page

COPIER UNE FEUILLE DE CALCUL

0h10

La commande de copie de feuille garde les données, formules et formats de la feuille de départ. La feuille copiée est identique.

1/ Copier une feuille

Cliquez sur l'onglet de la feuille à copier et maintenez le bouton de la souris pressé. Glissez ensuite sur les onglets. Le curseur change de forme et devient une feuille assortie d'un signe + avec une flèche . Glissez l'onglet jusqu'à l'endroit où vous voulez placer la copie de votre feuille.

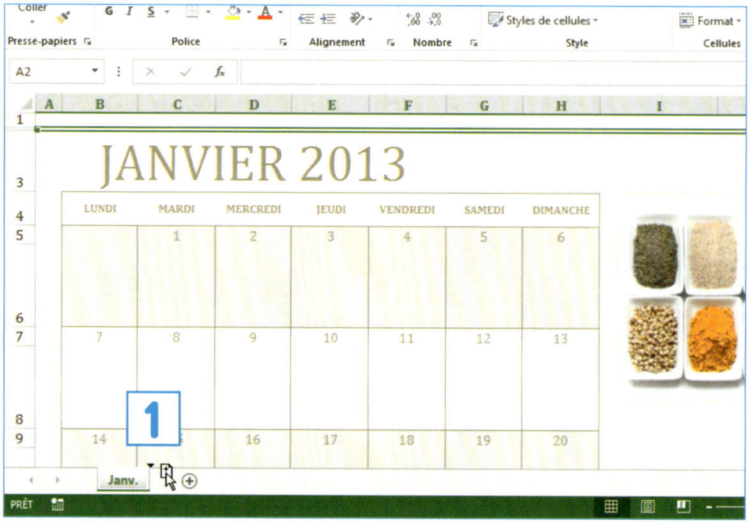

2/ Le bouton Format

Vous pouvez utiliser le bouton Format du groupe Cellules sous l'onglet Accueil pour insérer une nouvelle feuille.

3/ Le menu contextuel

Cliquez sur la commande Déplacer ou copier une feuille dans le menu qui s'affiche.

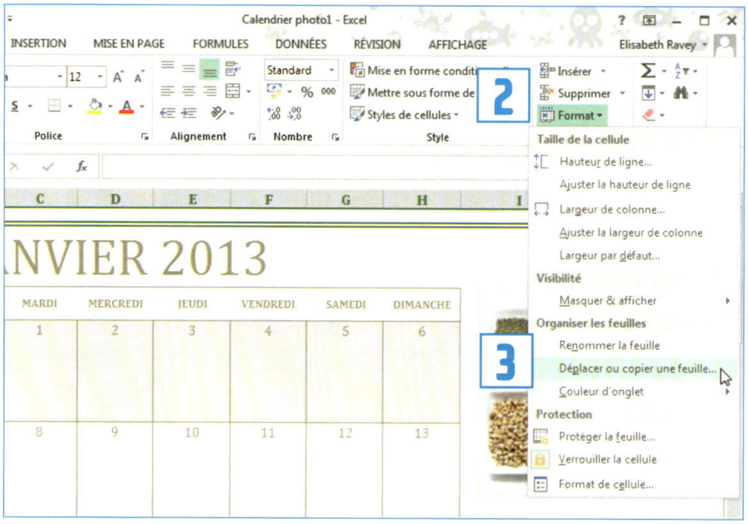

Lorsque vous créez une copie de la feuille de calcul, la feuille est dupliquée dans le classeur. Deux feuilles ne pouvant avoir le même nom dans Excel, (2) est ajouté derrière le nom initial. Par exemple, la première copie effectuée de la *Feuille1* est nommée *Feuille1 (2)*.

SI VOUS SAVEZ À L'AVANCE que vous allez avoir besoin d'une deuxième feuille similaire, vous pouvez les sélectionner toutes les deux avant de faire vos manipulations. Elles seront identiques, comme si vous aviez placé un papier carbone.

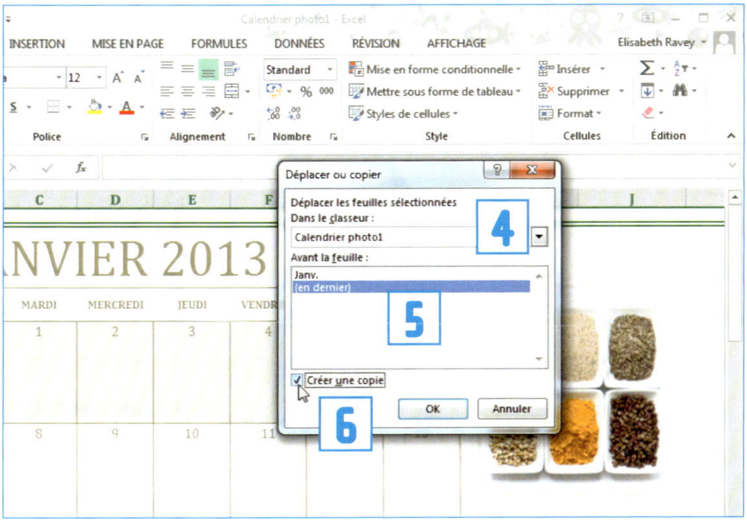

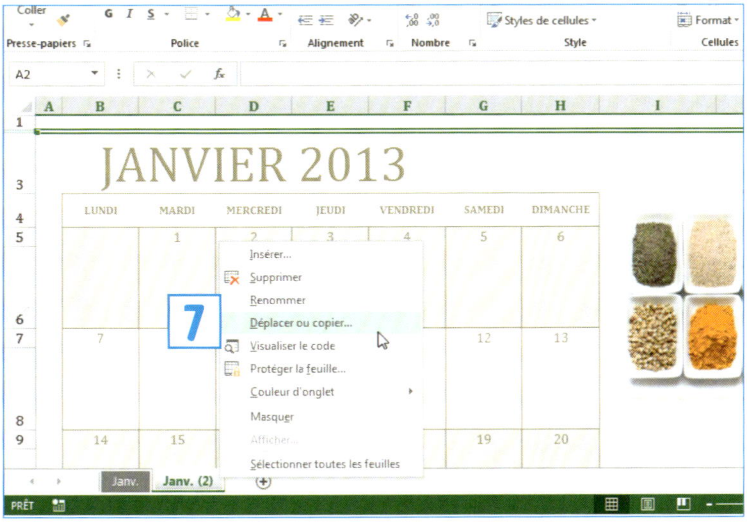

4/ La boîte de dialogue

La boîte de dialogue Déplacer ou copier s'affiche. Dans la zone Dans le classeur, précisez si vous voulez copier la feuille dans ce classeur, dans un nouveau classeur ou dans un autre classeur ouvert.

5/ Emplacement de la feuille

Dans la zone Avant la feuille de la boîte de dialogue Déplacer ou copier, définissez avant quelle autre feuille vous voulez la copier.

6/ Créer une copie

Il est primordial de penser à cocher la case Créer une copie, sinon vous ne ferez que déplacer votre feuille. Cliquez ensuite sur le bouton OK.

7/ Le menu contextuel

Vous pouvez utiliser le menu contextuel pour afficher la boîte de dialogue Déplacer ou copier. Faites un clic droit sur l'onglet de la feuille de calcul à copier. Cliquez ensuite sur le bouton OK.

MASQUER OU AFFICHER UNE FEUILLE

0h10

Par souci de lisibilité, vous pouvez cacher certaines feuilles du classeur. La commande Masquer permet de rendre inaccessibles un ou plusieurs onglets. Les formules de calcul éventuellement saisies dans les feuilles masquées ou liées ne seront pas supprimées.

1/ Le bouton Format

Vous pouvez utiliser le bouton Format du groupe Cellules sous l'onglet Accueil pour masquer une feuille.

2/ Masquer & afficher

Cliquez sur la commande Masquer & afficher dans le menu qui s'affiche.

3/ Masquer la feuille

Cliquez sur la commande Masquer la feuille dans le sous-menu proposé.

4/ Le menu contextuel

Vous pouvez utiliser le menu contextuel pour masquer la feuille. Faites un clic droit sur l'onglet de la feuille de calcul concernée.

5/ Masquer

Cliquez sur la commande Masquer dans le menu qui s'affiche.

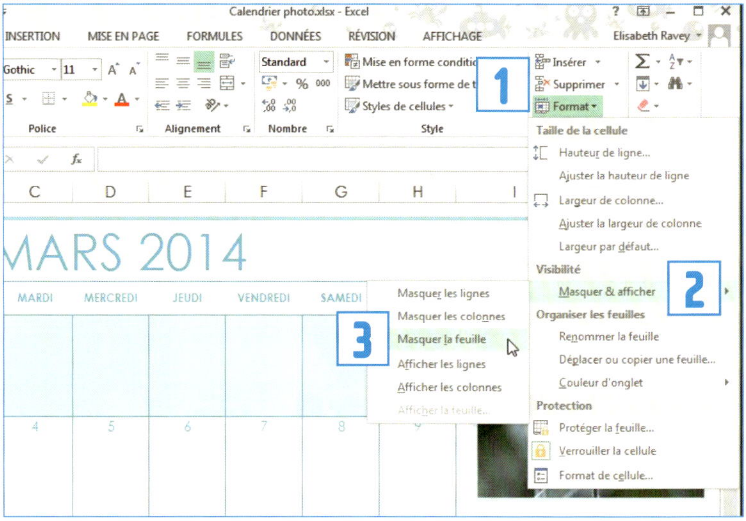

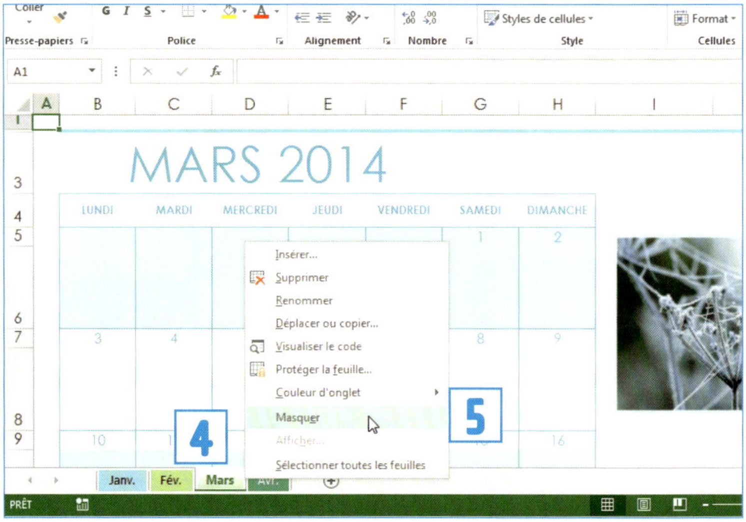

Accueil > Cellules > Format > Masquer & afficher > Masquer la feuille

LA PALETTE DE COULEURS PROPOSÉE pour les couleurs d'onglet dépend du thème de classeur choisi. Pour avoir une autre nuance de palette, changez le thème sous l'onglet Mise en page.

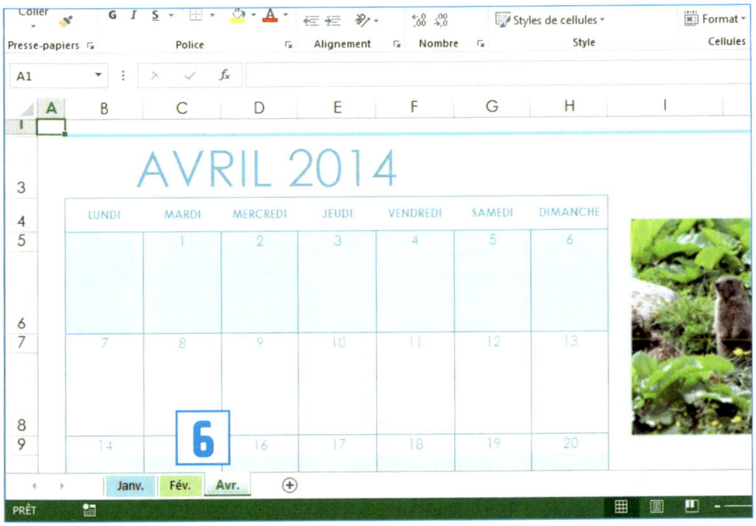

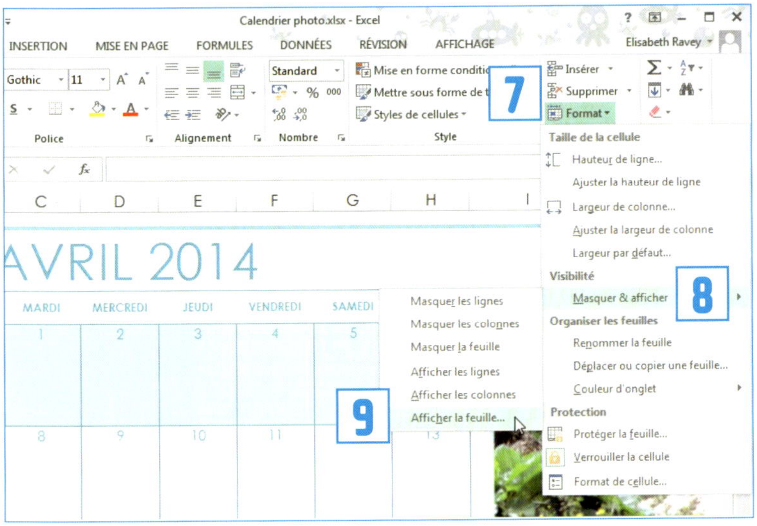

6/ Feuille masquée

La feuille Mars n'est plus visible. Elle est toutefois toujours prise en compte par Excel dans ce classeur.

7/ Réafficher la feuille

Vous pouvez utiliser à nouveau le bouton Format du groupe Cellules sous l'onglet Accueil pour masquer une feuille.

8/ Masquer & afficher

Cliquez encore sur la commande Masquer & afficher dans le menu qui s'affiche.

9/ Afficher la feuille

Cette fois-ci, cliquez sur la commande Afficher la feuille dans le sous-menu proposé.

MENU CONTEXTUEL, MINI BARRE D'OUTILS ET INFO-BULLE

0h10

Lorsque vous cliquez avec le bouton droit de la souris sur une partie de l'écran, un menu est activé. Il s'appelle le menu contextuel car son contenu diffère selon l'endroit ou l'objet sur lequel vous avez cliqué. Ce menu donne un accès direct aux principales commandes.

1/ Clic droit sur une cellule

Faites un clic droit sur une cellule.

2/ Mini barre d'outils

La mini barre d'outils affiche des outils de mise en forme.

3/ Menu contextuel

Un menu correspondant aux principales actions possibles pour cette cellule est proposé.

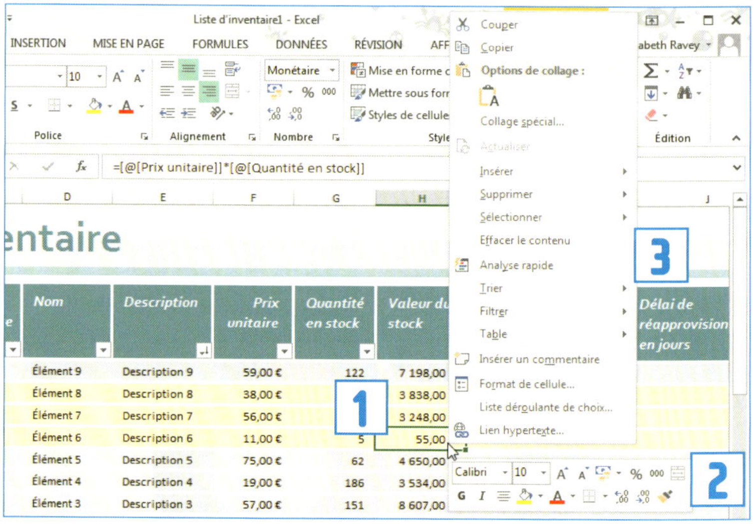

4/ Clic droit sur un objet

Faites un clic droit sur une image, par exemple.

5/ Mini barre d'outils

La mini barre d'outils affiche des outils de manipulation d'image.

6/ Menu contextuel

Un menu correspondant aux principales actions possibles pour cet objet est proposé.

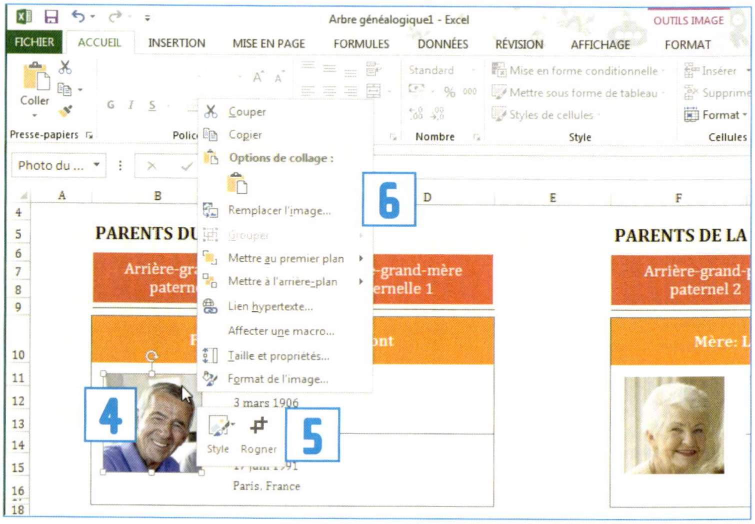

1 - Info-bulle sans description
2 - Info-bulle avec description

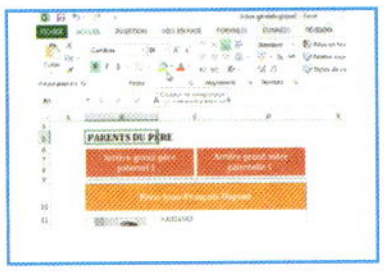

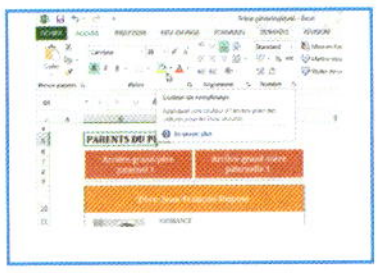

atelier **22**

LES INFO-BULLES SONT DES PETITES FENÊTRES qui affichent un texte descriptif lorsque vous placez le pointeur sur une commande ou un contrôle. Les info-bulles avancées sont des fenêtres de plus grande taille qui affichent une description plus complète qu'une info-bulle et peuvent comporter un lien vers un article d'aide.

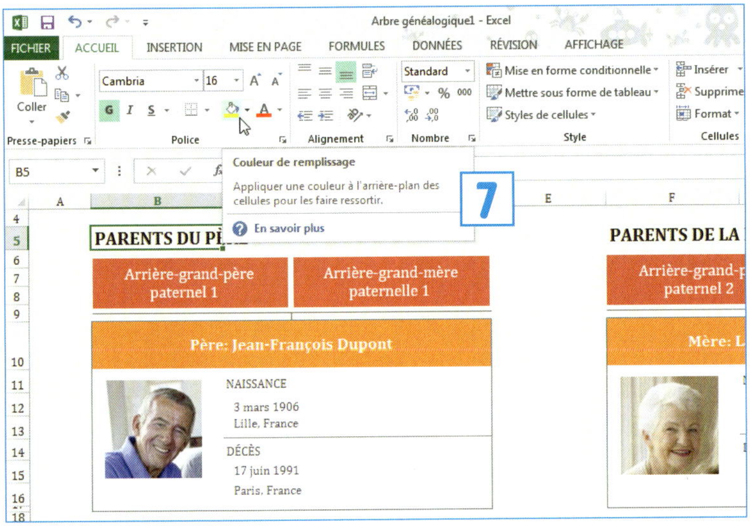

7/ Copier la largeur de colonne

Si vous passez le curseur sur une commande, l'info-bulle s'affiche.

8/ Options Excel

Vous pouvez défnir si vous souhaitez afficher ou non les info-bulles ou les mini barre d'outils. Cliquez sur l'onglet Fichier pour afficher le mode Backstage. Cliquez ensuite sur la commande Options. Dans la boîte de dialogue Options Excel, cliquez sur le menu Général.

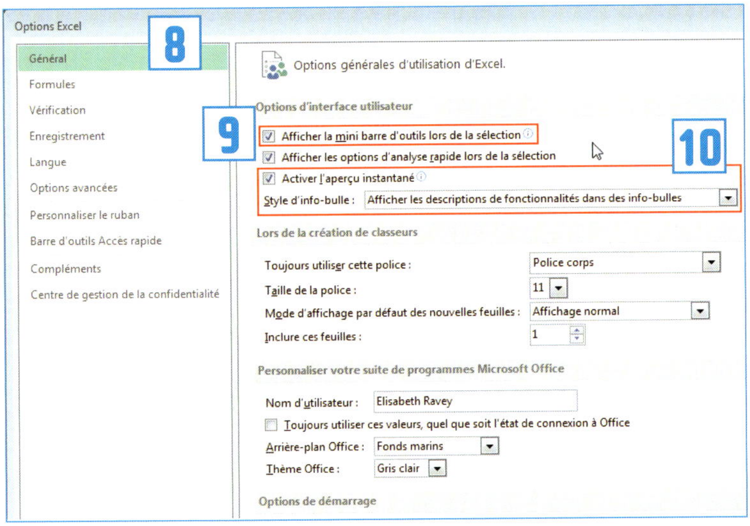

9/ Options de la mini barre d'outils

Cochez ou décochez l'option Afficher la mini barre d'outils lors de la sélection.

10/ Options d'info-bulles

Cochez ou décochez l'option Activer l'aperçu instantané. Dans la zone Style d'info-bulle définissez le type à afficher.

2

JOUER AUX FLÉCHETTES

Pour faire une partie de cricket entre amis, le but est de réussir à faire trois 15, trois 16, trois 17, trois 18, trois 19, trois 20 et trois CENTRE. Bien sûr, un double comptera pour 2 et un triple comptera pour 3. Le vainqueur est celui qui a « fermé » en premier toutes ses valeurs.

CRÉER UN NOUVEAU CLASSEUR OU OUVRIR UN CLASSEUR EXISTANT

0h10

Dans le chapitre précédent, vous avez vu qu'Excel propose la page de création de documents à l'ouverture. Toutefois si Excel est déjà lancé, vous n'avez pas à le redémarrer pour créer un nouveau classeur.

1/ L'onglet Fichier

Pour accéder à la commande de création d'un nouveau classeur, vous devez passer en mode Backstage. Pour cela, cliquez sur l'onglet Fichier.

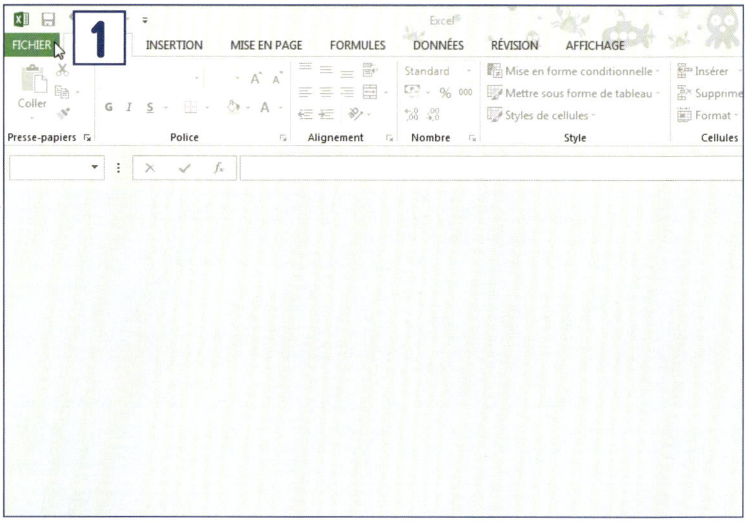

2/ Basckstage

Le mode Backstage s'affiche avec les différents menus sur la gauche. Cliquez sur le menu Nouveau.

3/ Nouveau classeur

Dans la rubrique *Nouveau*, Excel propose un large choix de modèles de classeur. Mais pour ouvrir un classeur simple et vide, cliquez sur le bouton Nouveau classeur.

[Ctrl]+[N] > Créer un nouveau classeur vide
[Ctrl]+[O] > Ouvrir un classeur existant

atelier **23**

POUR CHANGER LE NOMBRE DE FEUILLES PAR DÉFAUT d'un nouveau classeur, cliquez sur l'onglet Fichier puis sur la commande Options. Dans le menu Général, sous la rubrique Lors de la création de classeur, définissez-en le nombre dans la zone Inclure ces feuilles.

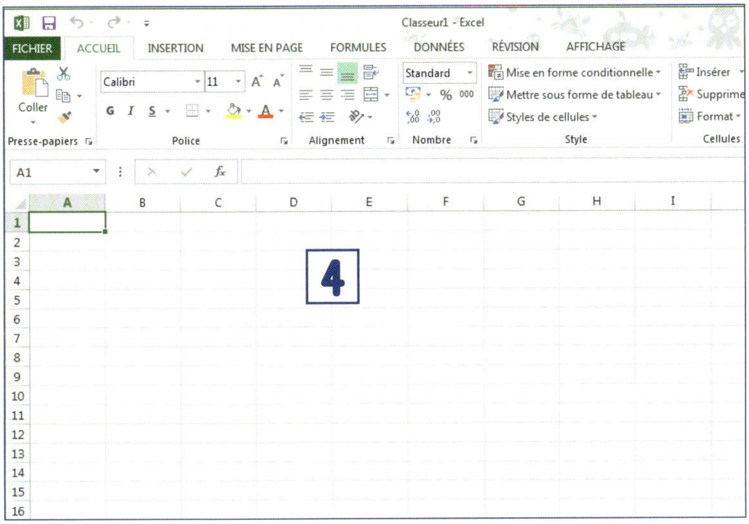

4/ Un nouveau classeur

Excel met à votre disposition un nouveau classeur vide ne contenant par défaut qu'une seule feuille, mais vous pourrez en rajouter à loisir. Aucun format de cellule n'est paramétré, vous pouvez saisir et mettre en forme vos données comme vous le souhaitez.

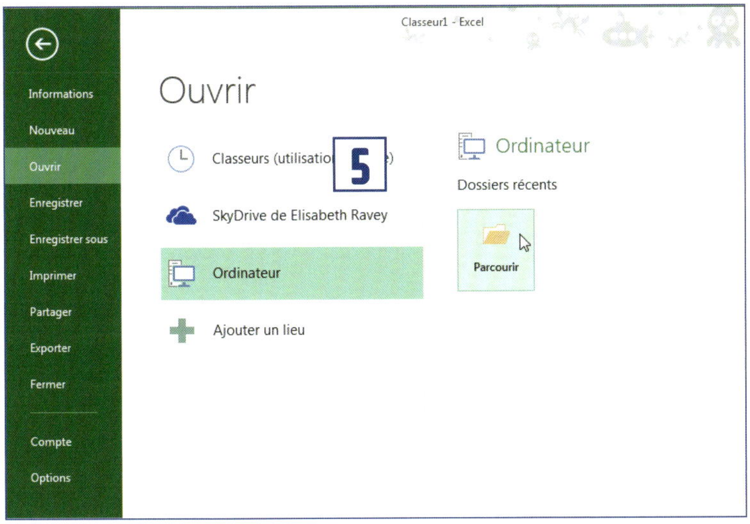

5/ Classeur existant

De la même façon que vous devez cliquer sur l'onglet Fichier pour passer en mode Backstage, cliquez sur le menu Ouvrir puis sur un des classeurs proposés dans les dossiers récents. S'il n'y est pas, cliquez sur le bouton Parcourir pour le récupérer sur votre poste de travail. Vous pouvez ouvrir un classeur sur votre SkyDrive si vous êtes connecté.

ANNULER ET RÉTABLIR

0h05

Deux commandes vraiment utiles à connaître sont Annuler et Rétablir. À la première mauvaise manipulation ou simplement parce que vous voulez changer d'avis, utilisez-les.

1/ Annuler

Dès que vous effectuez une action, le bouton Annuler de la barre d'outils Accès rapide s'active, c'est-à-dire qu'il passe d'une image grisée à une image colorée.

Pour annuler la dernière action, cliquez sur Annuler. Vous pouvez effectuer cette action, en utilisant la combinaison de touches Ctrl+Z.
Vous pouvez utiliser cette action plusieur fois de suite.

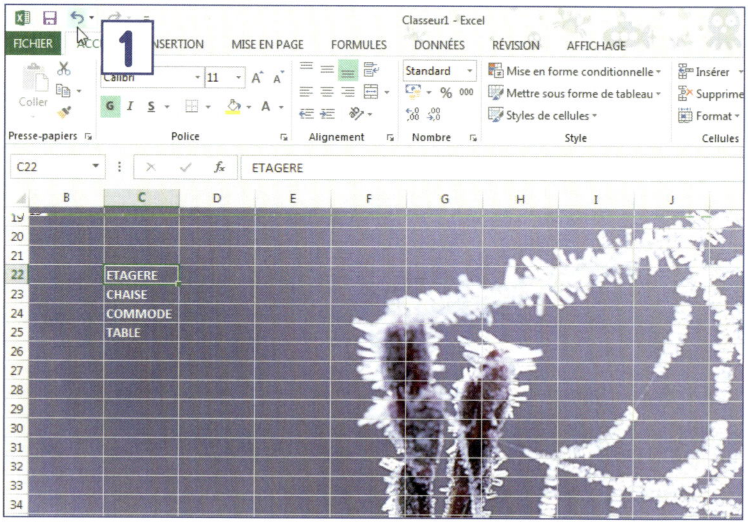

2/ Annuler plusieurs actions

Pour annuler plusieurs actions en une seule manipulation, cliquez sur la flèche située sur la droite du bouton Annuler. La liste affiche dans l'ordre les actions que vous avez faites. Vous pouvez annuler ainsi le nombre d'actions que vous désirez.

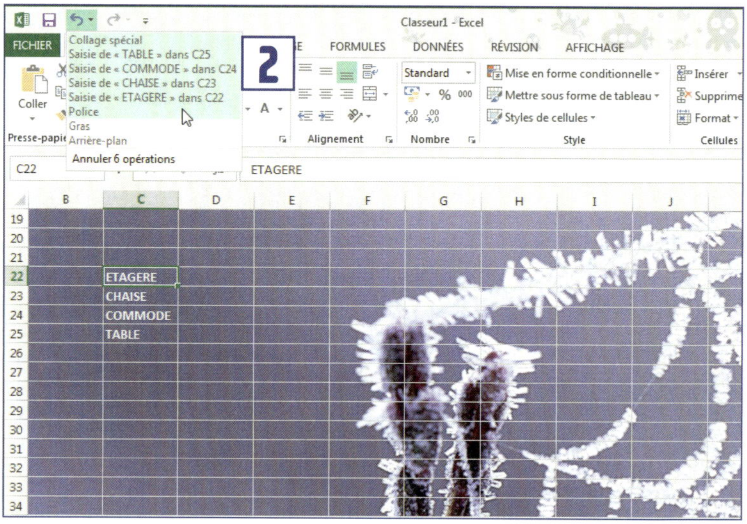

Accès rapide > Annuler
Accès rapide > Rétablir

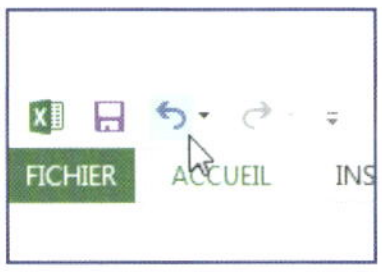

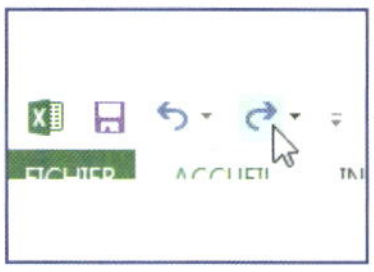

atelier 24

UNE AUTRE COMMANDE INTÉRÉSSANTE est **Répéter**, elle permet de refaire la dernière action en appuyant sur la touche F4 ou sur la combinaison de touches Ctrl+Y.

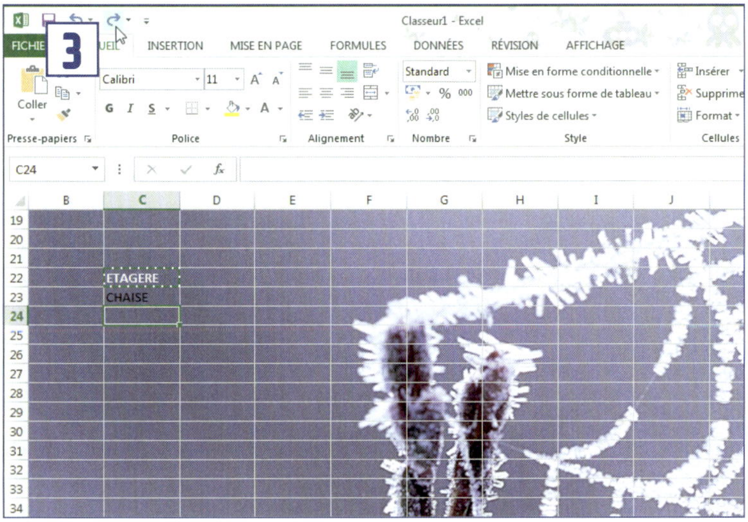

3/ Rétablir

Dès que vous avez annulé une action le bouton Rétablir, qui se trouve par défaut à côté du bouton Annuler s'active. En cliquant dessus, il permet de rétablir la dernière action que vous venez d'annuler.

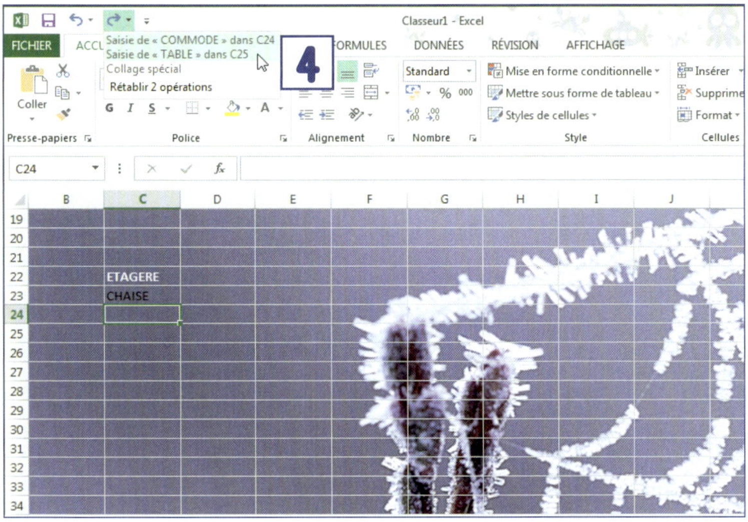

4/ Rétablir plusieurs actions

De la même façon que vous pouvez annuler plusieurs actions, Excel vous propose de rétablir plusieurs actions annulées en cliquant sur la flèche en regard du bouton Rétablir et en sélectionnant les actions à rétablir.

AJOUTER UNE BORDURE

0h10

Pour définir la zone de saisie de la fiche de points pour le jeu de fléchette, il est préférable d'en tracer les bordures. Cela permet de rendre les données plus lisibles, ou simplement d'avoir une belle présentation.

1/ Sélection

Sélectionnez la ou les cellules à modifier. Dans le cas de plusieurs cellules, cela s'appelle une Plage de cellules. Dans cet atelier, on sélectionnera la plage de cellule A2:AB8, cela veut dire que l'on sélectionne de la cellule A2 à la cellule AB8.

2/ Outil Bordure

Sous l'onglet Accueil, dans le groupe Police, cliquez sur la flèche de l'outil Bordure pour afficher le menu.

3/ Toutes les bordures

Cliquez sur le type de bordure que vous souhaitez. Pour cet atelier cliquez sur la commande Toutes les bordures pour encadrer chaque côté de chaque cellule sélectionnée.

4/ Style du trait

Dans le menu, vous pouvez aussi cliquer sur Style de trait pour changer de style ou d'épaisseur de trait d'encadrement avant de cliquer sur la bordure de votre choix.

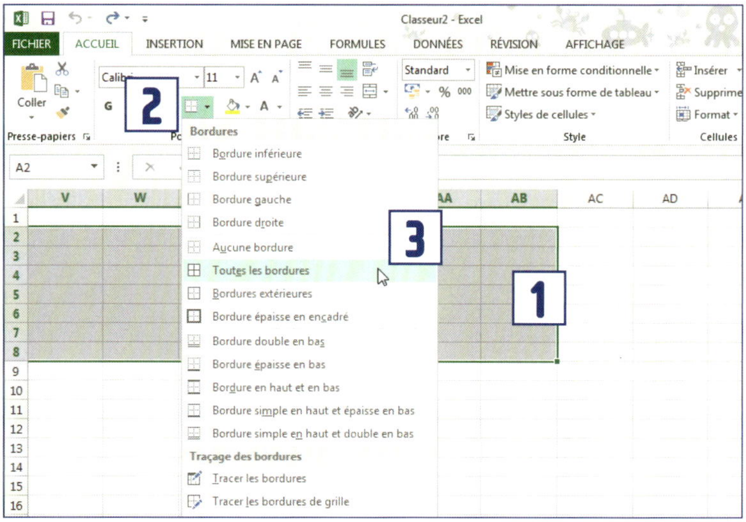

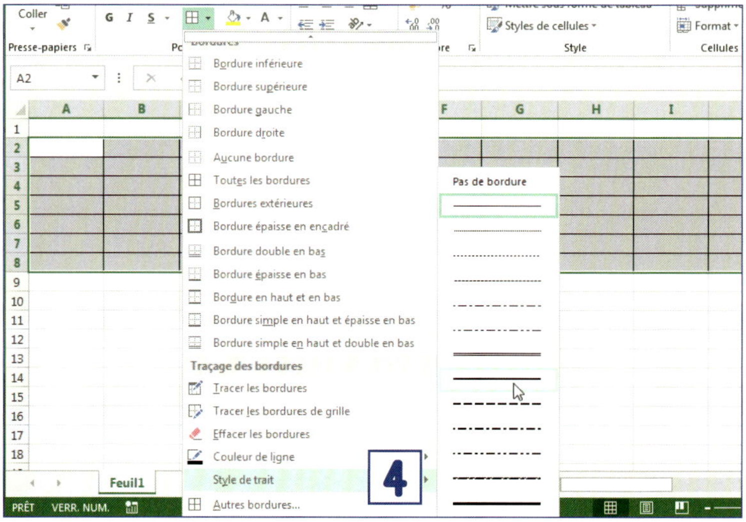

Accueil > Police > Bordure > Tracer les bordures

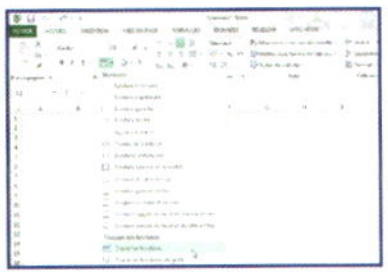

>

atelier **25**

L'OUTIL TRACER LES BORDURES met à votre disposition un crayon pour dessiner littéralement vos bordures. Le curseur prend l'apparence d'un crayon  et vous pouvez «dessiner» littéralement vos contours.

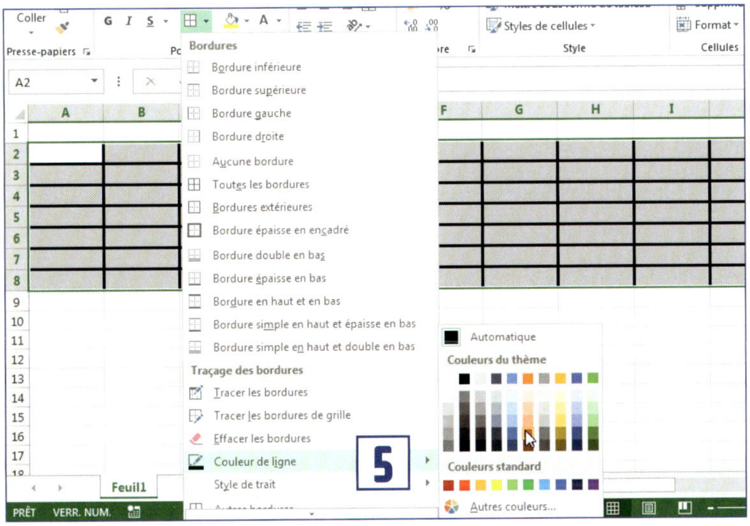

5/ Changer la couleur

Cliquez sur Couleur de ligne dans le menu Bordure pour changer la couleur du trait d'encadrement avant de cliquer sur la bordure de votre choix.

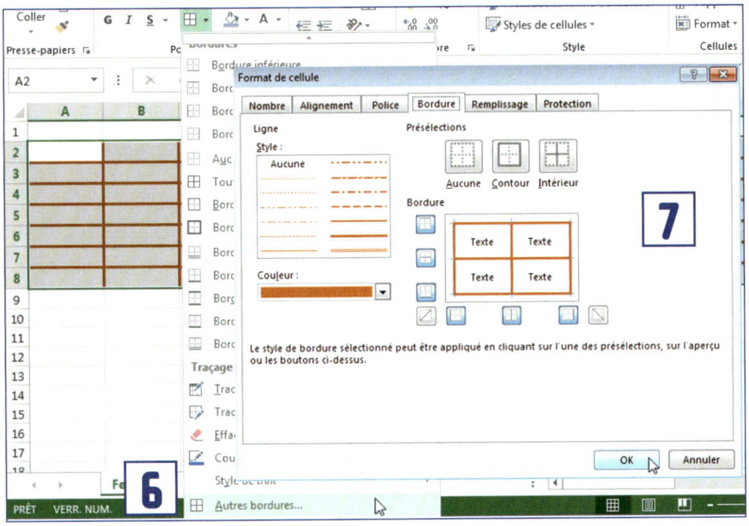

6/ Autres bordures

En sélectionnant Autres bordures dans le menu Bordure vous pouvez définir exactement le type d'encadrement voulu.

7/ Personnalisation

Dans la boîte de dialogue Format de cellule sous l'onglet Bordure stipulez pour chaque côté le style désiré.

AJOUTER UN STYLE

0h10

Pour appliquer plusieurs formats en une seule étape et garantir la cohérence de la mise en forme des cellules, vous pouvez utiliser un style de cellule.

1/ Sélection

Sélectionnez la ou les cellules à modifier sur la feuille de calcul.

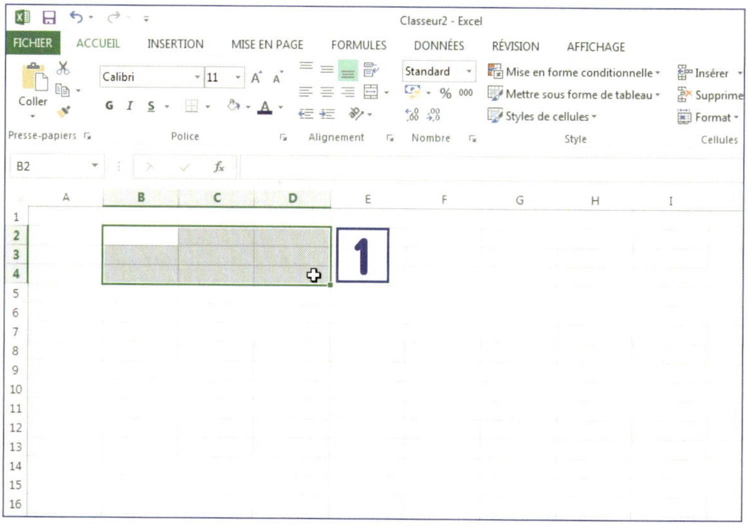

2/ Styles de cellules

Sous l'onglet Accueil, dans le groupe Style, cliquez sur la flèche de l'outils Style de cellules pour afficher la galerie.

3/ Galerie de styles

Passez le curseur sur les différents styles proposés sans cliquer afin qu'Excel vous donne un aperçu du rendu.

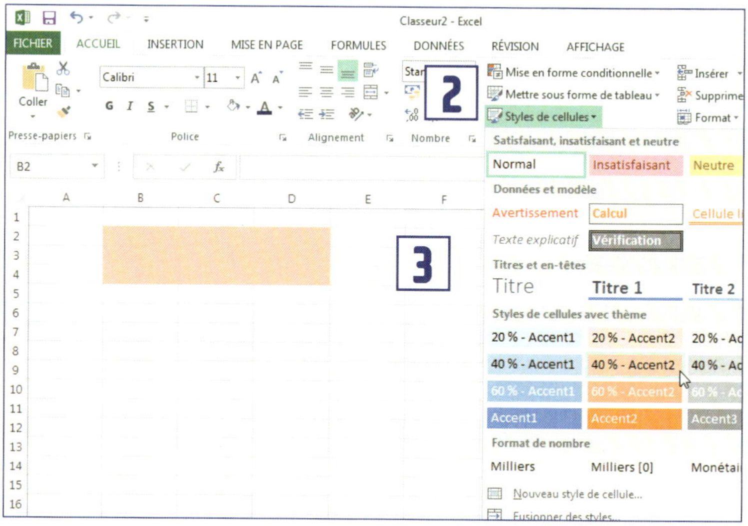

Vous pouvez créer votre propre style personnalisé. Pour cela, cliquez sur la commande **Nouveau style de cellule**, puis définissez le format dans la boîte de dialogue.

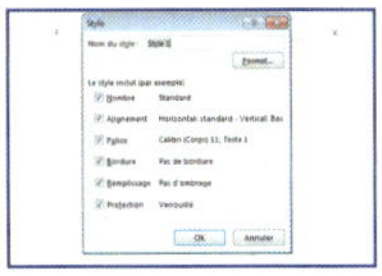

LES STYLES DE CELLULES SONT BASÉS SUR LE THÈME de document appliqué au classeur. Lorsque vous basculez vers un autre thème de document, les styles de cellules sont automatiquement mis à jour en fonction du nouveau thème de document.

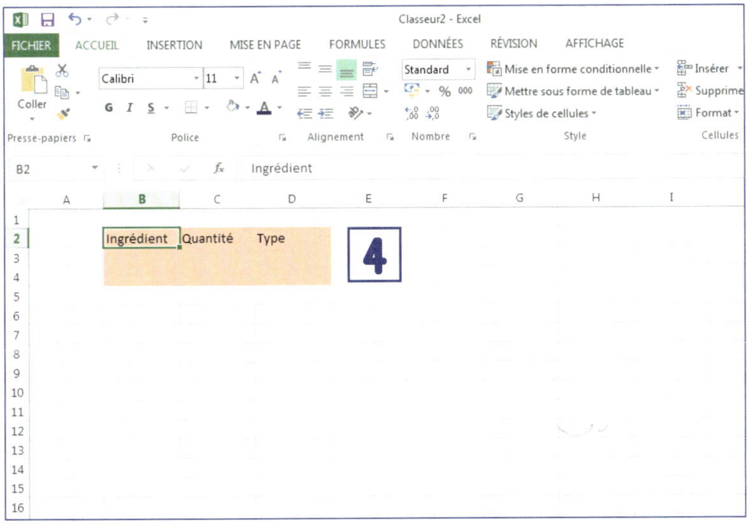

4/ Cellules mises en forme

Lorsque vous cliquez sur l'un des styles, les cellules sont immédiatement mises en forme en conséquence et prêtes à être utilisées.

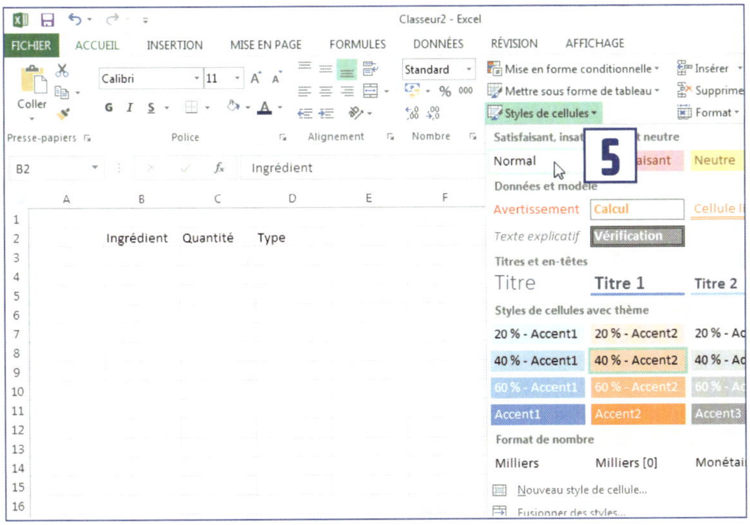

5/ Enlever la mise en forme

Pour enlever une mise en forme, il suffit de sélectionner la ou les cellules et, dans la galerie de styles, de cliquer sur le style Normal.

SAISIR DES DONNÉES

0h15

Il existe plusieurs types de données. Pour comprendre et utiliser les informations que vous lui fournissez, Excel reconnaît les saisies et les classe automatiquement dans l'un des types de données. L'alignement des saisies dans les cellules est différent selon leur type.

1/ Sélection

Vous pouvez ouvrir le fichier JF1.xlsx pour cet atelier. Cliquez sur la cellule A1 et saisissez joueur 1. Validez avec la touche [Entrée]. Saisissez 20 et validez à nouveau avec la touche [Entrée]. Vous pouvez constater que le texte est aligné à gauche tandis que le nombre est aligné à droite.

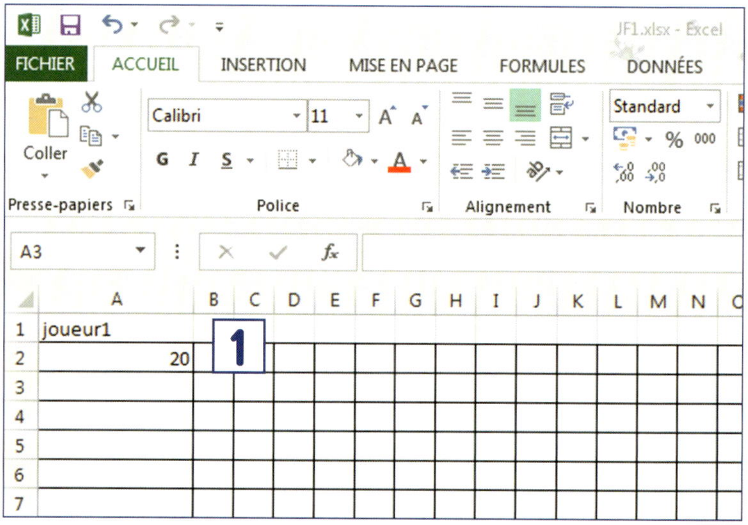

2/ Les nombres et dates

Il en va de même pour les nombres monétaires et les dates, elles s'alignent automatiquement à droite.

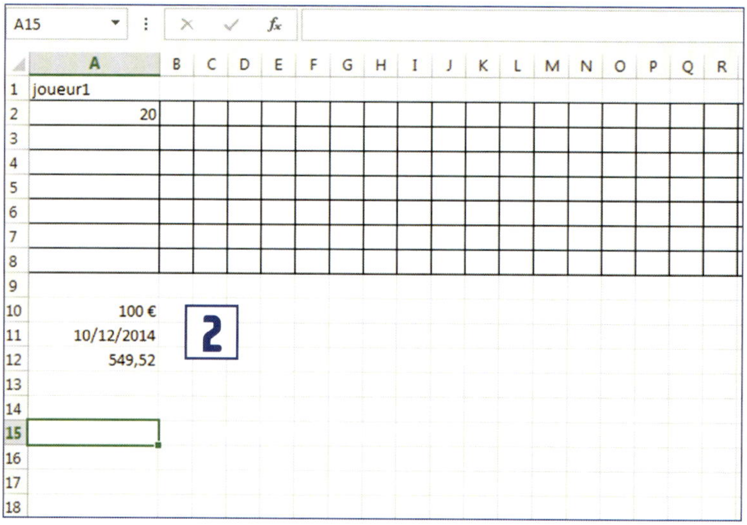

Alt+Entrée > Renvoyer à la ligne dans la même cellule

atelier 27

SI UN ALIGNEMENT A DÉJÀ ÉTÉ DÉFINI dans une cellule, quel que soit le type de données saisies, il prendra cet alignement.

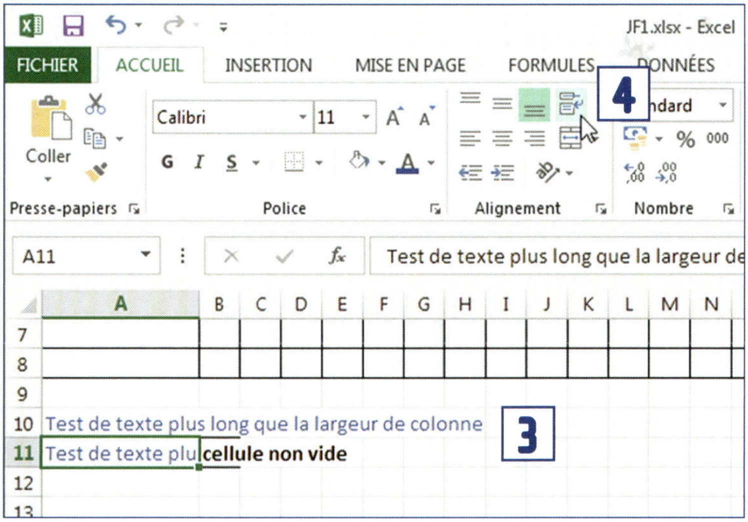

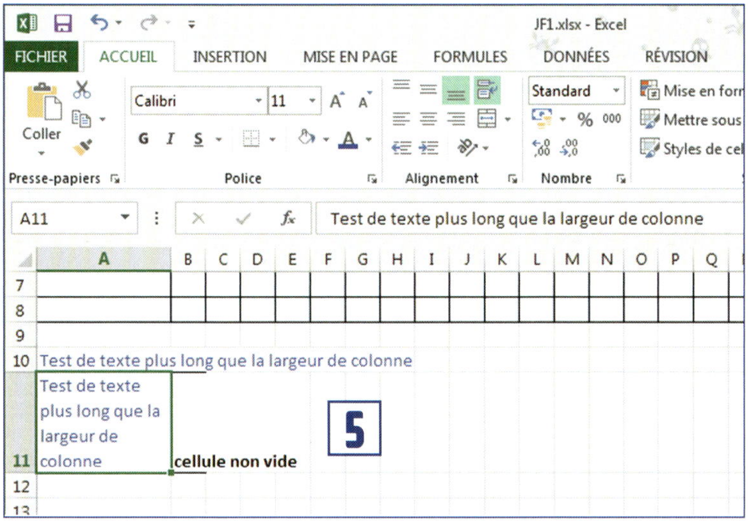

3/ Texte tronqué

Si le texte saisi est plus large que la colonne, il va soit empitéter sur les suivantes si elles sont vides, soit la partie dépassant va être masquée.

4/ Renvoyer à la ligne

Pour afficher tout le texte dans la cellule sans modifier la largeur de colonne, cliquez sur le bouton Renvoyer à la ligne automatiquement dans le groupe Alignement sous l'onglet Accueil.

5/ Texte affiché intégralement

Excel a agrandi la hauteur de ligne et renvoyé le texte à la ligne afin que l'intégralité du texte soit affichée. Il ne change pas la largeur de la colonne.

FRACTIONNER DU TEXTE SUR DIFFÉRENTES CELLULES

0h15

Vous pouvez prendre du texte dans une ou plusieurs cellules et l'étaler sur plusieurs cellules. Par exemple, une colonne de noms complets peut être fractionnée afin d'obtenir deux colonnes distinctes : une de prénoms, une de noms.

1/ Sélection

Sélectionnez la ou les cellules qui contiennent le texte à fractionner. Vous pouvez sélectionner une colonne.

2/ Convertir

Sous l'onglet Données, dans le groupe Outils de données, cliquez sur l'outil Convertir.

3/ Assistant Conversion étape 1

Dans l'étape 1 de l'Assistant, vous devez stipuler quel type de fractionnement vous souhaitez.

- Délimité : signifie qu'un caractère de type tabulation, espace, virgule ou autre en est le repère.
- Largeur fixe : signifie que vous allez définir l'endroit exact où fractionner, par exemple après le 4ème caractère quel qu'il soit.

4/ Assistant Conversion étape 2

Selon le choix précédent lors de l'étape 1, vous devez stipuler le caractère repère de fractionnement. Dans l'exemple, il faut cocher Espace.

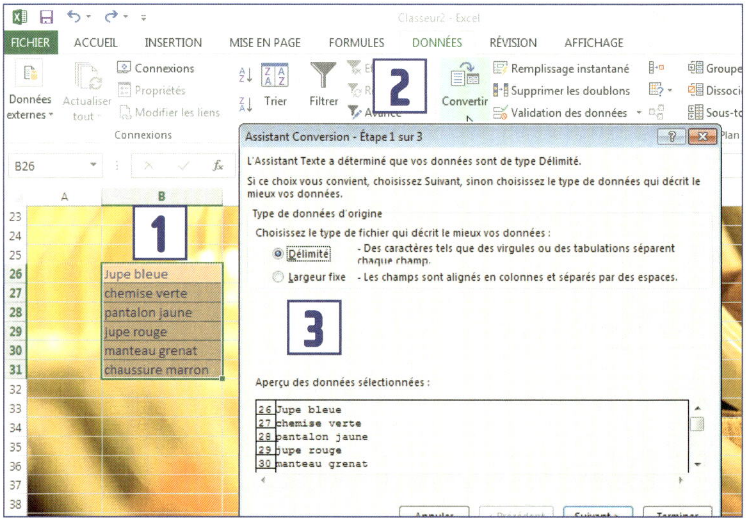

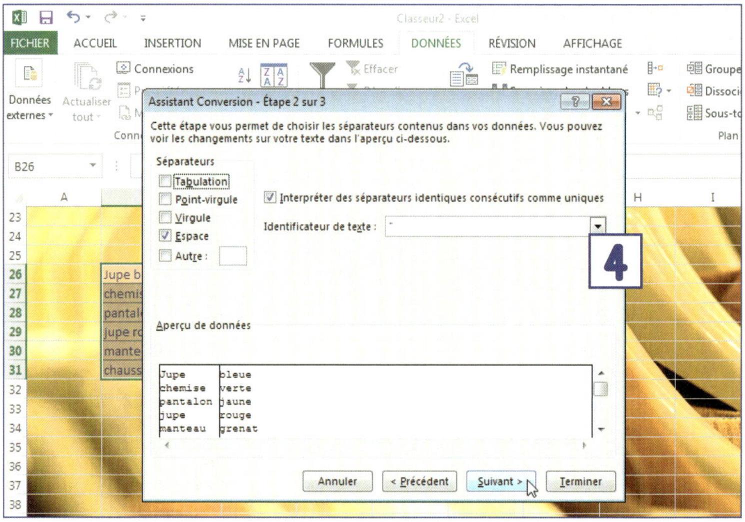

Données > Outils de données > Convertir

atelier **28**

SÉLECTIONNEZ AUTANT DE LIGNES QUE NÉCESSAIRE, mais pas plus d'une seule colonne. Vérifiez qu'il y a suffisamment de colonnes vides à droite pour éviter que des données soient écrasées. Si vous n'avez pas assez de colonnes vides, ajoutez-les.

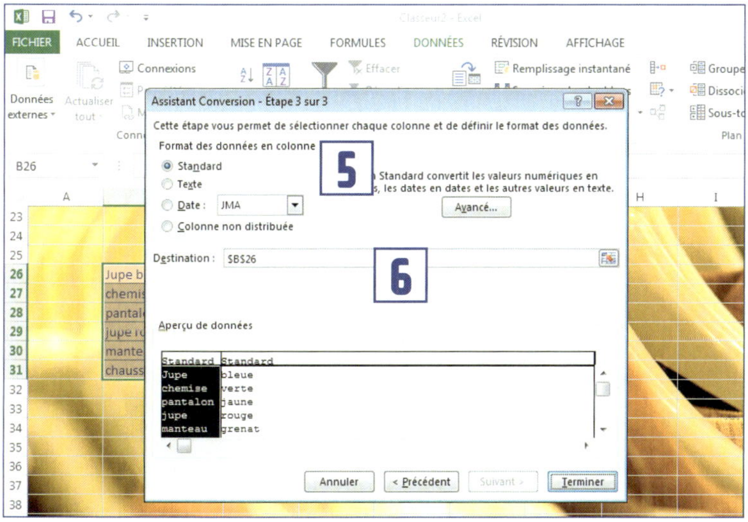

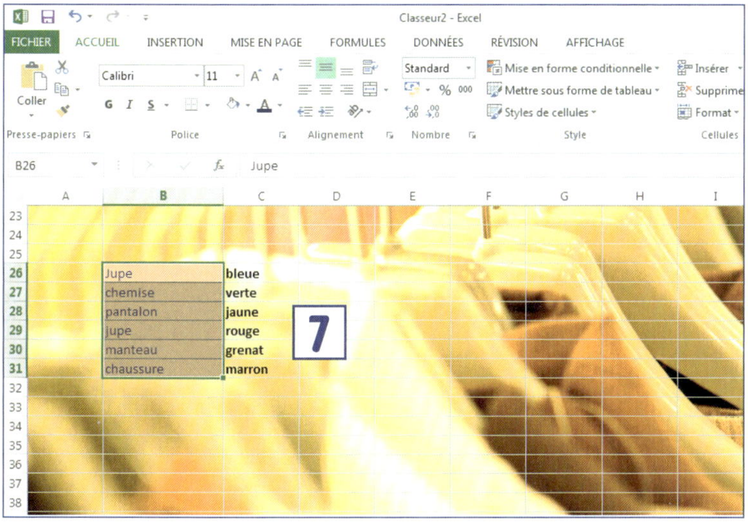

5/ Assistant Conversion étape 3

Dans l'étape 3 de l'Assistant, vous choisissez le format de vos nouvelles colonnes ou vous laissez Excel le faire à votre place. Si vous voulez choisir votre propre format, cliquez sur la colonne dans la fenêtre Aperçu de données puis sélectionnez le format que vous voulez, par exemple Texte. Répétez cette opération pour toutes les colonnes dans la fenêtre d'aperçu.

6/ Emplacement

Cliquez sur le bouton Réduire la boîte de dialogue à droite de la zone Destination. Sélectionnez les cellules dans votre classeur, là où vous voulez coller vos données fractionnées. Si vous souhaitez fractionner les données tout en préservant la colonne avec les données originales, sélectionnez le nombre approprié de cellules dans deux colonnes adjacentes.

7/ Données fractionnées

Lorsque vous cliquez sur le bouton Terminer les données sont immédiatement fractionnées.

REMPLISSAGE INSTANTANÉ DE CELLULES

0h20

Si la mise en forme de certaines données ne vous convient pas, il peut être décourageant de devoir passer en revue toute la liste manuellement pour la corriger. Dans ce cas, utilisez plutôt le remplissage instantané pour effectuer cette tâche à votre place.

1/ Création du modèle

Dans la cellule adjacente, saisissez un modèle des données que vous voudriez obtenir. Ici on a saisi en majuscule les premières lettres de chaque mot, ce qui donne en l'occurrence des initiales. Validez en utilisant la combinaison de touches Ctrl+Entrée pour rester dans la même cellule.

2/ Remplissage instantané

Sous l'onglet Données, dans le groupe Outils de données, cliquez sur le bouton Remplissage instantané.

3/ Initiales incrémentées

Excel a immédiatement compris ce que vous souhaitiez et a rempli la colonne avec les initiales de chaque personne.

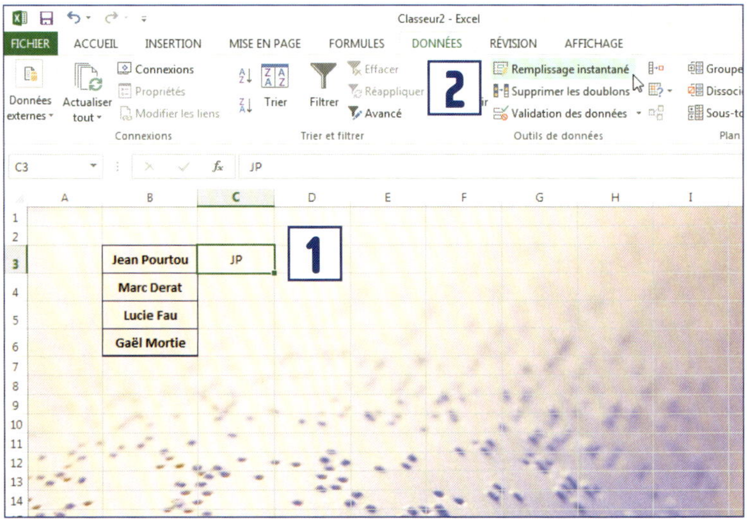

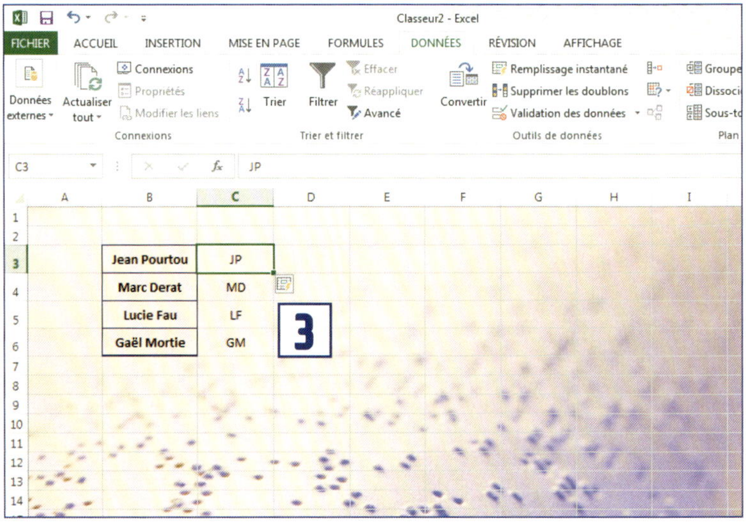

Le remplissage instantané est activé par défaut, mais vous pouvez le désactiver ou le réactiver en allant dans les options avancées d'Excel, sous la rubrique ***Options d'édition.***

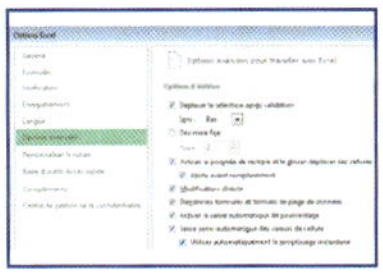

atelier
29

POUR QUE LA FONCTION REMPLISSAGE INSTANTANÉ FONCTIONNE, vous devez sélectionner la cellule adjacente à la plage de cellules contenant les données sources.

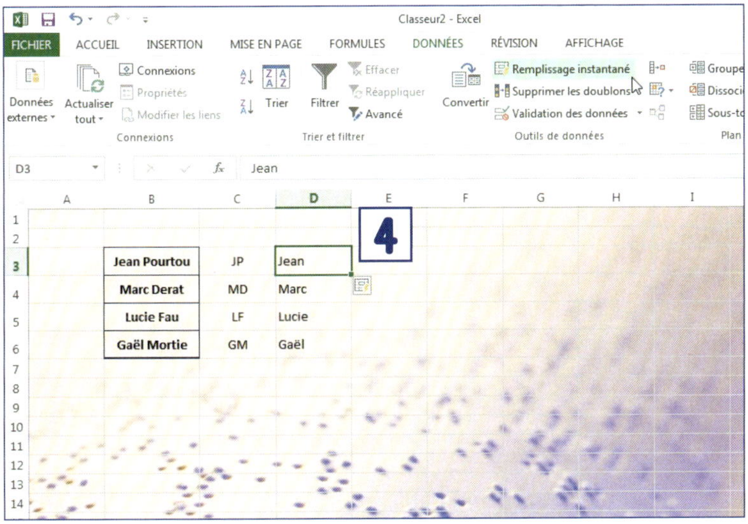

4/ Extraction

Vous pouvez faire une extraction d'une partie des données de la cellule. Par exemple, quand vous saisissez le premier mot et cliquez sur le bouton Remplissage instantané, Excel comprend et fait pareil sur les cellules en dessous, extrayant en l'occurrence les prénoms.

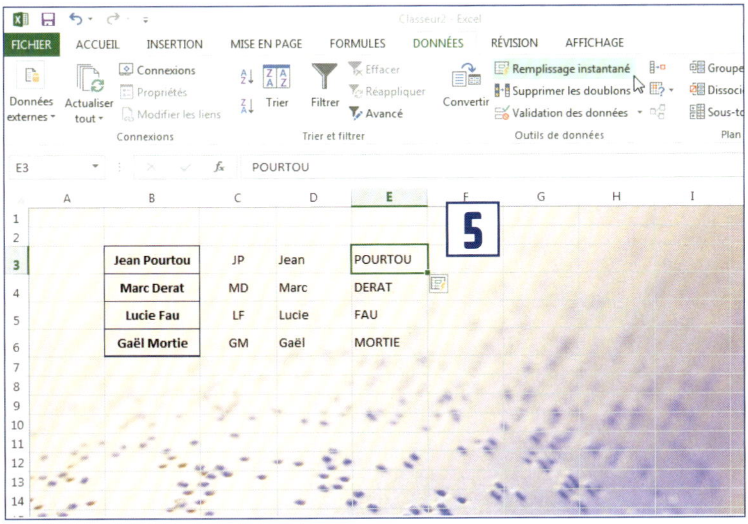

5/ Gestion de la casse

Le remplissage instantané respecte la casse. Si vous entrez un mot en majuscules, par exemple, tous les autres seront mis en majuscules, même si les données sources ne l'étaient pas.

SUPPRIMER DES DOUBLONS

0h15

Parfois, les données en double sont utiles, mais à d'autres occasions, elles ne font que compliquer la compréhension de vos données. Excel permet de supprimer les doublons d'une plage de cellules précise.

1/ Sélection

Vous pouvez utiliser le fichier JF11.xlsx pour cet atelier. Sélectionnez la plage de cellules dans laquelle vous souhaitez supprimer les doublons.

2/ Supprimer les doublons

Sous l'onglet Données, dans le groupe Outils de données, cliquez sur le bouton Supprimer les doublons.

3/ Colonnes à vérifier

Sous la rubrique Colonnes de la boîte de dialogue Supprimer les doublons, cochez ou décochez une ou plusieurs colonnes. Pour sélectionner rapidement toutes les colonnes, cliquez sur le bouton Sélectionner tout. Pour désélectionner rapidement toutes les colonnes, cliquez sur le bouton Désélectionner tout.

Dans cet exemple, nous savons qu'il y a des doublons dans la colonne Matière, mais cela ne nous intéresse pas de les supprimer, donc elle est décochée.

Cliquez sur le bouton OK.

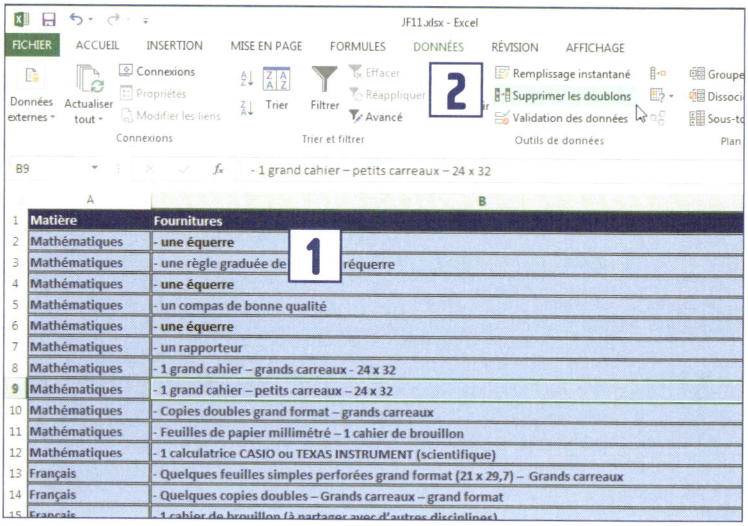

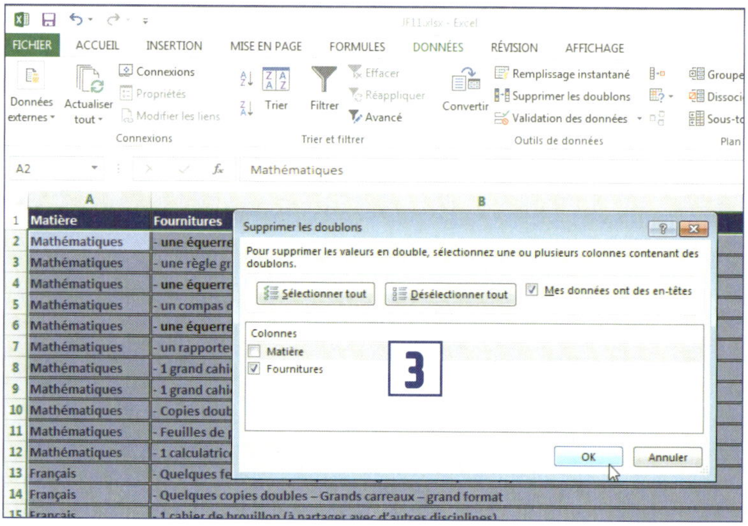

Avec la mise en forme conditionnelle, la règle de mise en surbrillance des cellules propose de faire ressortir toutes les cellules qui ont des valeurs en doublon.

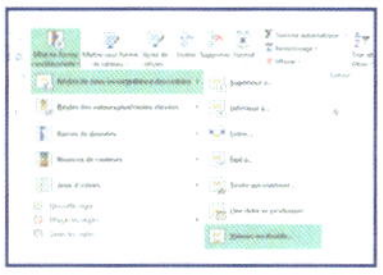

atelier

30

LORSQUE VOUS UTILISEZ LA FONCTIONNALITÉ SUPPRIMER LES DOUBLONS, les données en double sont supprimées de façon définitive. Avant de supprimer les doublons, il est utile de copier les données originales dans une autre feuille de calcul de façon à ne pas perdre des informations par inadvertance.

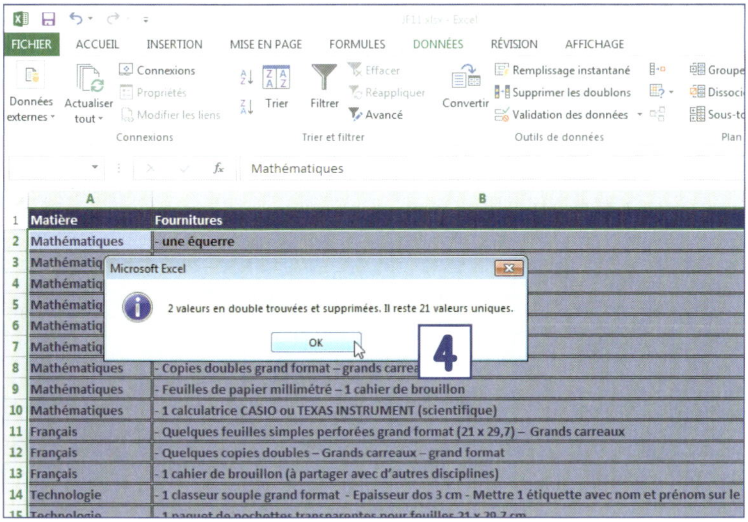

4/ Informations

Un message s'affiche pour indiquer le nombre de valeurs en double qui ont été supprimées et le nombre de valeurs qui restent, ou pour indiquer qu'aucune valeur en double n'a été supprimée.

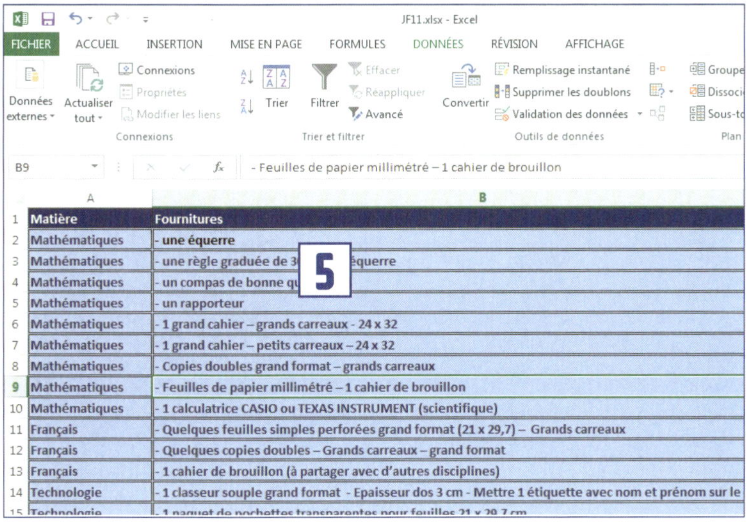

5/ Valeurs uniques

Il ne reste que des valeurs uniques dans la colonne Fourniture. Vous pouvez constater qu'il ne reste qu'une ligne contenant - *une équerre* alors qu'elles étaient en triple juste avant la manipulation.

INCRÉMENTER UNE SÉRIE

0h10

En général, on a recours à la recopie incrémentée pour gagner du temps et fiabiliser la saisie. Cette opération permet de recopier le contenu d'une cellule ou d'une plage de cellules sélectionnée en l'incrémentant par rapport à une valeur donnée.

1/ Saisie de la première valeur

Vous pouvez ouvrir le fichier JF2.xlsx pour cet atelier. Saisissez 20 dans la cellule A2 et appuyez sur la combinaison de touches Ctrl+Entrée pour valider en restant dans la même cellule.

2/ Poignée de recopie

Lorsque le pointeur de votre souris passe sur la poignée de recopie, il se transforme en une croix noire.

Cliquez sur la poignée de recopie, maintenez pressé le bouton de la souris et glissez sur les cellules en dessous. L'info-bulle vous indique tout au long de la manipulation que les cellules seront remplies de 20.

3/ Incrémenter une série

Lorsque vous relâchez la souris, les 20 s'affichent dans toutes les cellules et un bouton d'Options de recopie incrémentée apparaît. Si vous cliquez sur l'option Incrémenter une série, les 20 seront remplacés par une suite de 20 à 26 vu qu'il n'y a aucun modèle à suivre.

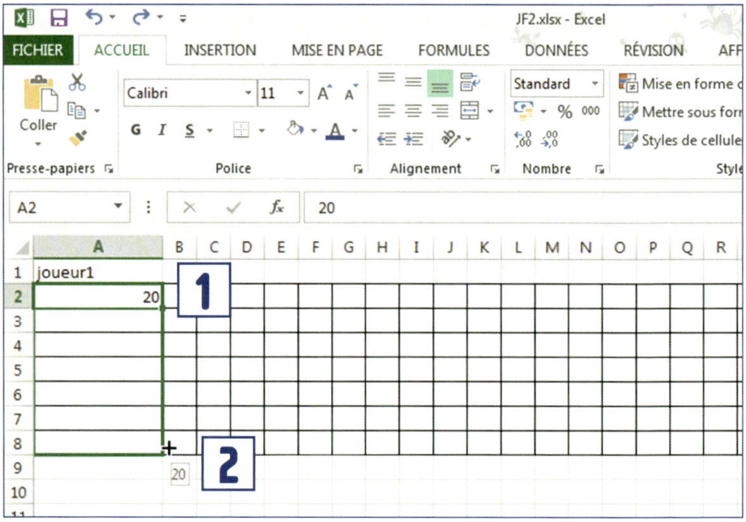

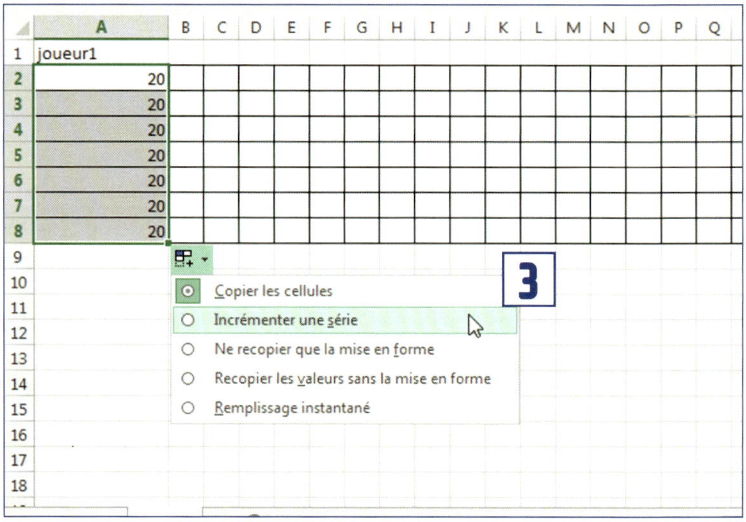

Avec une liste d'éléments constituant une série, vous pouvez créer une liste personnalisée. Sélectionnez-la dans la feuille de calcul. Dans les options avancées d'Excel, cliquez sur le bouton **Modifier les listes personnalisées** sous la rubrique *Général*. Cliquez sur le bouton **Importer** dans la boîte de dialogue.

UNE SÉRIE INCRÉMENTÉE est une série de nombres ou de mots ayant une suite logique. Par exemple lorsque vous saisissez 140 puis 120, la troisième cellule contiendra automatiquement 100, la suivante 80, etc. Si vous ne saisissez que 140 avant d'appliquer la série incrémentée, la seconde cellule contiendra 141, la suivante 142, etc.

atelier
31

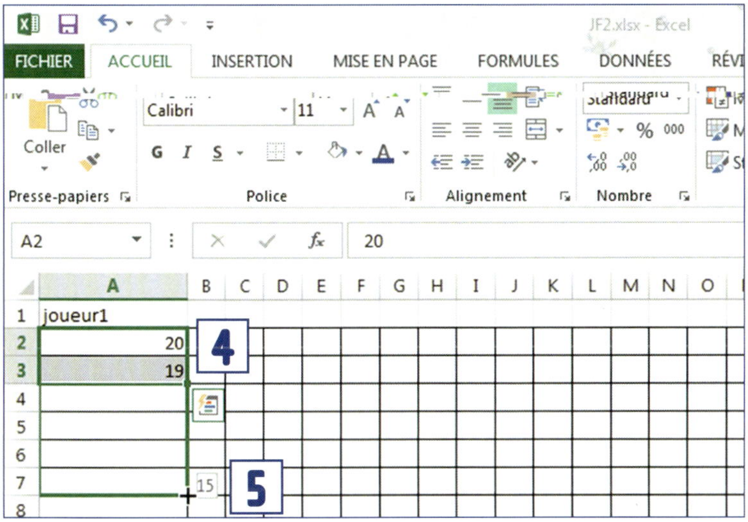

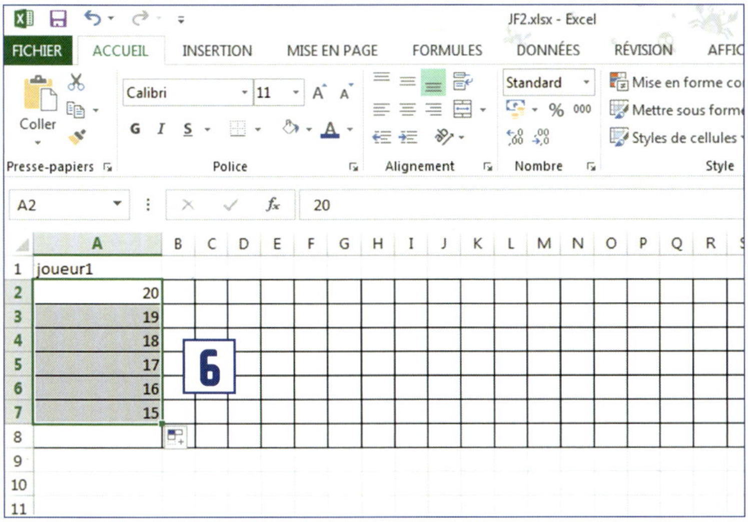

4/ Incrémentation dirigée

Pour cet atelier, une simple incrémentation de série ne correspond aux besoins. Si vous saisissez un modèle logique à suivre, Excel fera le reste. Saisissez 20 dans la cellule A2, tapez [Entrée] et saisissez 19.

5/ Les nombres et dates

Sélectionnez les cellules A2 et A3. Cliquez sur la poignée de recopie, maintenez pressé le bouton de la souris et glissez sur les cellules en dessous. Une info-bulle vous indique tout au long de la manipulation où vous en êtes dans la série. Ici on s'arrête à 15.

6/ Une suite décroissante

Excel a compris, et incrémente une série décroissante.

CHANGER L'ALIGNEMENT DES CELLULES

0h10

Quelle que soit la largeur de la cellule, vous avez l'entière liberté de définir l'alignement de vos données, c'est-à-dire de déterminer si l'information s'affichera à gauche, au centre ou à droite de la cellule.

1/ Sélection

Vous pouvez ouvrir le fichier JF3.xlsx. Dans le cas de notre atelier, vous pouvez sélectionner toutes les cellules de la feuille. Mais il est bien sûr possible de définir un alignement différent à chaque cellule.

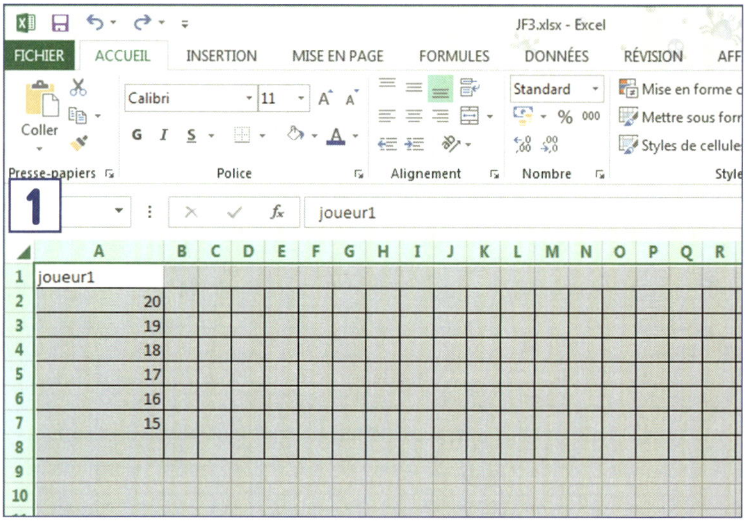

2/ Alignement Centrer

Cliquez sur le bouton Centrer dans le groupe Alignement sous l'onglet Accueil.

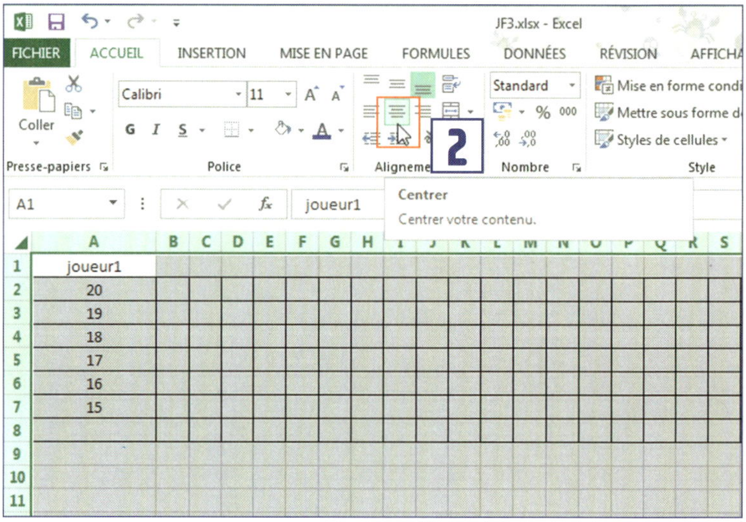

Accueil > Alignement > Aligner à gauche
Accueil > Alignement > Centrer
Accueil > Alignement > Aligner à droite

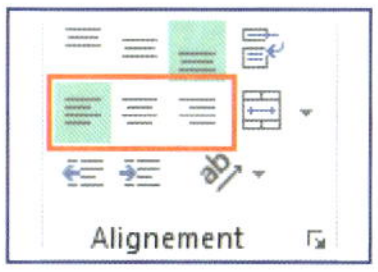

atelier
32

L'ALIGNEMENT VERTICAL permet de définir la position du contenu par rapport aux bords supérieur et inférieur de la cellule. Vous pouvez choisir entre un texte placé en haut, au milieu ou en bas .

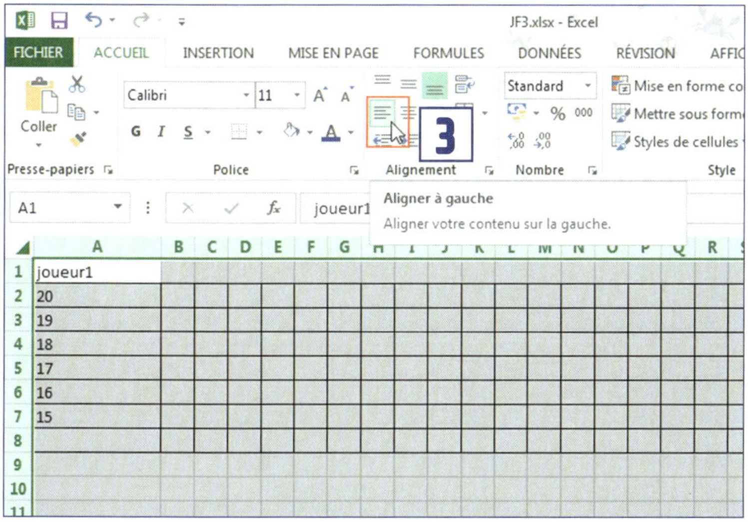

3/ Alignement à gauche

Cliquez sur le bouton Aligner à gauche dans le groupe Alignement sous l'onglet Accueil.

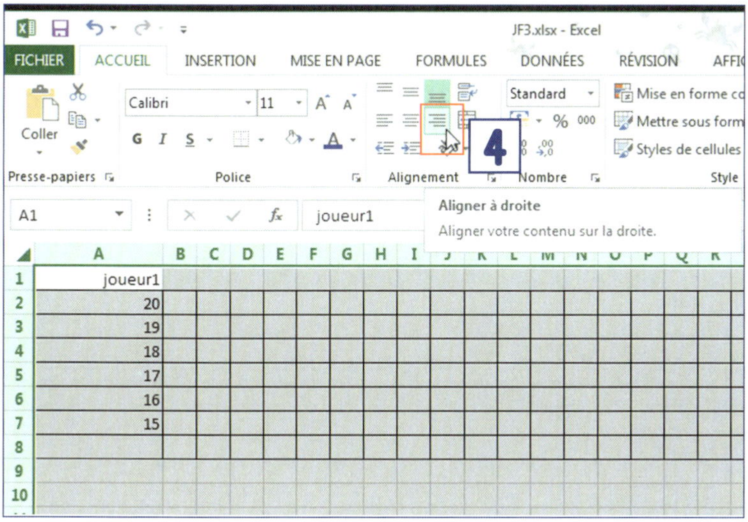

4/ Une suite décroissante

Cliquez sur le bouton Aligner à droite dans le groupe Alignement sous l'onglet Accueil.

COPIER ET COLLER DES CELLULES

0h15

Summum du gain de temps, les commandes Copier et Coller d'Excel permettent de dupliquer autant de fois que vous le désirez une ou plusieurs données dans n'importe quel emplacement de votre classeur.

1/ Sélection

Vous pouvez ouvrir le fichier FJ4.xlsx. La grille est préparée pour 1 joueur mais vous voulez créer des grilles pour 4 joueurs en tout.
Sélectionnez la ou les cellules à copier. Ici, la plage de cellules A1:AA8.

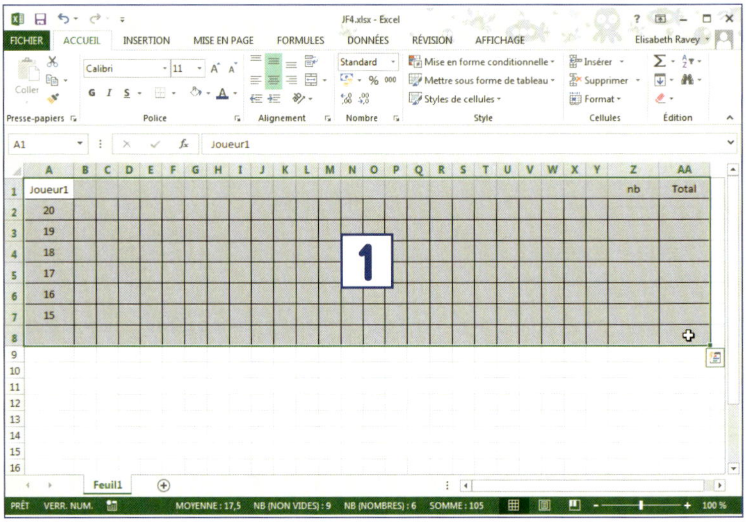

2/ Copier les données

Cliquez sur le bouton Copier du groupe Presse-papiers sous l'onglet Accueil.

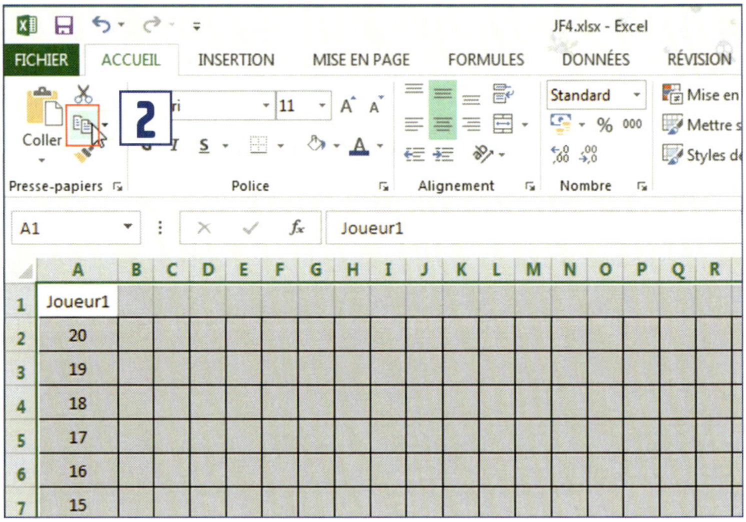

Le Presse-papiers permet de copier plusieurs textes et éléments graphiques à partir de documents Office ou de tout autre programme, et de les coller dans un autre document Office.

atelier

33

RACCOURCIS CLAVIER. Une fois la sélection faite, vous pouvez utiliser la combinaison de touches Ctrl+C pour copier et, une fois que vous avez cliqué là où vous voulez dupliquer les données, utilisez la combinaison de touches Ctrl+V.

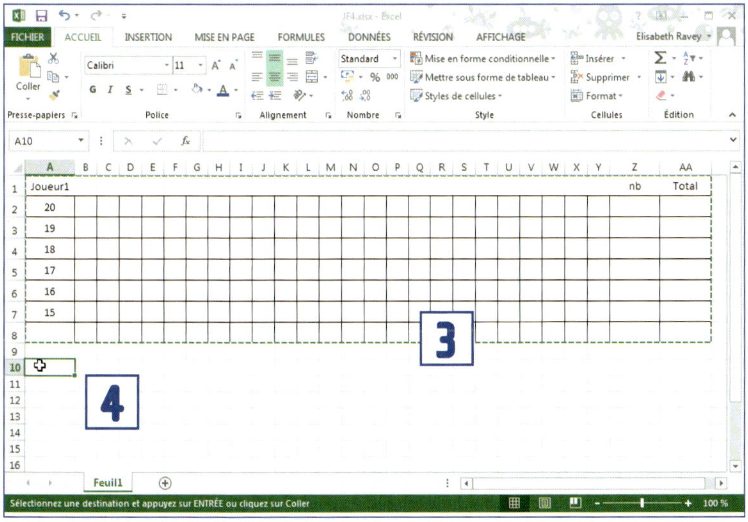

3/ Cellules copiées

La ou les cellules copiées sont entourées d'un contour en tirets tournants.

4/ Emplacement de collage

Cliquez à l'endroit où vous désirez coller les données. Ici, sélectionnez la cellule A10.

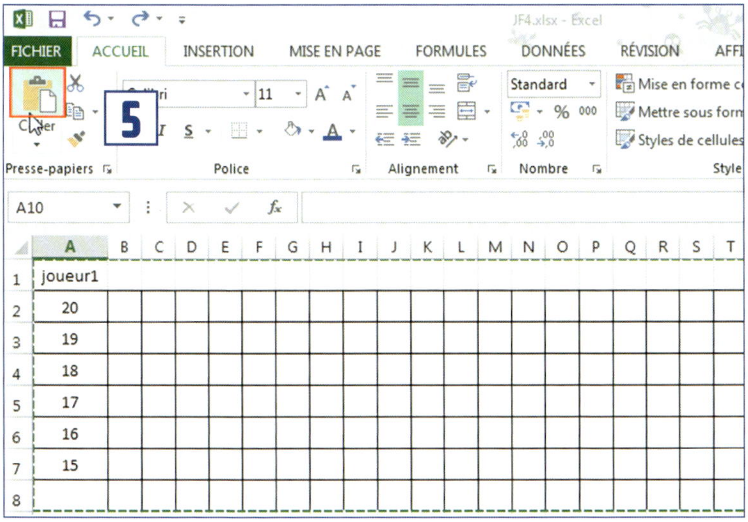

5/ Coller les données

Cliquez sur le bouton Coller du groupe Presse-papiers sous l'onglet Accueil.

Vous pouvez aussi utiliser la commande Couper pour supprimer la sélection et la placer dans le Presse-papiers afin de la coller ailleurs. Sélectionnez les cellules et cliquez sur le bouton Couper (Ctrl+X) dans le groupe Presse-papiers. Cliquez sur une cellule à l'endroit où vous voulez coller les données et cliquez sur Coller (Ctrl+V).

LE BOUTON D'OPTIONS DE COLLAGE (Ctrl) s'affiche juste en dessous de la sélection collée. Même si vous vous déplacez dans la feuille de calcul, le bouton reste apparent juqu'à la prochaine saisie ou la prochaine action.

6/ Données collées

Les données ont été collées à l'emplacement défini. La sélection copiée est toujours encadrée d'un contour discontinu et gras, cela veut dire qu'Excel a toujours les données en mémoire. Vous pouvez donc les coller à nouveau.

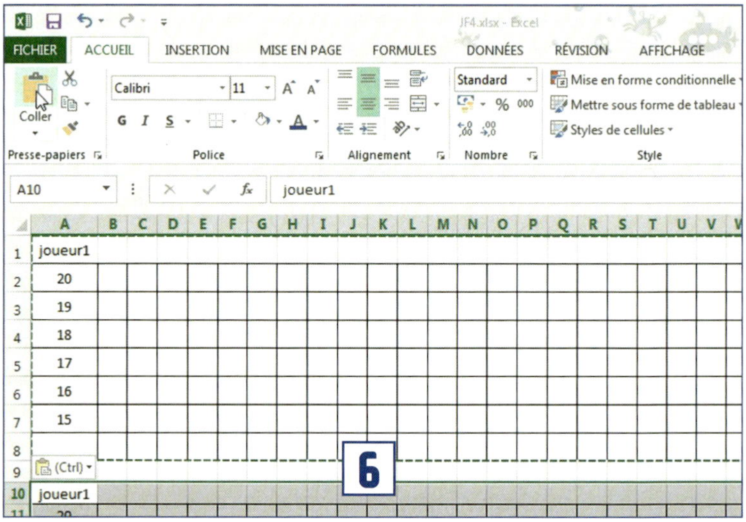

7/ Les deux dernières grilles

Pour terminer la préparation des grilles des joueurs vous pouvez donc sélectionner la cellule A19 et cliquer sur le bouton Coller. Faites la même manipulation en sélectionnant la cellule A28.

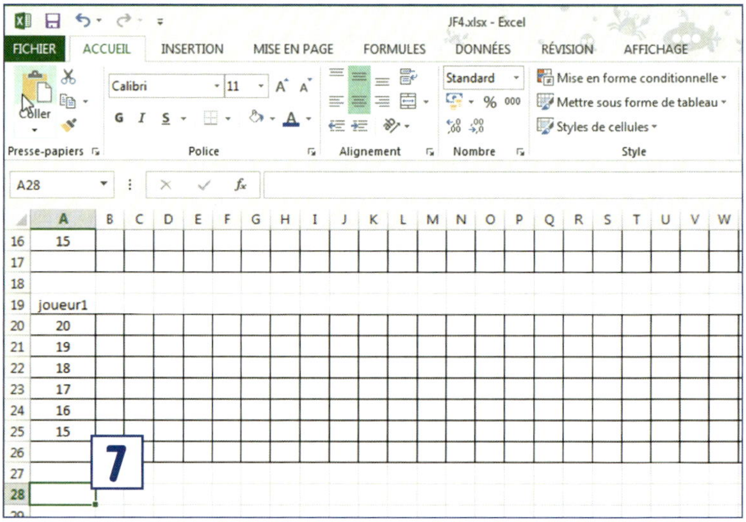

Si vous aviez l'habitude d'utiliser la combinaison de touches Alt+E suivie de la touche G pour faire un collage spécial, sachez qu'elle est toujours active.

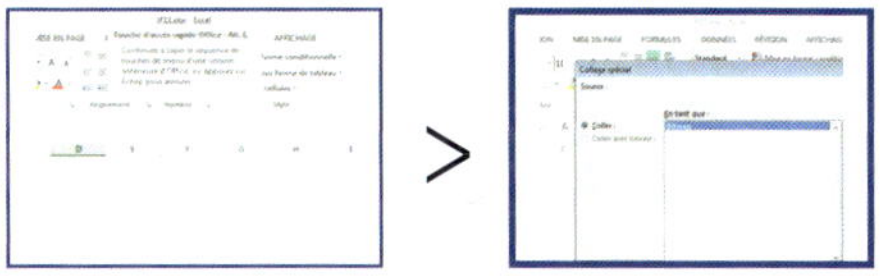

atelier 33

SI LE BOUTON OPTIONS DE COLLAGE vous gêne pour les manipulations suivantes, appuyez sur la touche Echap pour le faire disparaître.

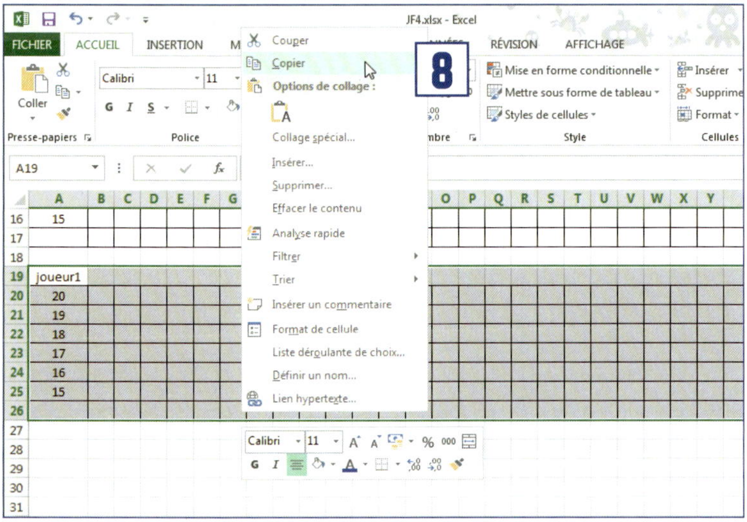

8/ Copier par le menu contextuel

Pour effectuer un collage vous pouvez aussi utiliser le menu contextuel. Pour cela sélectionnez la ou les cellules à copier et faites un clic droit sur la sélection. Cliquez sur la commande Copier dans le menu contextuel qui s'affiche.

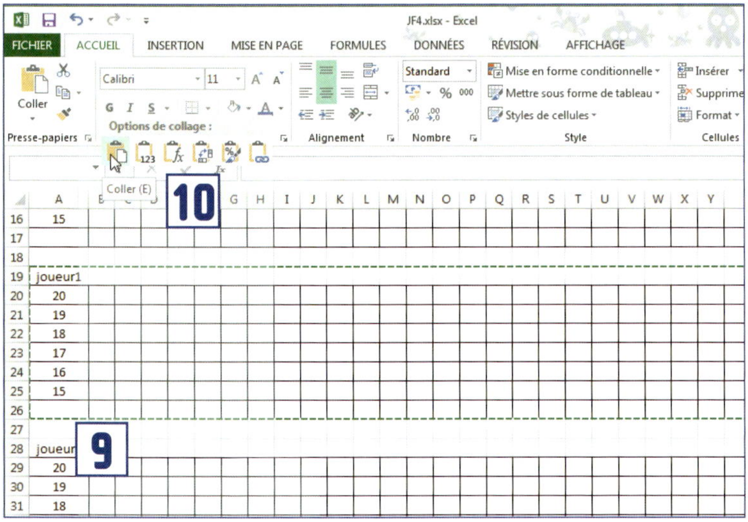

9/ Sélection de l'emplacement

Faites un clic droit à l'endroit où vous désirez coller les données.

10/ Coller par le menu contextuel

Un menu contextuel s'affiche mais il disparaît lorsque vous passez le curseur sur les options de collage pour vous proposer un aperçu du résultat si vous cliquez sur cette option.

DÉFINIR UNE COULEUR DE REMPLISSAGE

0h10

Pour égayer ou clarifier, vous pouvez appliquer une couleur dans les cellules sélectionnée dans les couleurs du thème ou avec une de vos couleurs personnalisées. Vous pouvez préférer les remplir avec des motifs.

1/ Sélection

Vous pouvez ouvrir le fichier JF5.xlsx. Sélectionnez la cellule A1.

2/ Ajouter une couleur

Sous l'onglet Accueil, dans le groupe Police, cliquez sur la flèche de l'outil Couleur de remplissage pour afficher la palette. Cliquez sur l'une des couleurs.

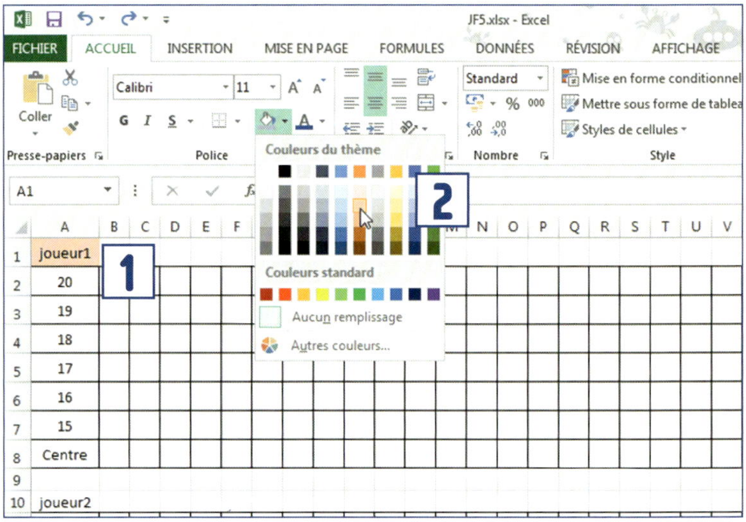

3/ Sélection multiple

Sélectionnez la plage de cellule B3:D3. Appuyez sur la touche Ctrl et maintenez-la pressée jusqu'à la fin de la manipulation. Sélectionnez la plage de cellule B5:D5 puis, tout en maintenant la touche Ctrl pressée, sélectionnez la plage de cellule B7:D7. Relâchez la touche Ctrl.

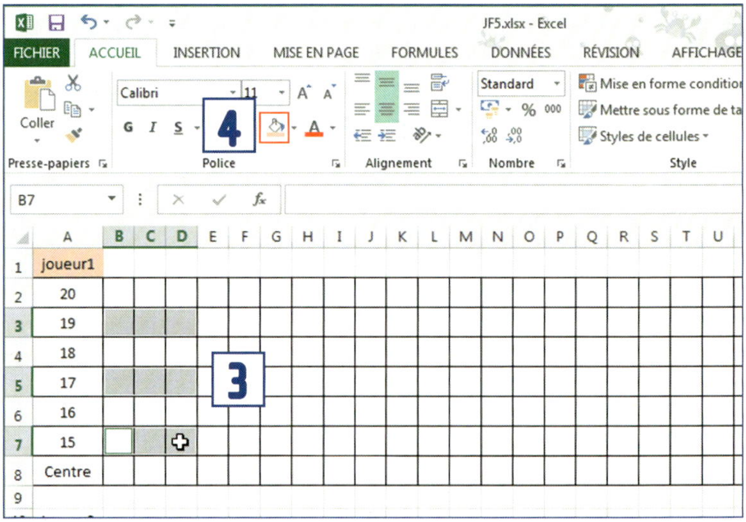

4/ Réutiliser la même couleur

Cliquez sur le bouton Couleur de remplissage pour remplir les cellules sélectionnées avec la dernière couleur utilisée.

Accueil > Police > Couleur de remplissage

atelier **34**

LES COULEURS PROPOSÉES DANS LA PALETTE du menu Couleur de remplissage sont dépendantes du thème choisi. Si vous changez de thème, les couleurs de votre feuille de calcul changeront automatiquement.

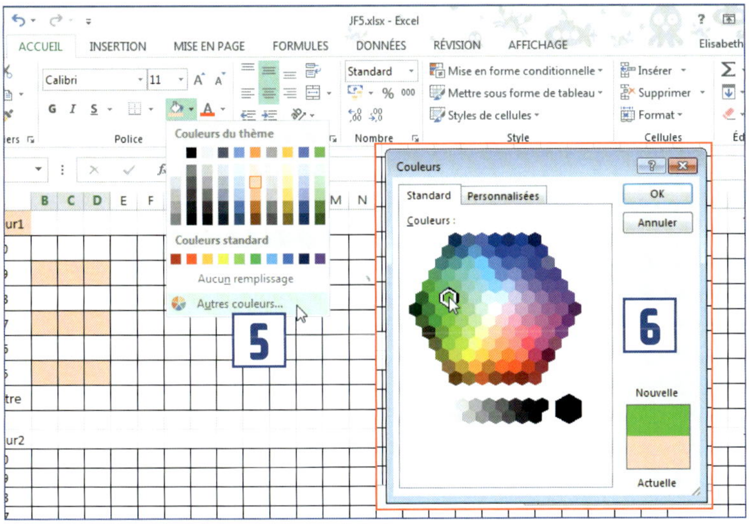

5/ Autres couleurs

Sous l'onglet Accueil, dans le groupe Police, cliquez sur la flèche de l'outil Couleur de remplissage pour afficher le menu. Cliquez sur la commande Autres couleurs...

6/ Plus de couleurs

Sous l'onglet Standard, vous pouvez cliquer sur la couleur de votre choix dans un panel plus conséquent. Vous pouvez voir le rendu dans la zone Nouvelle en bas à droite de la fenêtre par rapport à la couleur Actuelle.

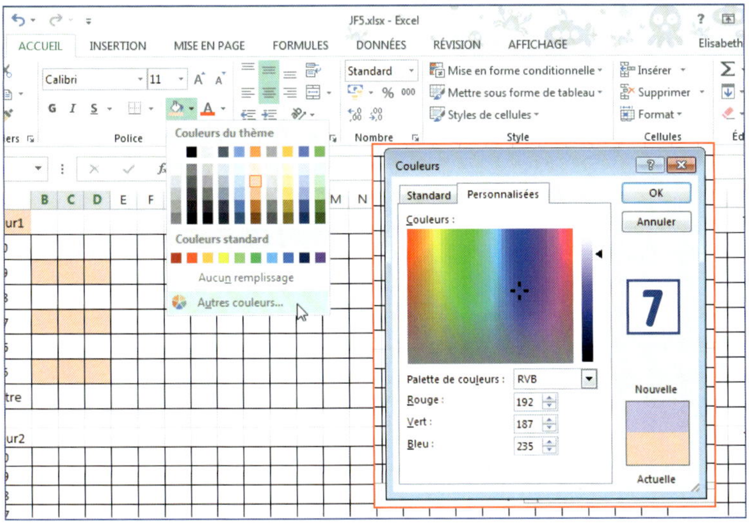

7/ Couleur personnalisée

Pour définir la couleur avec encore plus de précision, cliquez sur l'onglet Personnalisées et vous pouvez définir au degré près, de rouge, de vert ou de bleu, votre couleur.

RECOPIER LA MISE EN FORME

0h05

On passe parfois du temps à mettre en forme, couleur, taille de police, taille de colonne. Si vous souhaitez réutiliser tout ce travail pour d'autres cellules avec le moins de manipulations possibles découvrez la commande Reproduire la mise en forme.

1/ Sélection à copier

Vous pouvez ouvrir le fichier FJ6.xls. Sélectionnez la plage de cellule dont vous voulez copier la mise en forme, ici A1:AA8.

2/ Copier la mise en forme

Sous l'onglet Accueil, dans le groupe Police, cliquez sur le bouton Reproduire la mise en forme.

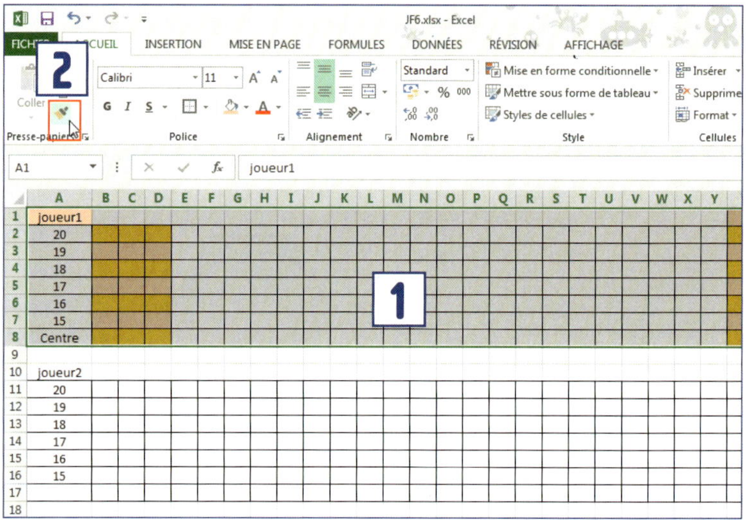

3/ Coller la mise en forme

Un petit pinceau s'ajoute à votre curseur. Il suffit de cliquer sur une seule cellule pour que toute la mise en forme soit copiée.

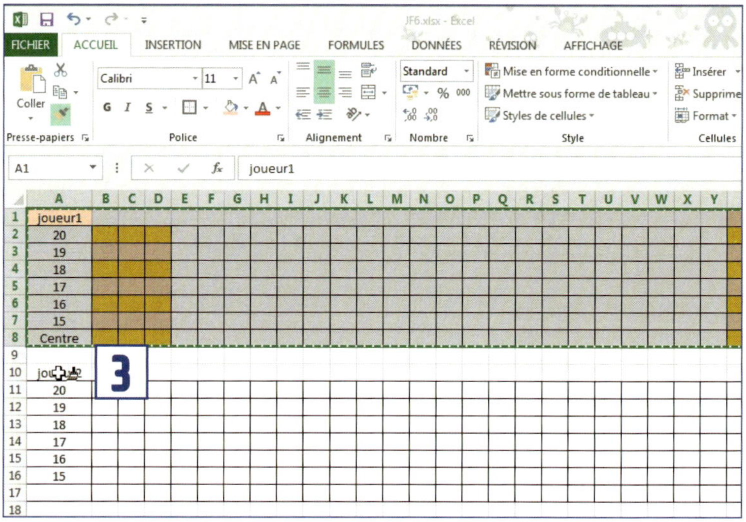

atelier 35

Si vous n'avez fait qu'une manipulation de mise en forme, par exemple une couleur de remplissage, vous pouvez la reproduire immédiatement sur autant de cellules que vous voulez en appuyant sur la touche [F4].

REPRODUCTIONS MULTIPLES. Lorsque l'on clique sur le bouton Reproduire la mise en forme, Excel la reproduit une seule fois à l'endroit où vous cliquez ensuite. Toutefois, vous pouvez reproduire la mise en forme autant de fois que vous le voulez, à différents endroits du classeur ou d'un autre, en double-cliquant sur le bouton Reproduire la mise en forme au lieu de simplement cliquer dessus. Appuyez sur la touche [Echap] pour arrêter de dupliquer la mise en forme.

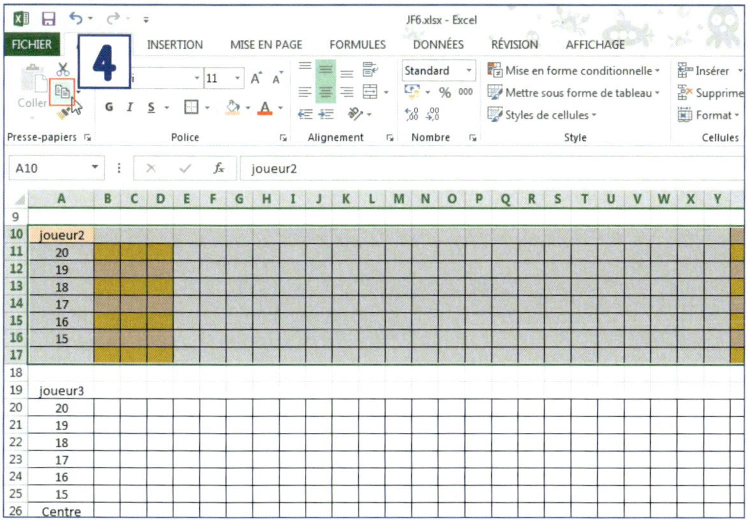

4/ Copier

Vous pouvez aussi utiliser le collage spécial pour reproduire une mise en forme. Sélectionnez la plage de cellule dont vous voulez copier la mise en forme.
Sous l'onglet Accueil, dans le groupe Police, cliquez sur le bouton Copier.

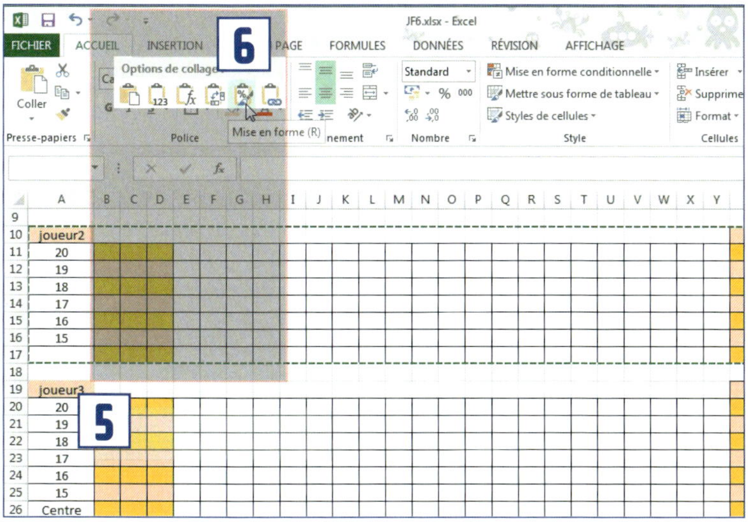

5/ Menu contextuel

Faites un clic droit dans la cellule de destination. Un menu contextuel s'affiche mais il disparaît lorsque vous passez le curseur sur les options de collage pour vous proposer un aperçu du résultat.

6/ Coller la mise en forme

Cliquez sur l'option Mise en forme.

CHANGER DE POLICE DE CARACTÈRES

0h05

La police de caractères fait référence aux différents jeux d'écriture que vous choisissez selon vos goûts et vos besoins. Les polices peuvent aussi être changées en modifiant les thèmes dans votre classeur.

1/ Sélection

Sélectionnez la ou les cellules pour lesquelles vous souhaitez changer la police.

2/ Galerie de police

Sous l'onglet Accueil, dans le groupe Police, cliquez sur la flèche de l'outil Police pour afficher la liste des polices de caractères installées sur votre ordinateur.

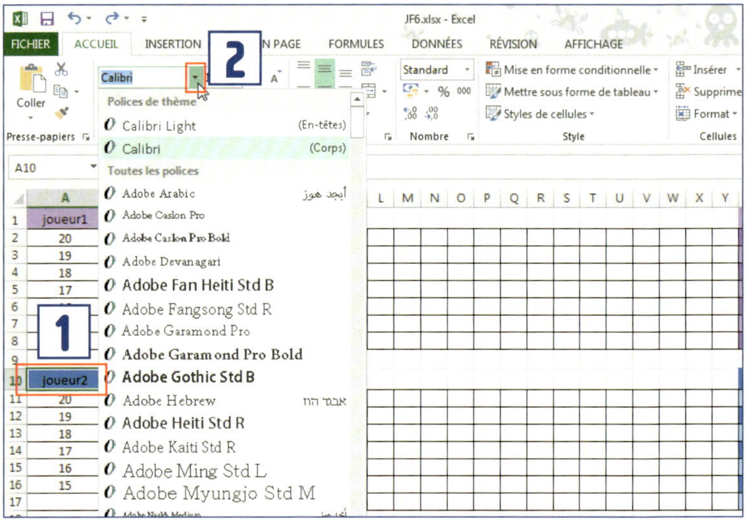

3/ Choisir la police

Vous pouvez utiliser la barre de défilement pour vous déplacer de haut en bas ou la roulette de votre souris.

4/ Changer la police

Au fur et à mesure que vous passez sur les différentes polices, Excel vous affiche un aperçu dans la cellule sélectionnée. Cliquez sur la taille qui vous convient.

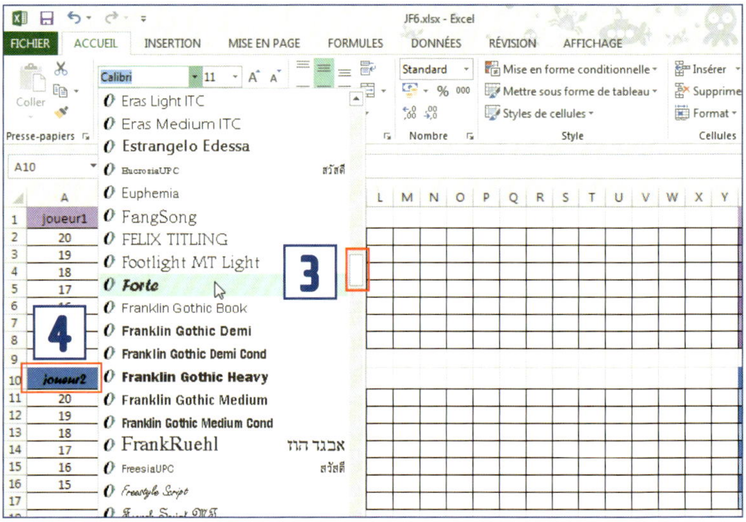

[Ctrl] + [Maj] + [F] > Ouvrir la boîte de dialogue Format de cellule

SI VOUS FAITES UNE SÉLECTION PARTIELLE de texte en mode édition de cellule ou par la barre de formule, vous pouvez obtenir des mises en forme différentes dans une même cellule.

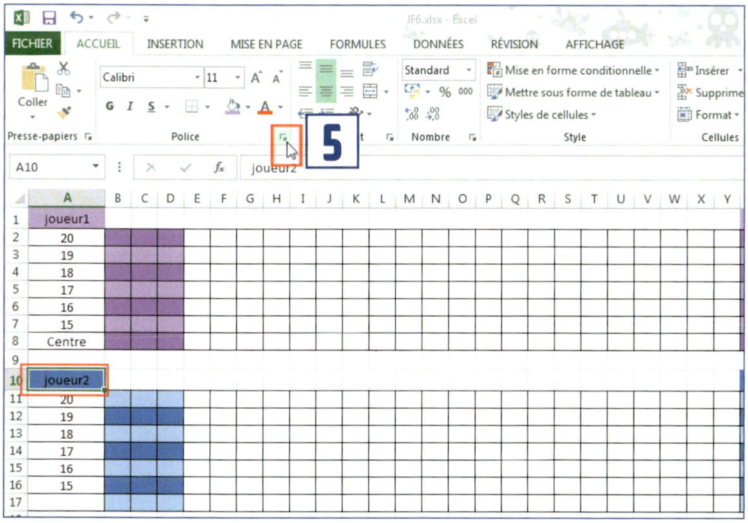

5/ Lanceur de boîte de dialogue

Vous pouvez aussi cliquer sur le lanceur de boîte de dialogue du groupe Police sous l'onglet Accueil.

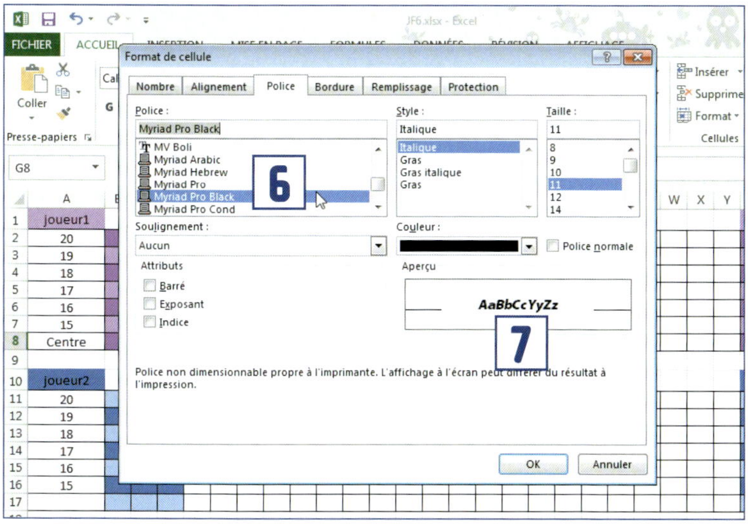

6/ Format de cellule

La boîte de dialogue Format de cellule s'ouvre sur l'onglet Police. Dans la zone Police vous pouvez choisir une des polices installées sur votre ordinateur.

7/ Un aperçu

Dans la zone Aperçu, Excel vous montre un exemple de caractères avec la police sélectionnée. Cliquez sur le bouton OK quand la police vous convient.

CHANGER LA TAILLE DES CARACTÈRES

0h05

N'hésitez pas à changer la taille de vos caractères afin de rendre plus lisibles vos données. La taille des caractères est exprimée en points. Par convention la taille dun texte se situe entre 10 et 12 points.

1/ Liste de tailles de police

Sélectionnez la ou les cellules pour lesquelles vous souhaitez changer la taille de police.
Sous l'onglet Accueil, dans le groupe Police, cliquez sur la flèche de l'outil Taille de police pour afficher une liste de tailles.

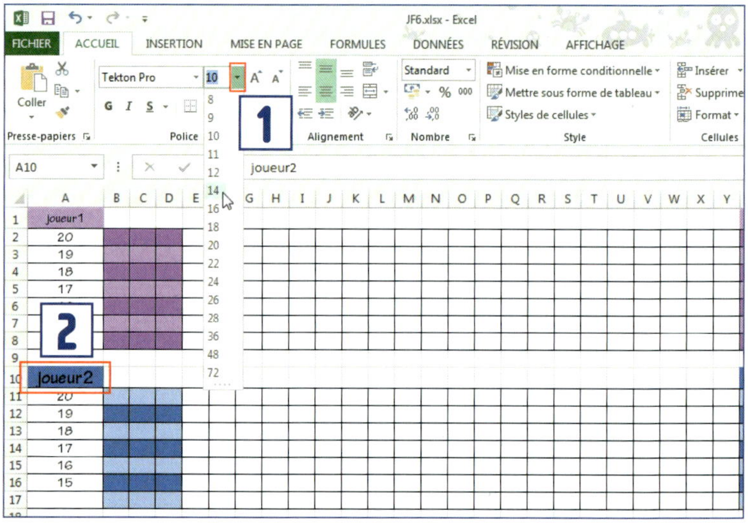

2/ Choisir la taille de police

Au fur et à mesure que vous passez sur les différentes tailles, Excel vous affiche un aperçu dans la cellule sélectionnée.
Cliquez sur la taille qui vous convient.

3/ Augmenter la taille de police

Un autre outil permet d'augmenter la taille de police. Il se trouve aussi sous l'onglet Accueil, dans le groupe Police. Cliquez sur le bouton Augmenter la taille de police, autant de fois que nécessaire.

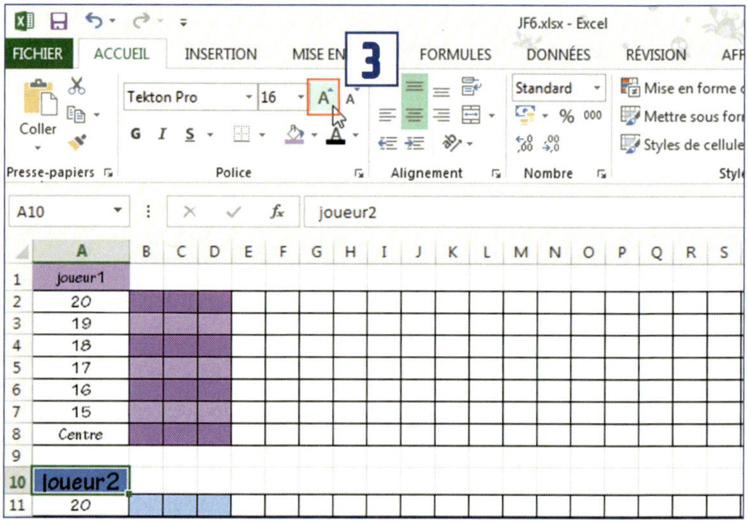

Ctrl + Maj + F > Ouvrir la boîte de dialogue Format de cellule

SI VOUS FAITES UNE SÉLECTION PARTIELLE de texte en mode édition de cellule ou par la barre de formule, vous pouvez obtenir des mises en forme différentes dans une même cellule.

atelier **37**

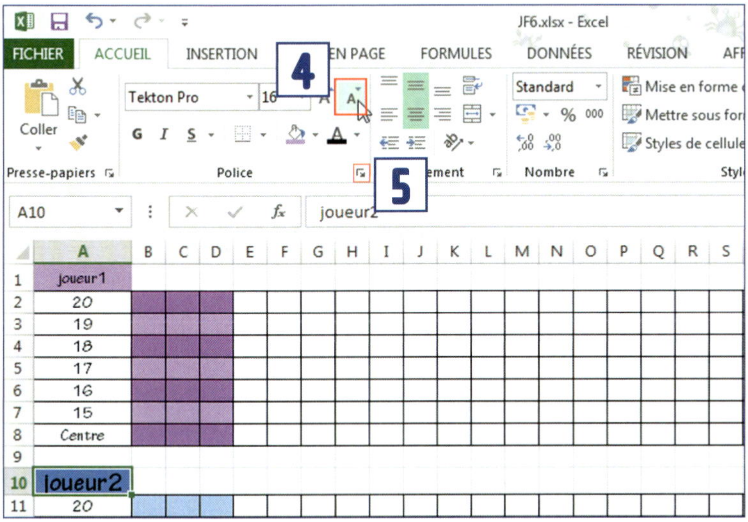

4/ Réduire la taille de police

L'outil complémentaire permet cette fois de réduire la taille de police. Sous l'onglet Accueil, dans le groupe Police, cliquez sur le bouton Réduire la taille de police, autant de fois que nécessaire.

5/ La boîte de dialogue

Grâce au lanceur de boîte de dialogue du groupe Police de l'onglet Accueil, vous allez utiliser une autre méthode pour changer la taille de police.

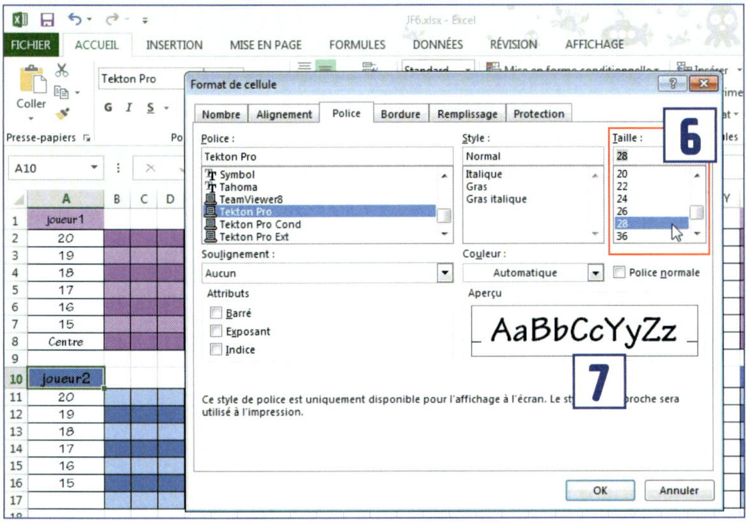

6/ Format de cellule

La boîte de dialogue Format de cellule s'ouvre sur l'onglet Police. Dans la zone Police vous pouvez choisir la taille de police que vous désirez.

7/ Un aperçu

Dans la zone Aperçu, Excel vous montre un exemple de caractères avec la taille sélectionnée. Cliquez sur le bouton OK quand cela vous convient.

CHANGER LA COULEUR DES CARACTÈRES

0h05

Un tableau simple ou complexe se doit d'être un document lisible, compréhensible et facile à mémoriser. Que le document soit destiné à être imprimé ou seulement lu à l'écran, n'hésitez pas à utiliser le large éventail de couleurs proposé.

1/ Sélection

Sélectionnez la ou les cellules pour lesquelles vous souhaitez changer la taille de police.

2/ Couleur de police

Sous l'onglet Accueil, dans le groupe Police, cliquez sur la flèche de l'outil Couleur de police.

3/ Choisir la couleur

Un menu s'affiche sur lequel apparaît la palette de couleur correspondant au thème actuellement appliqué sur votre classeur.

4/ Couleur standard

Un certain nombre de couleurs appelées Standard vous sont proposées. Elles sont indépendantes du thème sélectionné.

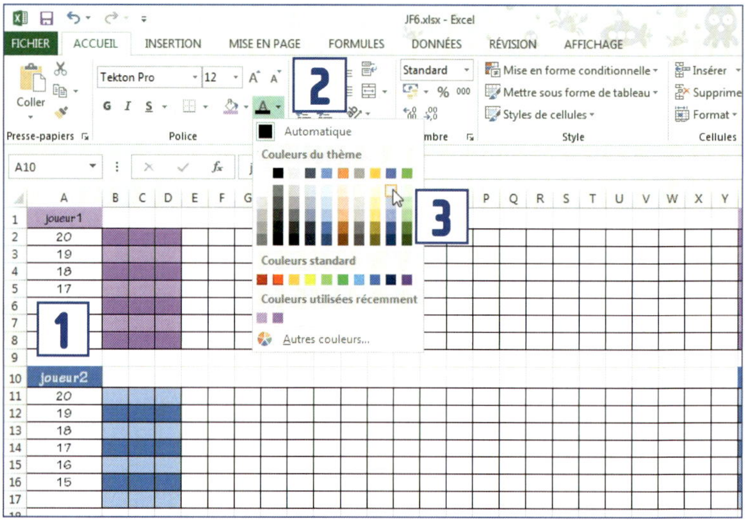

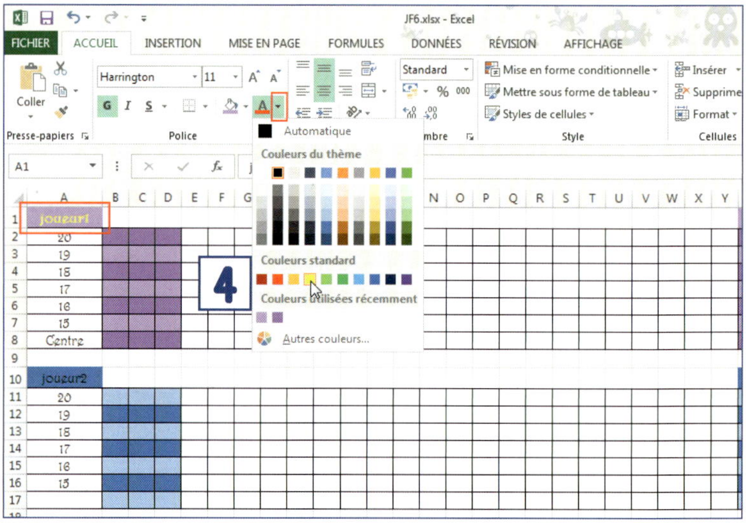

Ctrl + Maj + F > Ouvrir la boîte de dialogue Format de cellule

SI VOUS FAITES UNE SÉLECTION PARTIELLE de texte en mode édition de cellule ou par la barre de formule, vous pouvez obtenir des mises en forme différentes dans une même cellule.

atelier

38

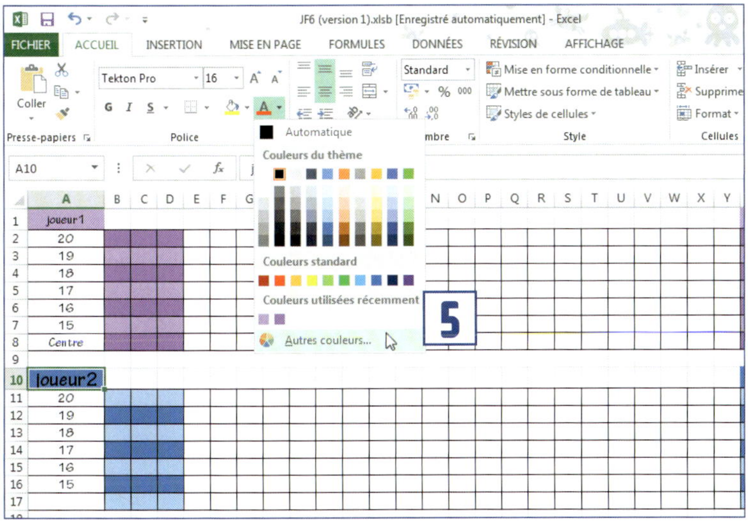

5/ Autres couleurs

Si vous avez utilisé des couleurs autres que celle du thème, elles vous sont proposées dans le menu dans la rubrique Couleurs utilisées récemment.

Vous pouvez aussi cliquer sur la commande Autres couleurs…, qui ouvrira une boîte de dialogue dans laquelle vous pourrez sélectionner votre couleur dans un choix plus large, ou la définir avec précision.

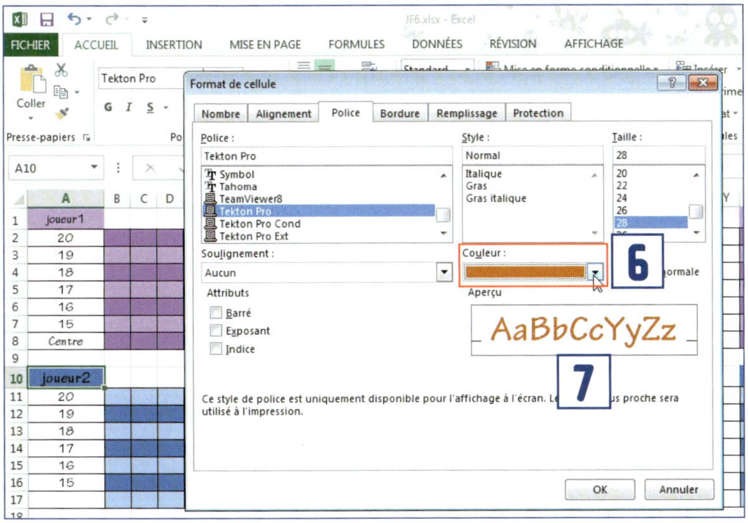

6/ Format de cellule

Vous pouvez aussi cliquer sur le lanceur de boîte de dialogue du groupe Police sous l'onglet Accueil. La boîte de dialogue Format de cellule s'ouvre sur l'onglet Police. Dans la zone Couleur vous pouvez sélectionner une couleur de police.

7/ Un aperçu

Dans la zone Aperçu, Excel vous montre un exemple de caractères avec la couleur sélectionnée.

Cliquez sur le bouton OK quand la couleur vous convient.

METTRE LES CARACTÈRES EN GRAS, ITALIQUE OU SOULIGNÉ

0h05

Quel que soit le degré de maîtrise des outils bureautiques, chaque utilisateur intervient forcément dans la mise en forme de son document. La mise en forme des caractères en gras, italique ou souligné sont des fonctions de base très simples à mémoriser.

1/ L'outil Gras

Sélectionnez la ou les cellules pour lesquelles vous souhaitez changer la mise en forme.
Sous l'onglet Accueil, dans le groupe Police, cliquez sur le bouton Gras.

2/ Caractères gras

Le contenu de la cellule est devenu plus épais.

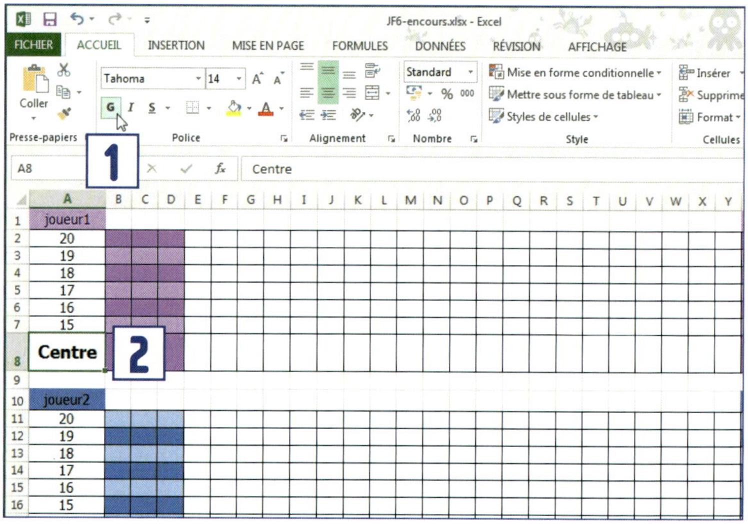

3/ L'outil Italique

Sous l'onglet Accueil, dans le groupe Police, cliquez sur le bouton Italique.

4/ Caractères italiques

Ue contenu de la cellule est légèrement penché.

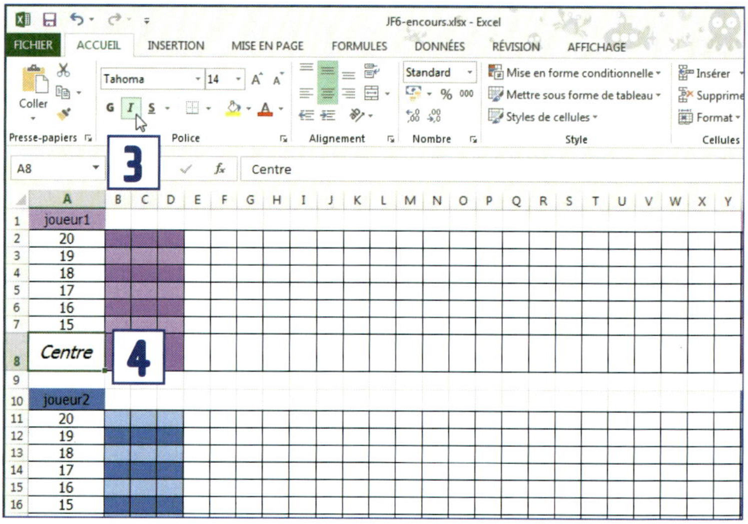

Ctrl + G > Mettre le texte en gras
Ctrl + I > Mettre le texte en italique
Ctrl + U > Souligné le texte

SI VOUS FAITES UNE SÉLECTION PARTIELLE de texte en mode édition de cellule ou par la barre de formule, vous pouvez obtenir des mises en forme différentes dans une même cellule.

atelier **39**

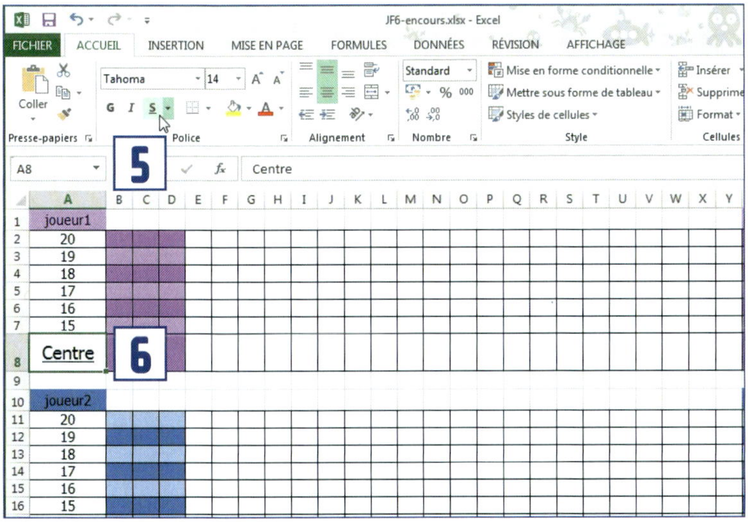

5/ L'outil Souligné

Sous l'onglet Accueil, dans le groupe Police, cliquez sur le bouton Souligné.

6/ Caractères soulignés

Le contenu de la cellule est souligné.

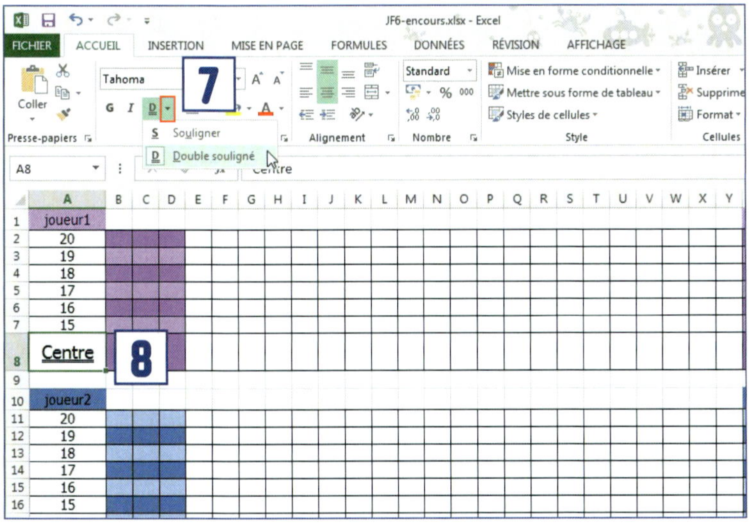

7/ L'outil Double souligné

Sous l'onglet Accueil, dans le groupe Police, cliquez sur la flèche en regard du bouton Souligné. Dans le menu qui s'affiche cliquez sur la commande Double souligné.

8/ Caractères double souligné

Le contenu de la cellule est doublement souligné.

EFFECTUER DES OPÉRATIONS

0h30

L'un des atouts majeurs d'Excel est bien sûr le calcul. Avant d'utiliser diverses formules, il faut appréhender les principes de base. Les opérateurs indiquent le type de calcul que vous effectuez. Le signe + permet une addition, le signe - permet une soustraction, le signe / permet

1/ Opération simple

Sélectionnez une cellule. Si vous saisissez directement 2+5, Excel ne va pas vous afficher le 7 escompté.

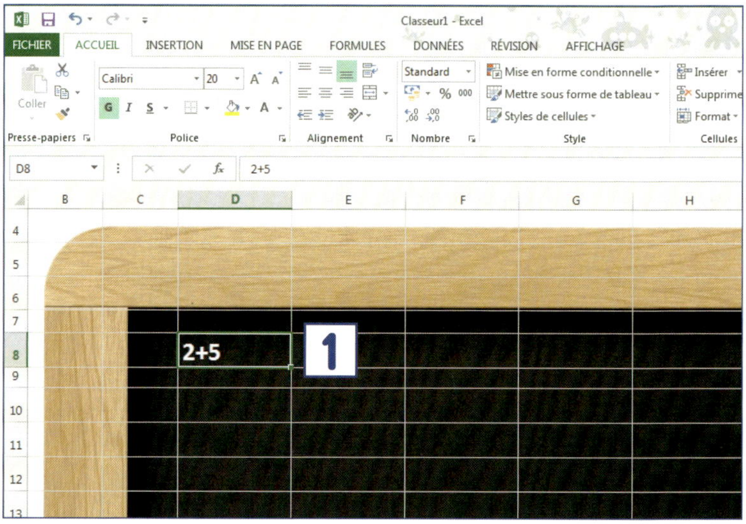

2/ Calculer

Pour qu'il fasse l'opération, il faut le «prévenir» que ce n'est pas une simple chaîne de caractères en commençant par le signe =.

Ainsi il saura qu'il doit calculer ce qui suit. Donc, si dans une cellule vous saisissez =2+5 et appuyez sur la touche [Entrée], Excel affiche 7.

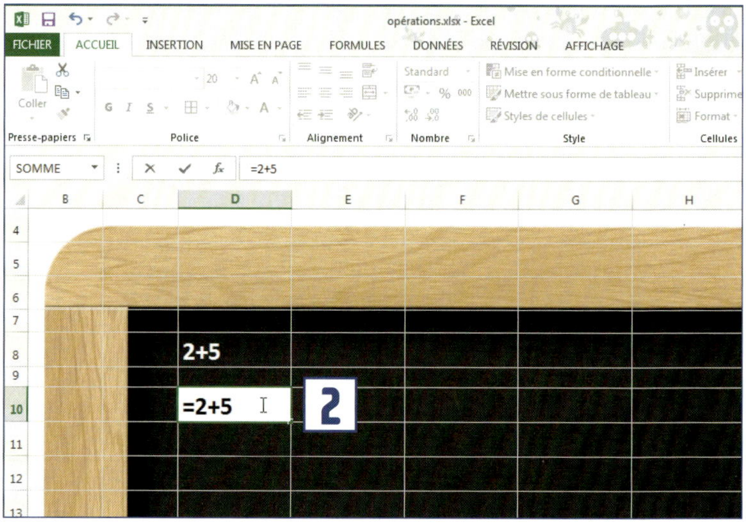

Pour afficher les formules plutôt que les résultats dans les cellules, cochez cette option dans le menu **Options avancées d'Excel.**

une division, le signe * permet une multiplication, le signe ^ permet le calcul de puissance. Les parenthèses (et) permettent de définir les priorités de calcul.

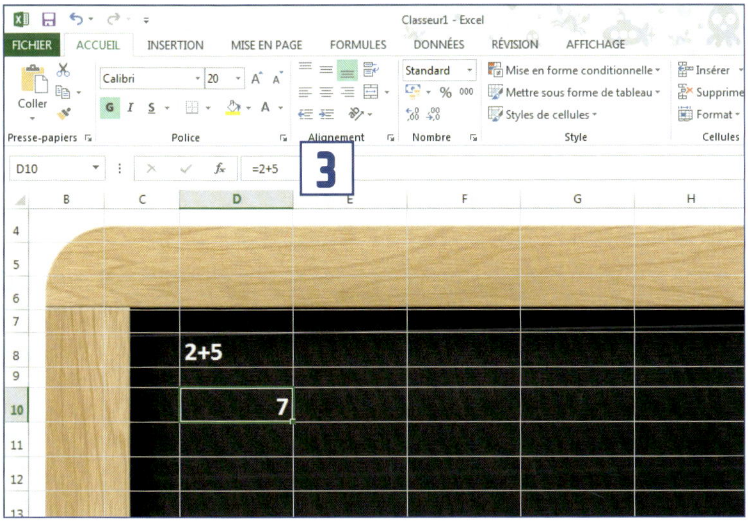

3/ Utiliser la barre de formule

Bien qu'Excel n'affiche plus que le résultat dans la cellule, vous pouvez voir son contenu dans la barre de formule.

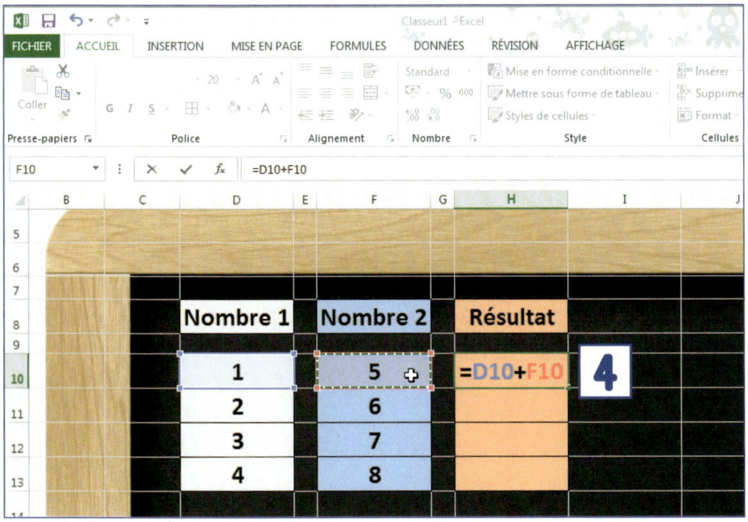

4/ Utiliser des références

Si par exemple vous voulez additionner le contenu de la cellule D10 avec celui de la cellule F10, placez-vous dans la cellule où le résultat doit apparaître, ici H10.
Saisissez le signe égal puis cliquez sur la cellule D10, saisissez le signe + pour additionner, cliquez ensuite sur la cellule F10 et pour finir appuyez sur la touche Entrée.

POUR PASSER EN MODE ÉDITION AFIN DE MODIFIER LA FORMULE DE CALCUL, sélectionnez la cellule et appuyez sur la touche F2. Vous pouvez à présent vous déplacer dans la cellule avec les touches de direction et changer les données voulues.

POUR METTRE EN EXERGUE LES CELLULES COMPRISENT DANS LA FORMULE, il suffit de double-cliquer dans la cellule et chaque référence contenue dans la formule sera encadrée de couleur différente.

5/ Recopier la formule

Vous n'avez pas besoin de ressaisir la formule pour chaque cellule. Vous pouvez utiliser la poignée de recopie. Placez-vous sur la cellule contenant la formule à copier et faites glisser la poignée de recopie sur les autres cellules. Lorsque vous relâchez le bouton de la souris, tous les résultats s'affichent.

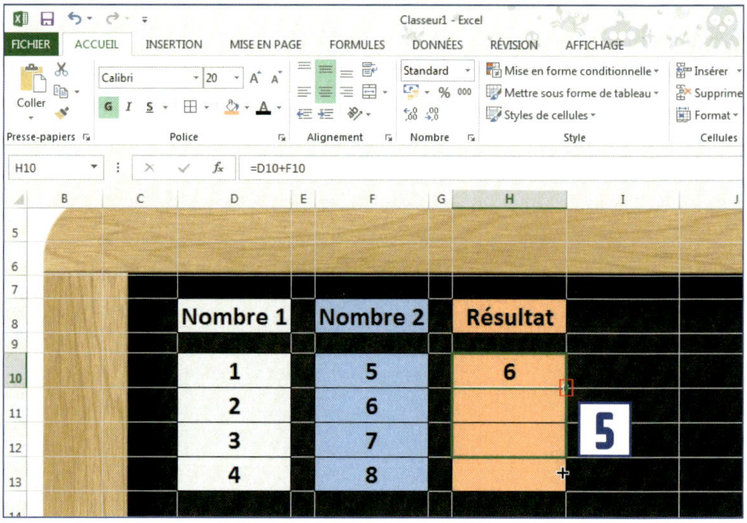

6/ Référence relative

Une formule qui utilise une valeur relative est une sorte de plan pour qu'Excel sache quoi calculer. Par exemple, si dans la cellule H10 il y a la formule =D10+F10. Cela veut en vérité dire « additionner le contenu de la cellule qui se trouve 4 cellules à gauche avec le contenu de la cellule qui se trouve 2 cellules à gauche ».
C'est pour cela qu'après la copie il y a la formule =D12+F12 dans la cellule H12.

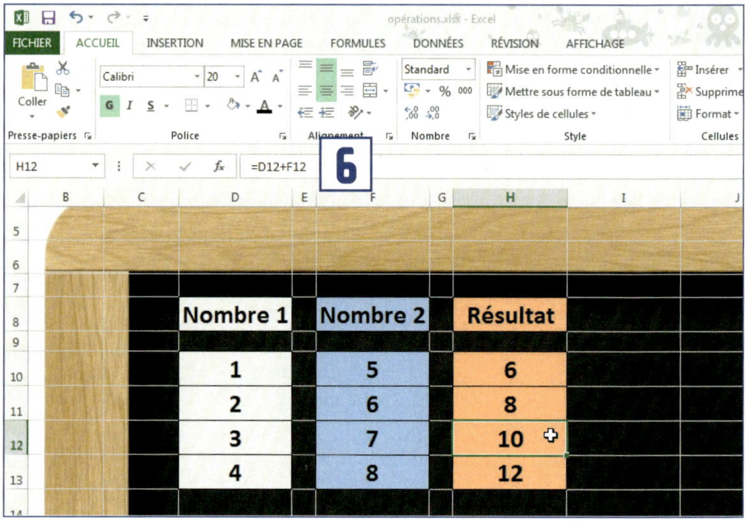

Si vous avez nommé des cellules, vous pouvez utiliser ces noms dans la création de votre formule de calcul.

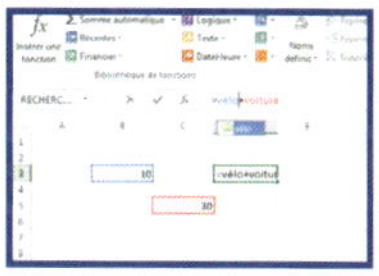

atelier 40

LORS DE LA CRÉATION D'UNE FORMULE, Excel enregistre la position des valeurs à calculer par rapport à la cellule où doit figurer la figurer le résultat. En recopiant une formule de calcul, le logiciel adapte les références relatives de cette formule pour qu'elles correspondent à chaque cellule de résultat.

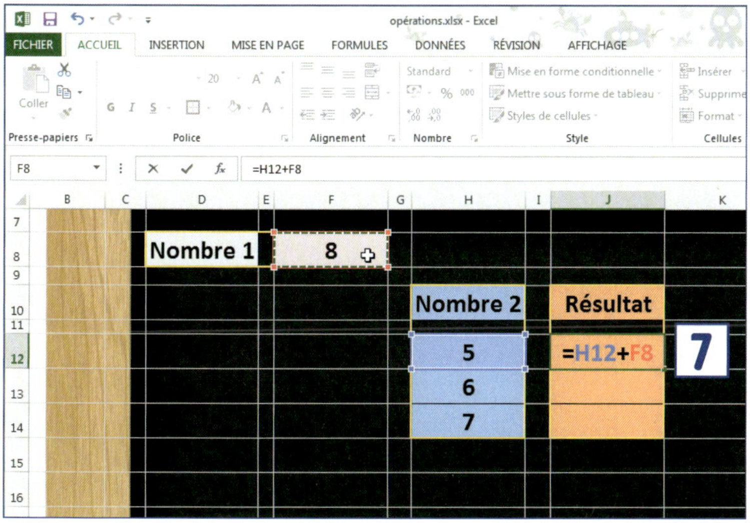

7/ Référence fixe

Dans notre exemple, il faut additionner le Nombre 1 avec les divers Nombre 2.
Dans la cellule J12, saisissez =, cliquez sur la cellule F8, saisissez +, cliquez sur la cellule H12 puis appuyez sur la touche [Entrée].

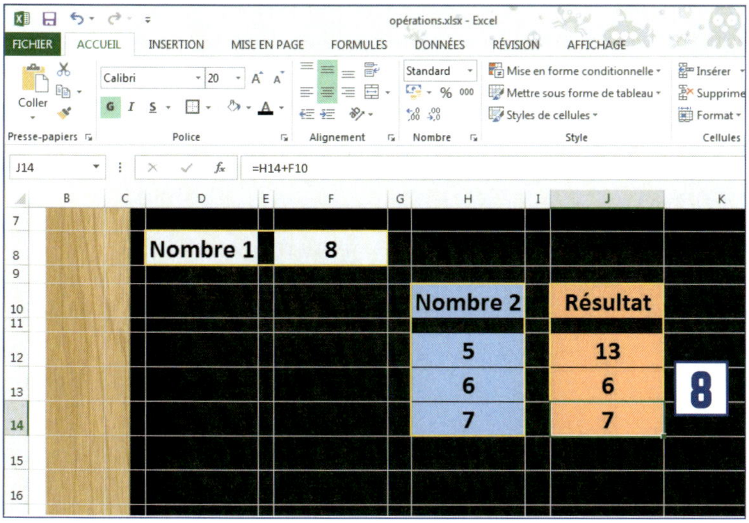

8/ Copie erronée

Si vous copiez la formule sur les deux cellules en dessous, vous constaterez que le résultat ne correspond pas.
La formule est « **additionne la cellule 4 colonnes à gauche et 4 lignes au-dessus avec la cellule 2 colonnes à gauche** ».
Du coup cela ne fonctionne plus pour les cellules en dessous, car F8 devient F9 et F10 et ces cellules ne contiennent rien.

POUR NOMMER UNE CELLULE OU UNE PLAGE DE CELLULES, il suffit de sélectionner celles-ci et de saisir un nom dans la zone Nom de la barre de formule où se trouve initialement la référence. Appuyez ensuite sur la touche [Entrée] pour valider.

CONTRAIREMENT À UNE RÉFÉRENCE RELATIVE qui indique l'adresse d'une cellule par rapport à la position de la formule de calcul, une référence absolue indique l'adresse de la cellule sur la feuille de calcul.

9/ Figer la cellule

Pour que le résultat corresponde à votre attente, vous devez stipuler à Excel que, pour la première valeur, il ne faut pas changer de cellule lors de la copie. La référence de cellule ne doit plus être relative mais **absolue**. Pour cela vous allez recommencer la formule.

Dans la cellule J12, saisissez =, cliquez sur la cellule F8. Là vous devez appuyer sur la touche F4 pour qu'Excel fige l'adresse, cela se traduit par l'insertion de signes $ devant la colonne et le numéro.

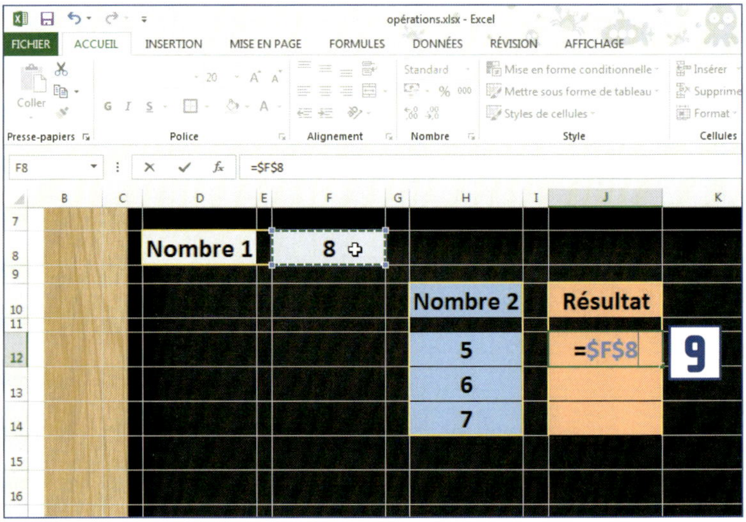

10/ Fin de la formule

Pour finir la formule, après avoir appuyé sur F4, saisissez +, cliquez sur la cellule H12 puis appuyez sur la touche [Entrée].

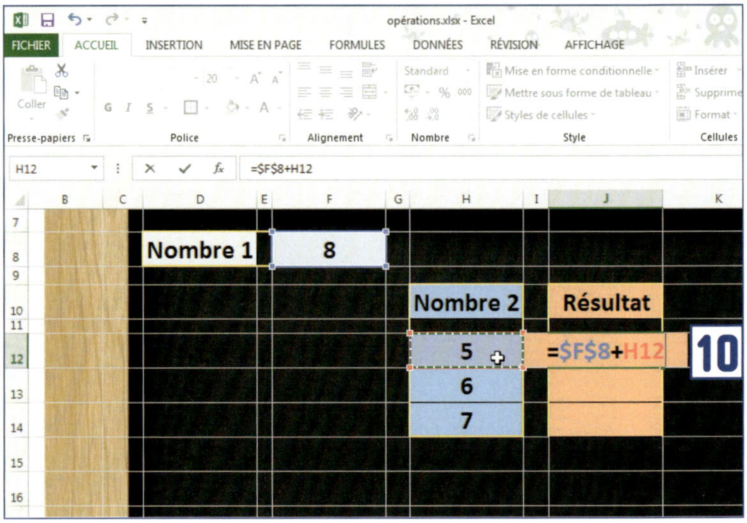

Utilisez la boîte de dialogue **Gestionnaire de noms** pour gérer tous les noms définis et les noms de tableau dans le classeur : Formules > Noms définis > Gestionnaire de noms.

atelier 40

LA TOUCHE [F4] FIGE UNE RÉFÉRENCE DE CELLULE. La référence absolue contient deux symboles $. L'un fige la référence de colonne et l'autre la référence de ligne. Il est parfois nécessaire de ne figer qu'une partie de la référence de cellule. Appuyez une fois de plus sur la touche [F4] et ce ne sera que la référence de ligne qui sera figée. Une fois de plus et ce ne sera que la référence de colonne qui sera figée.

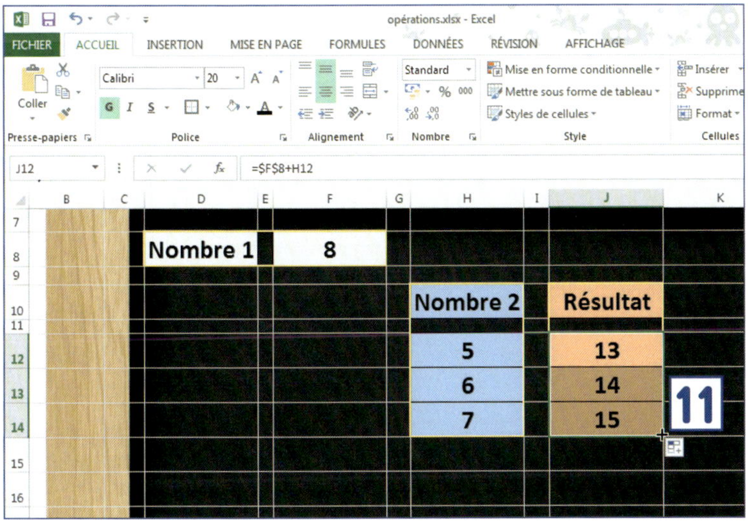

11/ Copie de la formule

Si vous copiez la formule sur les cellules en dessous, le résultat correspond aux attentes en additionnant les contenus de la colonne Nombre 2 avec le contenu unique Nombre 1.

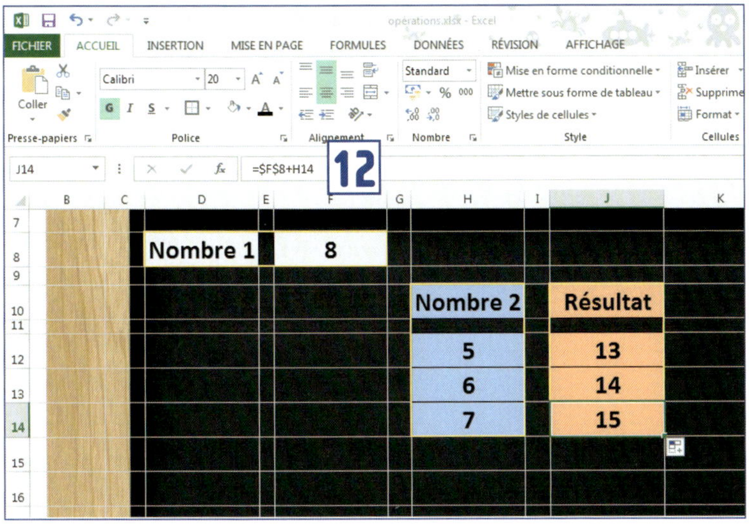

12/ Formule copiée

Si vous cliquez sur la cellule J14 et regardez dans la barre de formule, vous constatez qu'Excel a compris et n'a donc pas changé la première référence de cellule.

UTILISER LA FONCTION NBVAL

0h15

À chaque fois que l'on atteint l'une des sept zones de la cible qui «compte», vous allez mettre un X dans une case de la ligne correspondante. À partir du 4ème X cela rapporte en points le nombre correspondant à la zone. Vu que l'on ne va pas mettre d'autres informations,

1/ Fonction NBVAL

Vous pouvez utiliser le fichier FJ7.xlsx. Sélectionnez la cellule Z2. Saisissez le signe = pour indiquer à Excel qu'on va faire un calcul, puis saisissez la lettre N. Excel comprend immédiatement que vous voulez utiliser une fonction et vous propose la liste des fonctions commençant par N, ainsi qu'une info-bulle indiquant les fonctions pour chacunes d'elles lorsque vous passez desuus.
Chercher la fonction NBVAL dans la liste.

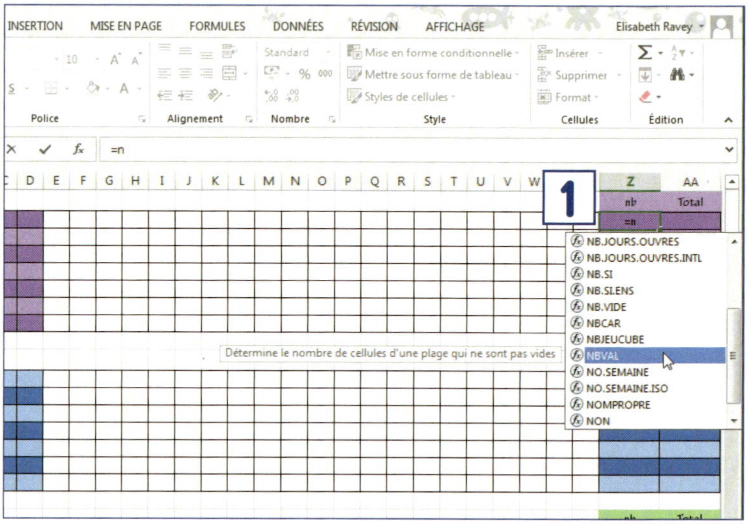

2/ Sélection des variables

Excel a inséré la fonction NBVAL dans la cellule et attend que vous lui donniez la plage de cellule dans laquelle il doit compter. Ici E2:Y2.

3/ Barre de formule

Votre sélection s'affiche dans la barre de formule. Appuyez sur la touche Entrée pour valider.

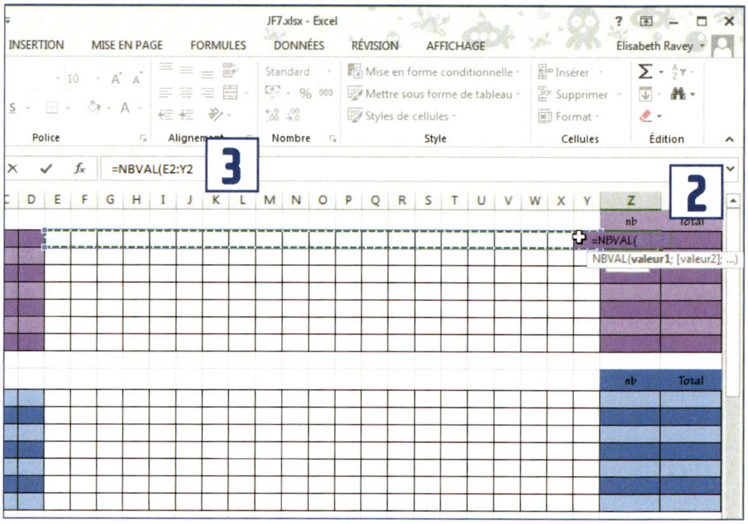

Selon le même principe, la fonction **NB.VIDE** compte cette fois-ci le nombre de cellules vides dans une plage de cellules.

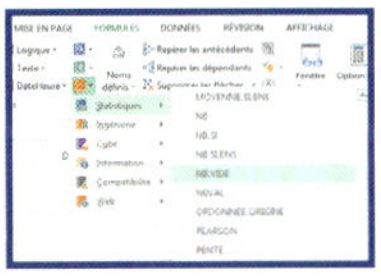

atelier **41**

il suffit de compter le nombre de cellules de la ligne contenant une valeur et de multiplier ce résultat par la valeur de la zone.

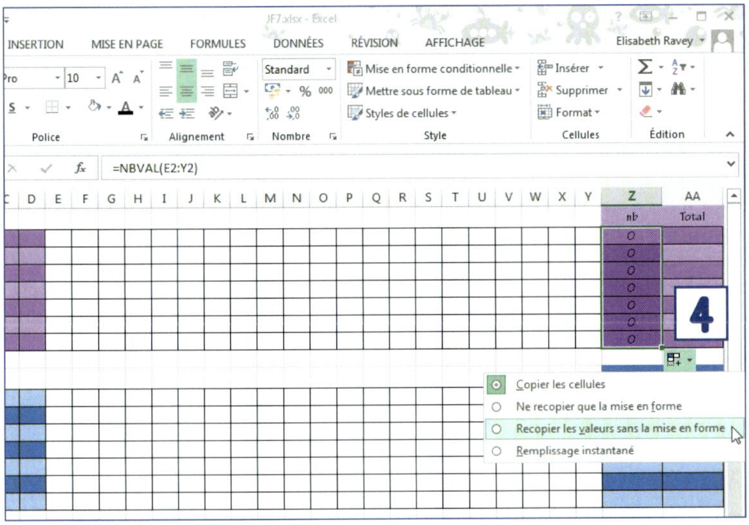

4/ Recopier la formule

Utilisez la poignée de recopie pour dupliquer la formule sur les autres cellules. Une fois que vous relâchez le bouton de la souris, le bouton d'Options de recopie apparaît. Effectivement, la poignée de recopie par défaut duplique non seulement la formule mais aussi la mise en forme. Pour ce tableau cela ne convient pas, car il y a une mise en forme différente une cellule sur deux. Pour éviter cela, cliquez sur le bouton d'Options de recopie et cliquez sur l'option Recopier les valeurs sans les mises en forme.

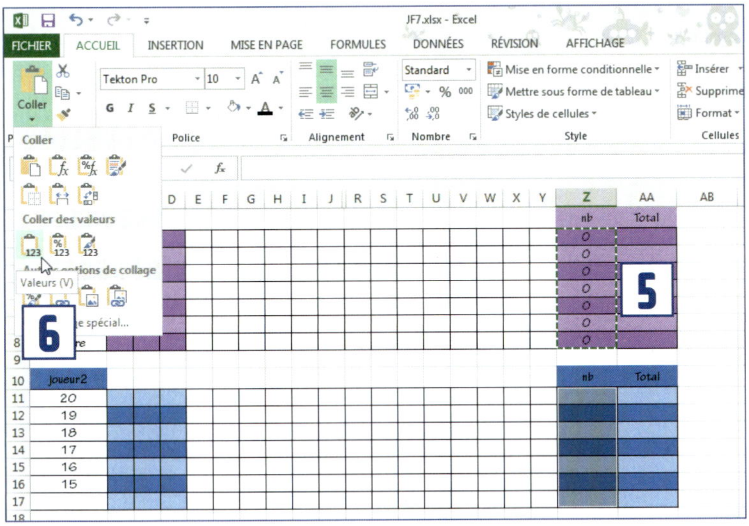

5/ Copier la formule

Copiez la plage de cellule Z2:Z8. Sélectionnez les plages de cellules Z11:Z17 et Z20:Z26 ainsi que Z29:Z35 (à l'aide de la touche Ctrl).

6/ Coller les valeurs

Sous l'onglet Accueil, dans le groupe Presse-papiers, cliquez sur la flèche du bouton Coller, et cliquez sur l'option Valeurs pour ne coller que le contenu sans la mise en forme.

DERNIÈRES OPÉRATIONS

0h20

Dernière ligne droite, il ne reste plus que deux formules pour que le fichier soit fonctionnel. Il faut à présent multiplier le nombre de X avec la valeur de la zone. Et enfin il faut faire le total par joueur.

1/ Points par zone

Vous pouvez utiliser le fichier JF8.xlsx. Sélectionnez la cellule AA2, saisissez le signe = et sélectionnez la cellule Z2 contenant le nombre de croix dans la ligne, appuyez sur le signe * qui représente la multiplication, puis sélectionnez la cellule A2 contenant la valeur de la zone. Validez en appuyant sur la touche Entrée.

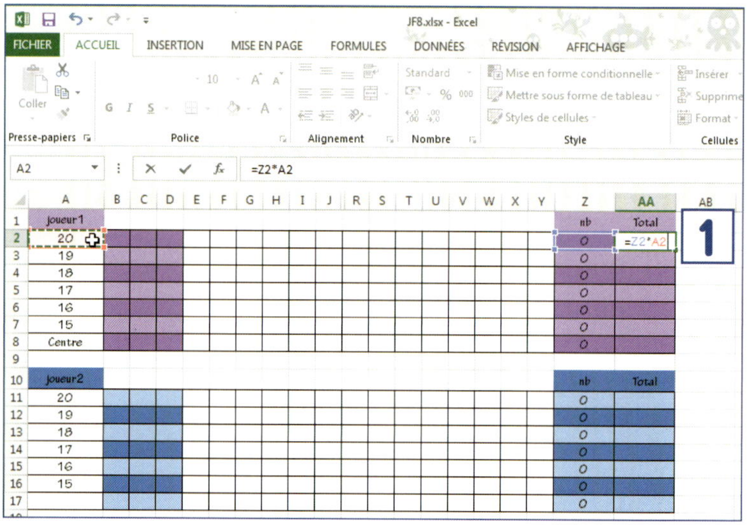

2/ Recopier la formule

Utilisez la poignée de recopie pour dupliquer la formule dans les six cellules en dessous. Malheureusement la cellule AA8, dont la formule est =Z8*A8, indique #VALEUR! . Le contenu de la cellule A8 est Centre, du coup Excel ne peut pas multiplier un nombre avec du texte.

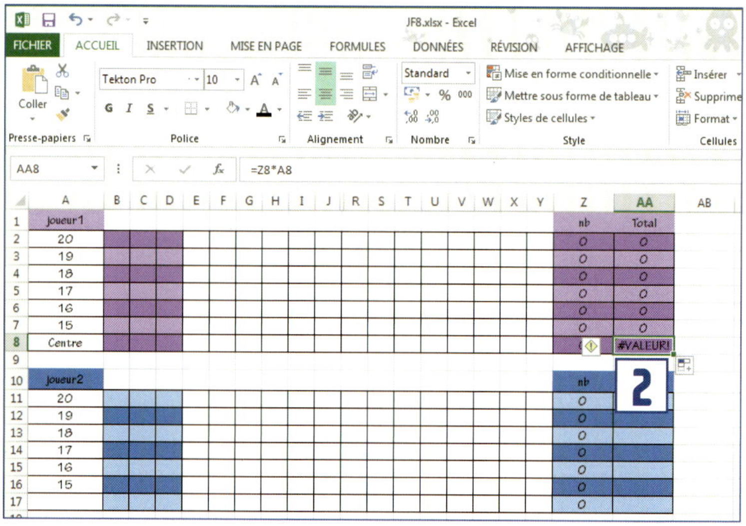

Si vous avez nommé des cellules ou des plages de cellules, vous pouvez employer ces noms dans la somme.

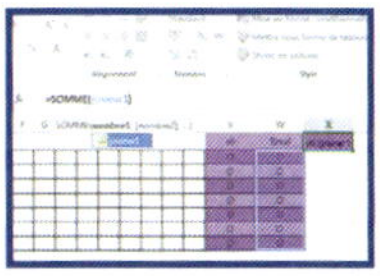

atelier

42

LA FONCTION SOMME additionne tous les nombres que vous spécifiez comme arguments. Chaque argument peut être une plage, une référence de cellule, une constante, une formule ou le résultat d'une autre fonction.

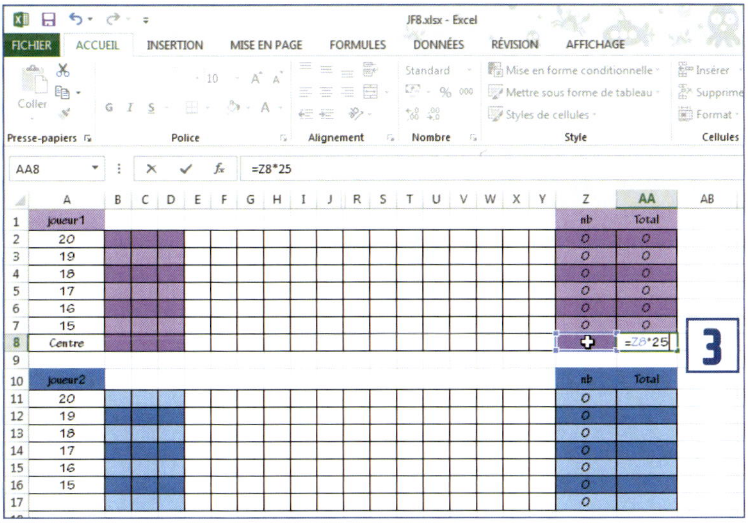

3/ Saisie de la valeur Centre

Exceptionnellement pour cette ligne, vous allez remplacer la référence de cellule par la valeur de la zone. Cliquez sur la cellule AA8. Cliquez à présent dans la barre de formule et remplacez A8 par 25. Appuyez sur la touche [Entrée].

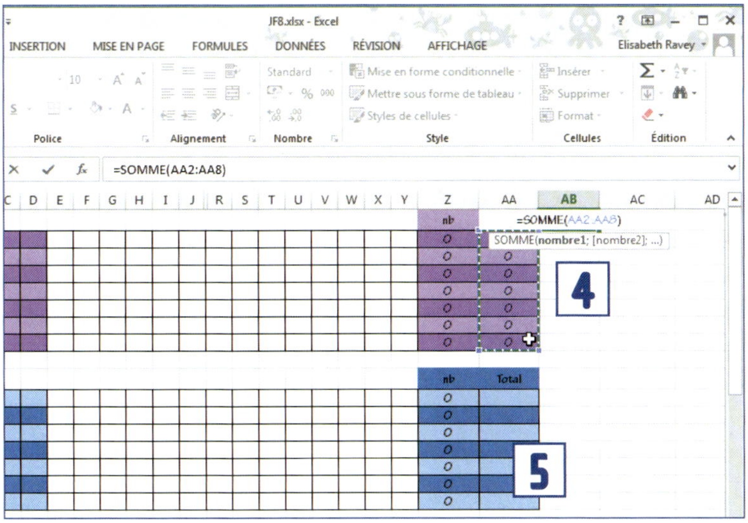

4/ Total final

Maintenant, il faut le total final. Pour cela vous allez utiliser la fonction SOMME. Cliquez dans la cellule AB1 puis utilisez la combinaison de touches [Alt]+[=] qui insère automatiquement la fonction. Sélectionnez la plage de cellule AA2:AA8 et appuyez sur [Entrée] pour valider.

5/ Copie pour les autres joueurs

Copiez la plage de cellule AA1:AB8, et collez-la sans mise en forme sur les autres grilles de joueurs.

PROTÉGER LA FEUILLE DE CALCUL

0h15

Votre grille est terminée, toutefois il est intéressant de verrouiller certaines cellules afin qu'en l'utilisant à plusieurs il n'y ait pas de mauvaise manipulation. Par défaut toutes les cellules sont verrouillées mais cela ne prend effet qu'une fois la protection de classeur lancée.

1/ Protéger la feuille de calcul

Vous pouvez utiliser le fichier AT-12.
Sous l'onglet Révision, dans le groupe Modifications, cliquez sur le bouton Protéger la feuille.

2/ Définir un mot de passe

Dans la boîte de dialogue saisissez un mot de passe et cochez les options que vous voulez laisser accessibles après la protection.
Cliquez sur le bouton OK.

3/ Confirmer un mot de passe

Vous devez saisir à nouveau le mot de passe pour le confirmer.

4/ Définir un mot de passe

Dès à présent il est impossible de faire une modification dans une cellule comme vous le confirme le message Microsoft.
Par contre pour utiliser la grille une telle protection n'est pas adéquate.

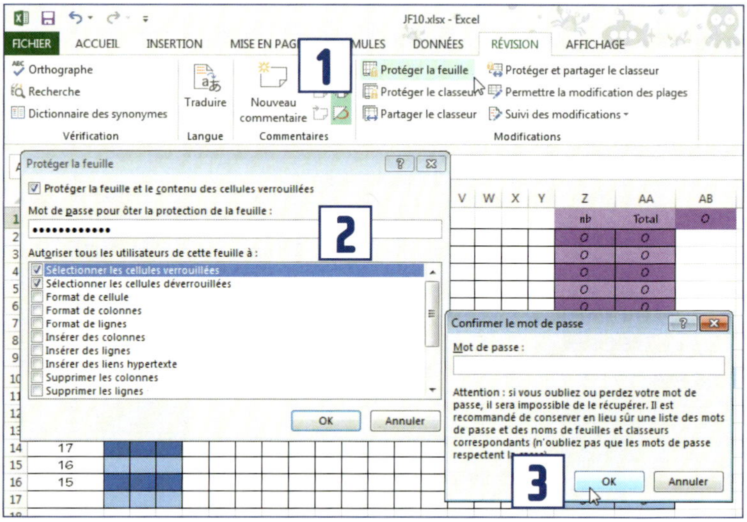

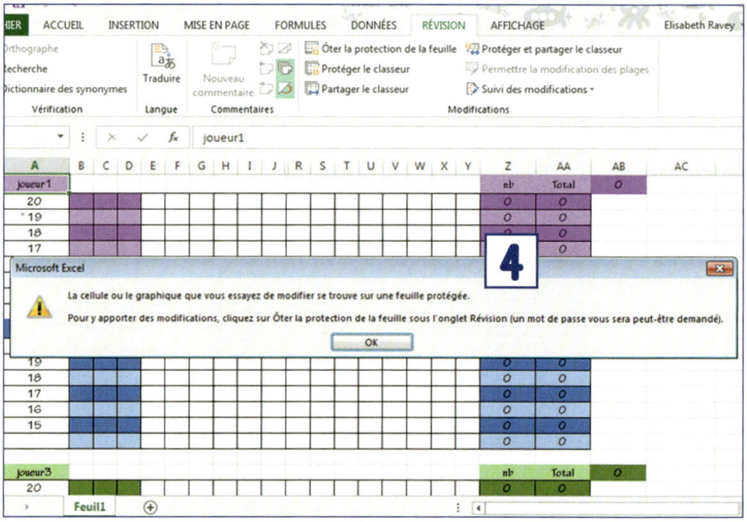

Le mot de passe est facultatif. Si vous ne fournissez aucun mot de passe, tous les utilisateurs pourront accéder au contenu de la feuille et modifier les éléments protégés.

L'OPTION SÉLECTIONNER LES CELLULES VERROUILLÉES peut être décochée pour empêcher que l'on puisse sélectionner les cellules protégées, évitant aussi l'affichage du message Microsoft.

atelier **43**

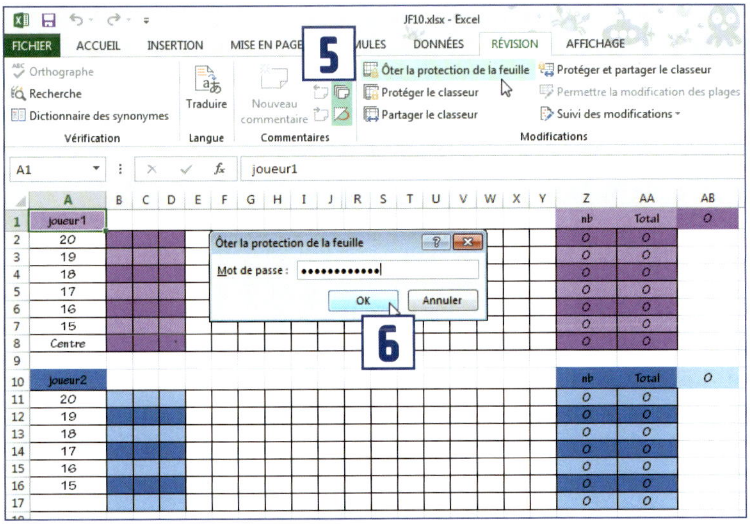

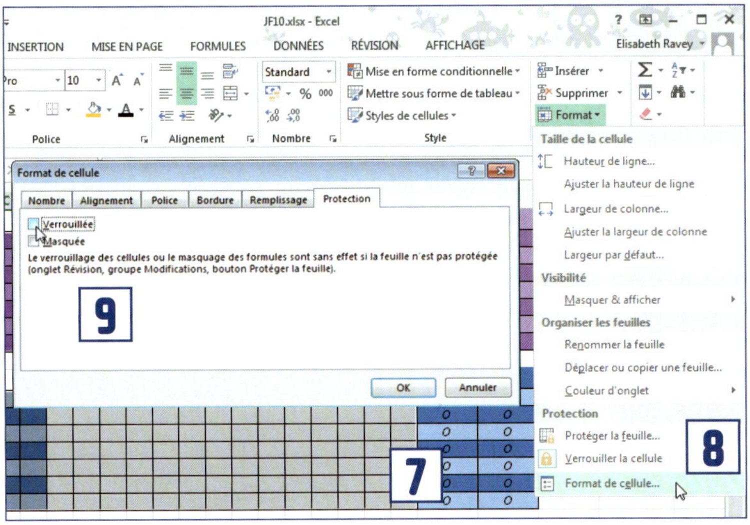

5/ Ôter la protection

Sous l'onglet Révision, dans le groupe Modifications, cliquez sur le bouton Ôter la protection de la feuille.

6/ Saisir le mot de passe

Saisissez le mot de passe que vous aviez défini et cliquez sur le bouton OK.

7/ Libérer les cellules

Pour cet atelier vous allez libérer les cellules qui doivent servir à marquer les lancé. Ici B2:Y8, B10:Y16, B18:Y24 ainsi que B26:Y32.

8/ Options de protection

Sous l'onglet Accueil, dans le groupe Cellules, cliquez sur le bouton Format. Cliquez ensuite sur la commande Format de cellule.

9/ Déverrouiller des cellules

Décochez l'option Verrouillée et cliquez sur le bouton OK. Vous pouvez à présent remettre la protection de feuille, ces cellules seront les seules accessibles.

ENREGISTRER LE CLASSEUR

0h10

Sauvegardez, il est judicieux d'enregistrer votre travail régulièrement afin de ne pas risquer de perdre les données.

1/ Enregistrer les modifications

Cliquez sur le bouton Enregistrer dans la barre d'outils Accès rapide. Si le classeur a déjà été nommé, Excel enregistre juste les modifications.

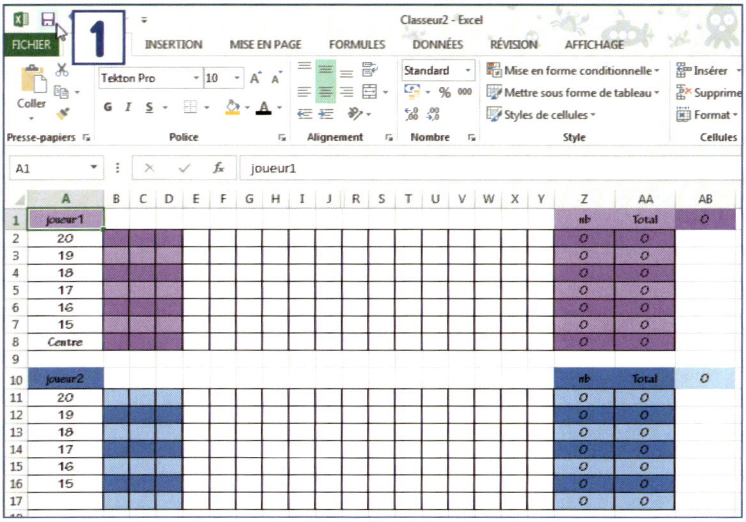

2/ Enregistrer sous...

Si le classeur n'a pas encore été nommé, Excel ouvre le mode Backstage sur la page Enregistrer sous. Vous pouvez voir les emplacements dans lesquels votre compte Microsoft vous autorise à enregistrer des fichiers, comme votre ordinateur, SkyDrive ou SharePoint.

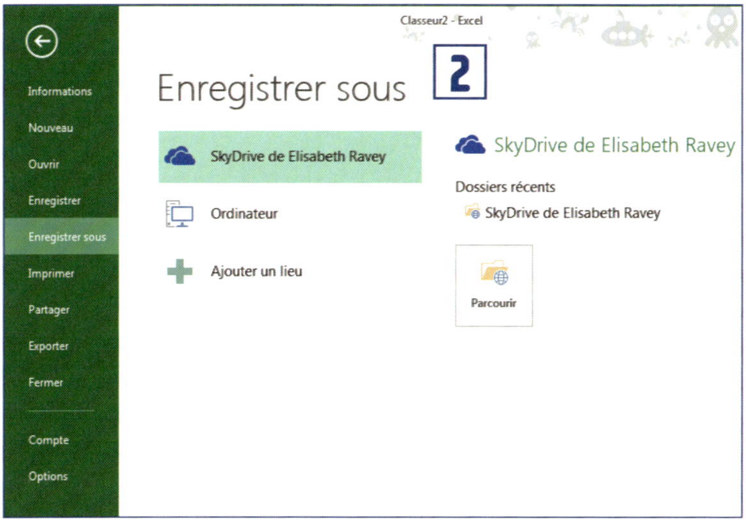

atelier 44

Parfois, vous aurez besoin d'enregistrer un classeur dans un autre format, par exemple au format d'une version antérieure d'Excel, d'un fichier texte ou d'un fichier *.pdf*. Définissez le type à l'enregistrement.

ENREGISTREMENT RAPIDE L'enregistrement fréquent étant primordial, la combinaison de touches Ctrl+S vous sera fort utile. Si vous voulez enregistrer votre classeur sous un nouveau nom, utilisez la touche F12.

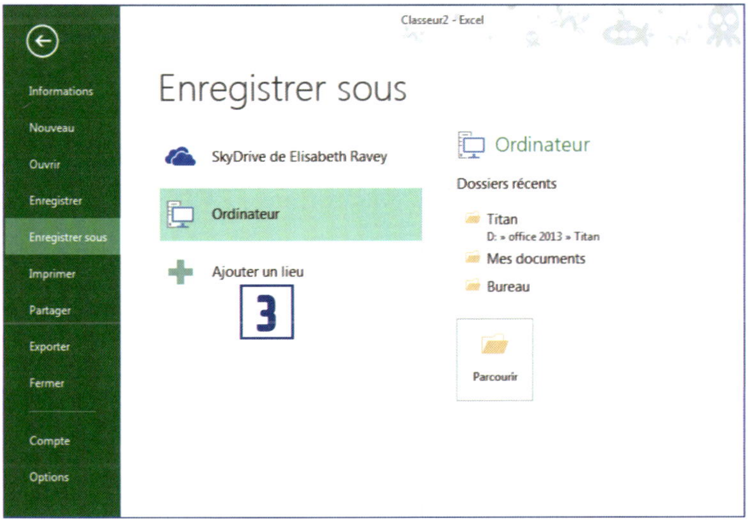

3/ Ajouter un lieu

Vous pouvez également ajouter un nouvel emplacement pour enregistrer vos classeurs en cliquant sur Ajouter un lieu.

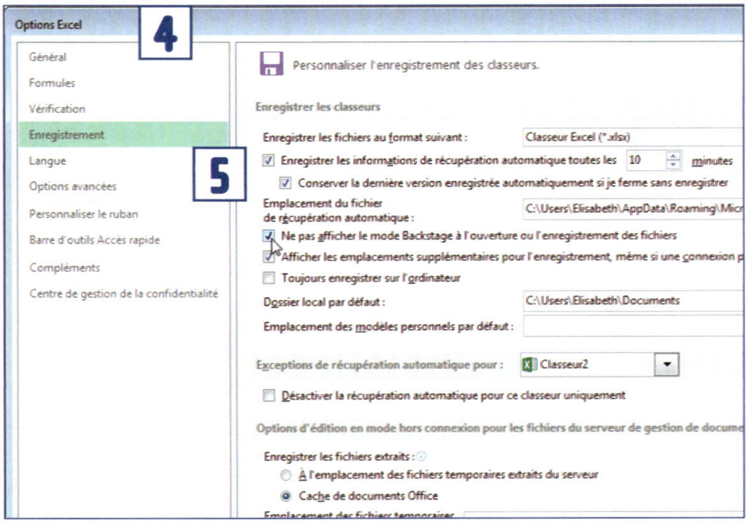

4/ Options Excel

Si vous ne souhaitez pas utiliser le mode Backstage pour enregistrer vos classeurs, cliquez sur l'onglet Fichier, puis sur la commande Options.

5/ Masquer le backstage

Dans la boîte de dialogue Options Excel, sous le menu Enregistrement, cochez l'option Ne pas afficher le mode Backstage à l'ouverture ou l'enregistrement des fichiers.

3

RANGER SES PHOTOS

De nos jours, prendre des photos est tellement simple et accessible sur tant d'appareil (tablette, téléphone portable, appareil photo numérique, webcam...) que l'on peut se retrouver avec un «fouillis» numérique. Alors, rien ne vaut un album les répertoriant toutes et proposant même un aperçu.

METTRE SOUS FORME DE TABLEAU

0h10

Lorsque vous créez un tableau dans une feuille de calcul Excel, vous pouvez gérer et analyser les données de ce tableau indépendamment de celles qui se trouvent en dehors.

1/ Sélection

Vous pouvez utiliser le fichier AP01.xlsx. Sélectionnez une plage de cellule que vous souhaitez rapidement mettre en forme en tant que tableau.

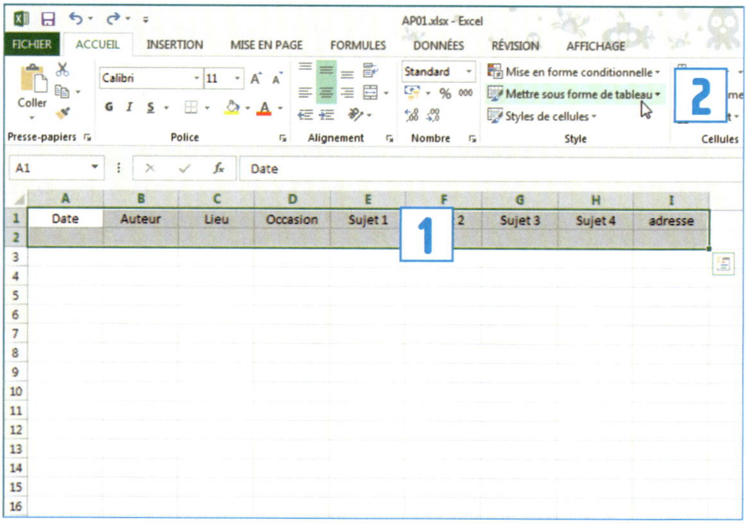

2/ Le groupe Style

Sous l'onglet Accueil, dans le groupe Style, cliquez sur le bouton Mettre sous forme de tableau.

3/ Galerie de tableaux

Sous les rubriques Clair, Moyen ou Foncé, cliquez sur le style de tableau que vous souhaitez utiliser.

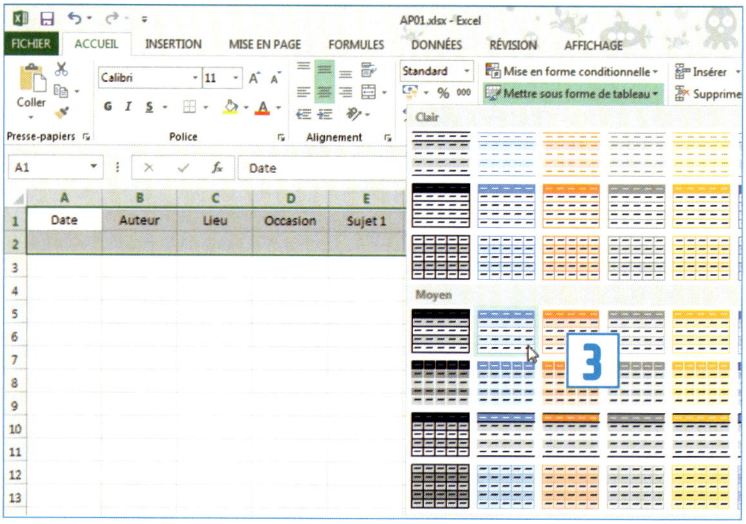

Ctrl+L > Créer un tableau
Insertion > Tableaux > Tableau

atelier
45

SI VOUS N'ACTIVEZ PAS LA CASE À COCHER Mon tableau comporte des en-têtes, des en-têtes de tableau qui comportent des noms par défaut sont ajoutés à votre tableau. Pour modifier les noms par défaut, sélectionnez l'en-tête par défaut à remplacer, puis saisissez le texte de votre choix.

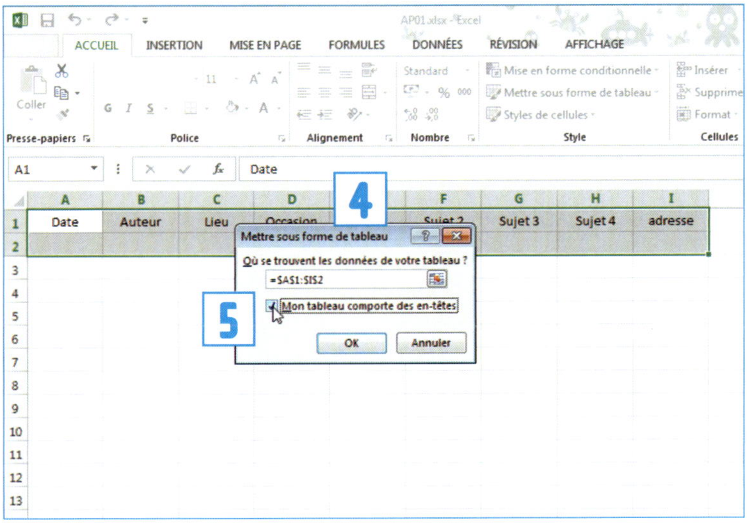

4/ Zone de sélection

Une boîte de dialogue vous demande de confirmer la zone du tableau. Si vous voulez changer la sélection, cliquez sur le bouton puis refaites votre sélection.

5/ En-têtes de tableau

Si vous avez déjà saisi les en-têtes de votre tableau et qu'ils sont compris dans votre sélection, cochez l'option Mon tableau comporte des en-têtes.

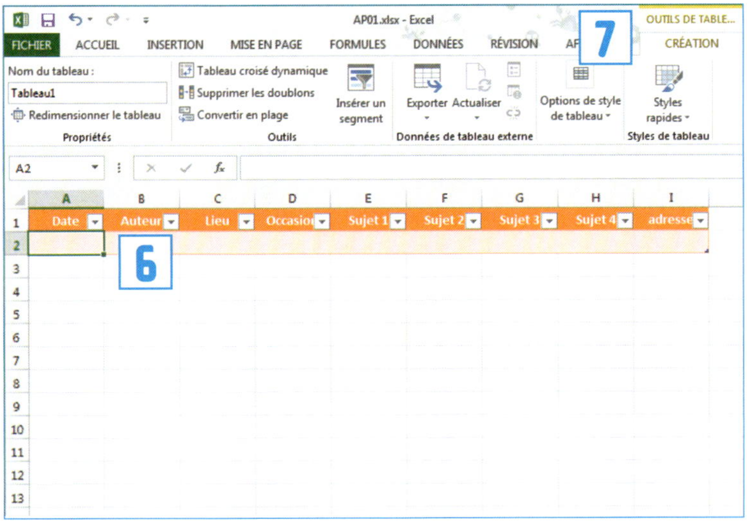

6/ Affichage du tableau

Excel a changé la sélection en tableau mis en forme.

7/ Outils de tableau

Lorsque vous avez créé le tableau, l'onglet Outils de tableau devient disponible et l'onglet Création s'affiche. Vous pouvez utiliser les outils qu'il propose pour personnaliser ou modifier le tableau. L'onglet Création n'apparaît que lorsqu'une cellule du tableau est sélectionnée.

ANNULER LA MISE SOUS FORME DE TABLEAU

0h05

Après avoir créé un tableau, vous pouvez choisir de ne plus utiliser la mise sous forme de tableau tout en conservant le style que vous lui avez défini. Pour cela, il vous suffit de convertir le tableau en plage de données classique sur la feuille de calcul.

1/ Sélection

Vous pouvez utiliser le fichier AP02.xlsx. Cliquez n'importe où dans le tableau.

2/ L'onglet Création

Cliquez sur l'onglet Création sous Outils de tableau qui s'affiche.

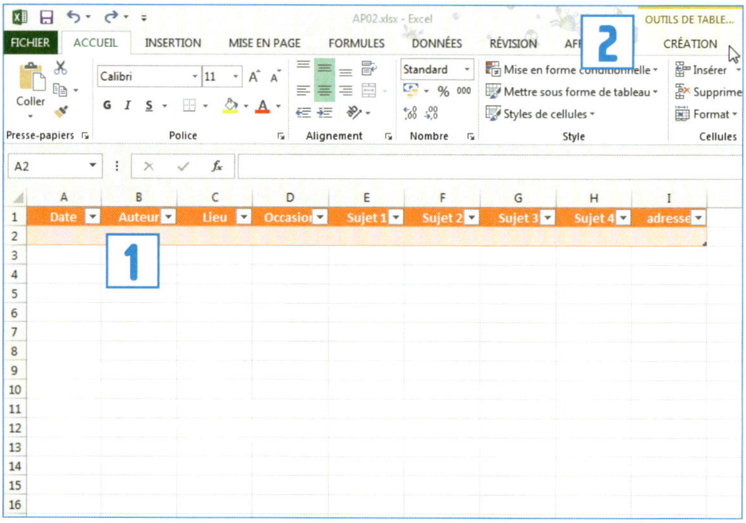

3/ Convertir en plage

Cliquez sur le bouton Convertir en plage dans le groupe Outils.

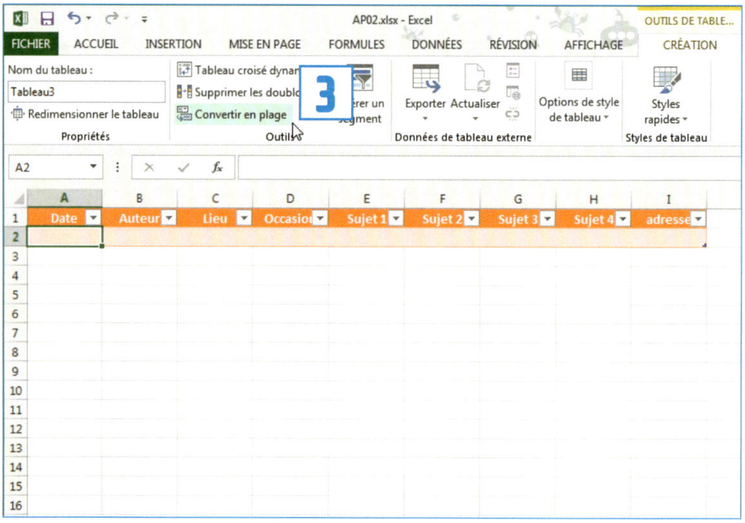

Outils de tableau > Création > Outils > Convertir en plage

POUR ANNULER LA MISE SOUS FORME DE TABLEAU en utilisant le menu contextuel, cliquez avec le bouton droit de la souris sur le tableau puis sur le sous-menu Tableau et enfin sur la commande Convertir en plage.

atelier
46

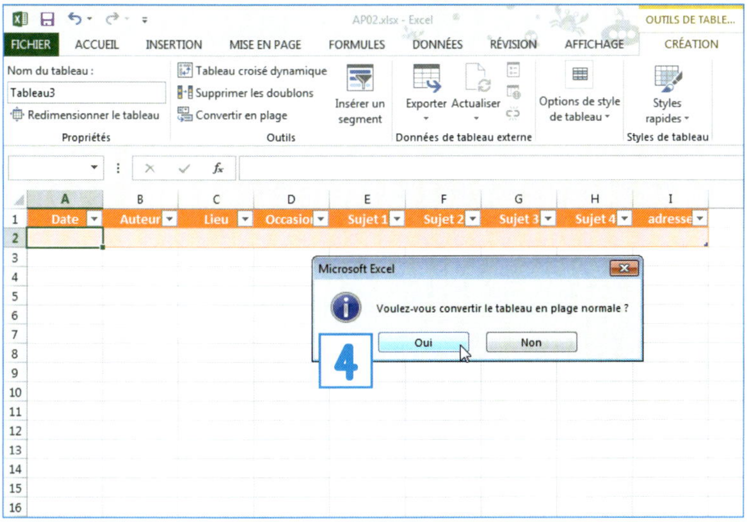

4/ Confirmation

Une boîte de dialogue vous demande de confirmer la conversion. Cliquez sur Oui.

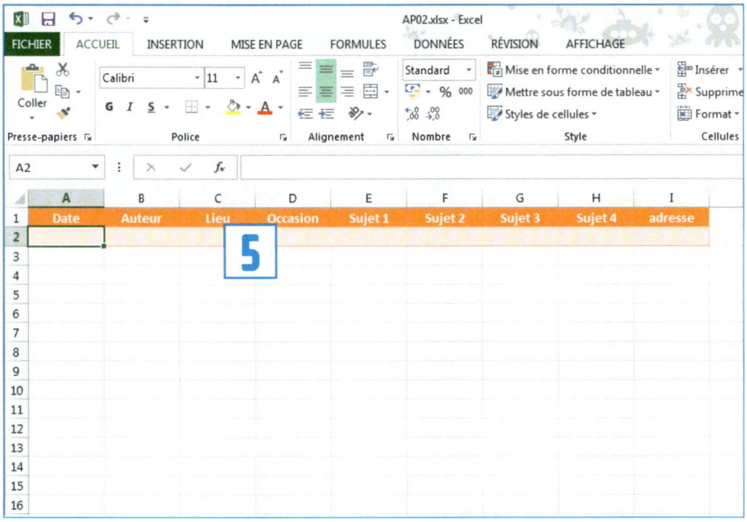

5/ Plage de cellule

Le tableau n'est plus qu'une simple plage de cellule mais il a conservé les données et la mise en forme.

CRÉER UN NOUVEAU STYLE DE TABLEAU

0h20

Bien qu'Excel propose une multitude de choix dans la galerie de style rapide, vous pouvez créer le vôtre dans les moindes détails et le définir comme style par défaut dans votre document.

1/ Sélection

Vous pouvez utiliser le fichier AP02.xlsx. Cliquez n'importe où dans le tableau.

2/ L'onglet Création

Cliquez sur l'onglet Création sous Outils de tableau qui s'affiche.

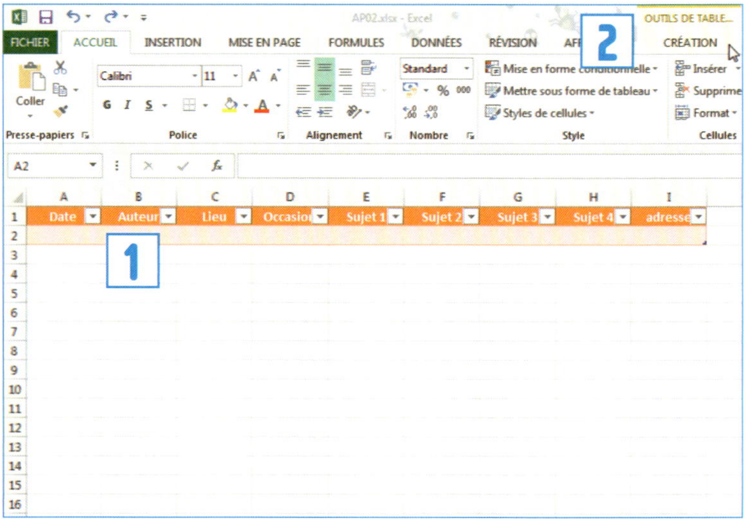

3/ Styles rapides

Cliquez sur le bouton Styles rapides dans le groupe Styles de tableau.

4/ Nouveau style de tableau

Cliquez sur la commande Nouveau style de tableau du menu Styles rapides.

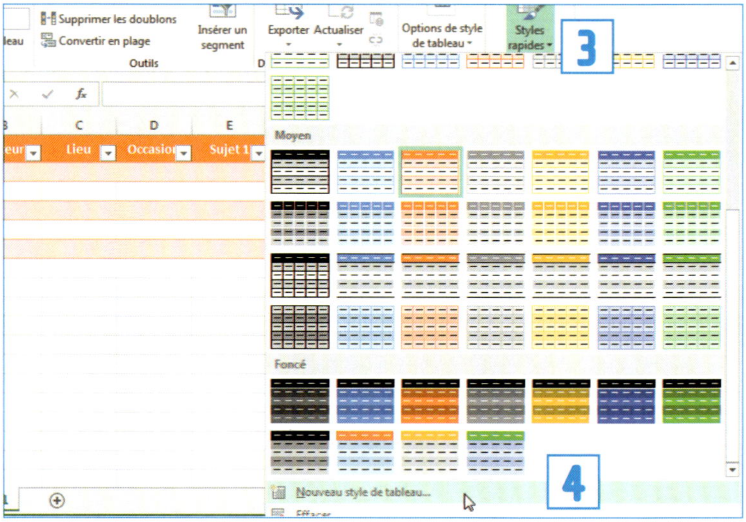

Outils de tableau > Création > Styles de tableau > Styles rapides > Styles rapides

atelier
47

LES STYLES DE TABLEAU PERSONNALISÉS que vous créez sont stockés uniquement dans le classeur actif et ne sont donc pas disponibles dans tous les classeurs.

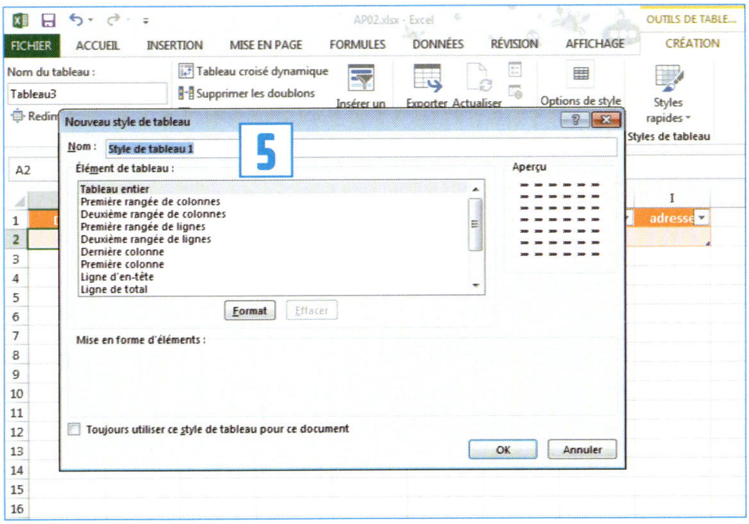

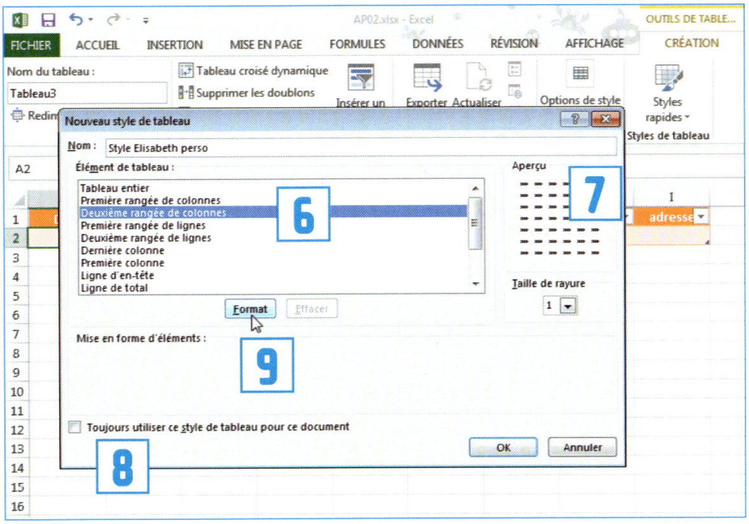

5/ Nom du nouveau style

Dans la boîte de dialogue Nouveau style de tableau qui s'affiche, saisissez un nom pertinent pour votre nouveau style.

6/ Sélection de l'élément

Dans la zone Elément de tableau, cliquez sur l'élément à mettre en forme.

7/ Aperçu

Au fur et à mesure que vous définissez le format des divers éléments, un aperçu du résultat s'affiche.

8/ Définir par défaut

Si vous souhaitez qu'Excel réutilise votre nouveau style à chaque fois dans ce classeur, cochez l'option Toujours utiliser ce style de tableau pour ce document.

9/ Changer le format

Après avoir sélectionné un élément, cliquez sur le bouton Format pour accéder aux options de mise en forme.

LES STYLES DE TABLEAU PERSONNALISÉS sont disponibles dans la section Personnalisation, après la création des tableaux. Les styles de tableau personnalisés que vous créez sont stockés uniquement dans le classeur actif, et ne sont donc pas disponibles dans tous les classeurs.

POUR SUPPRIMER UN STYLE DE TABLEAU PERSONNALISÉ faites un clic droit dessus dans la galerie de style, puis cliquez sur la commande Supprimer dans le menu contextuel qui s'affiche.

10/ Définir la police

Dans la boîte de dialogue Format de cellule, sous l'onglet Police vous pouvez définir la police de caractères, le style, la taille ou encore la couleur des caractères. Dans la zone Aperçu, vous verrez le résultat. Cliquez sur le bouton OK pour valider les modifications ou passez à un autre onglet.

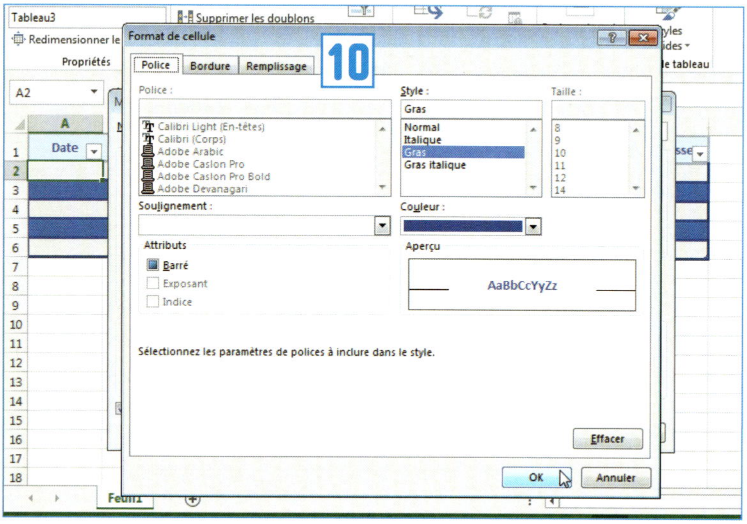

11/ Définir la bordure

Dans la boîte de dialogue Format de cellule, sous l'onglet Bordure vous pouvez définir l'épaisseur, le style du trait, ou la couleur de la bordure de la cellule. Dans la zone Bordure, vous verrez le résultat. Cliquez sur le bouton OK pour valider les modifications ou passez à un autre onglet.

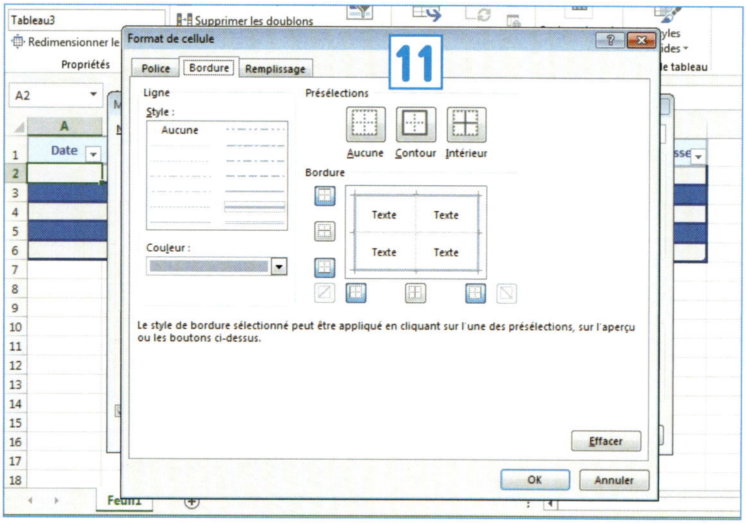

Accueil > Style > Mettre sous forme de tableau > Nouveau style de tableau.

APRÈS LA SUPPRESSION D'UN STYLE PERSONNALISÉ, tous les tableaux qui utilisaient le style de tableau supprimé s'afficheront avec la mise en forme par défaut du tableau.

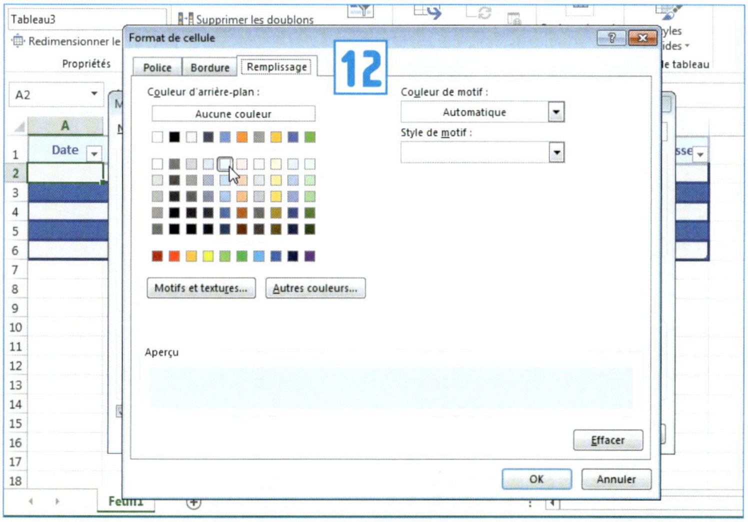

12/ Définir le remplissage

Dans la boîte de dialogue Format de cellule, sous l'onglet Bordure vous pouvez définir l'épaisseur, le style du trait, ou la couleur de la bordure de la cellule. Dans la zone Bordure, vous verrez le résultat. Cliquez sur le bouton OK pour valider les modifications ou passez à un autre onglet.

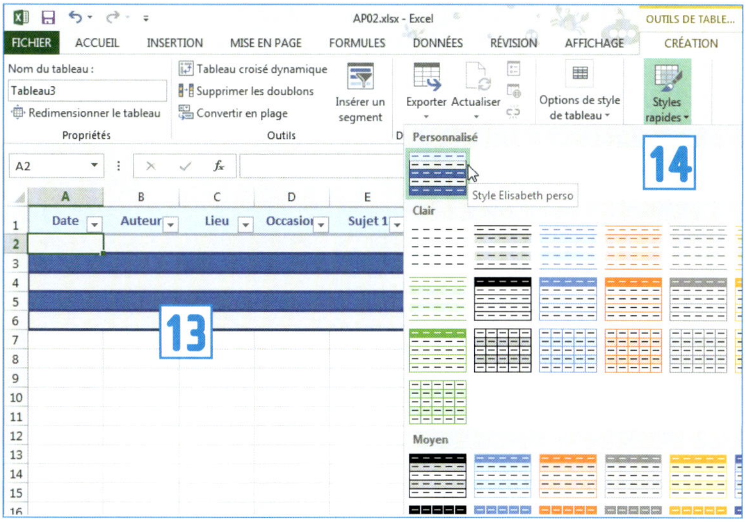

13/ Le style est appliqué

Votre nouveau style est appliqué sur le tableau en cours.

14/ Le style est enregistré

Si vous cliquez sur le bouton Styles rapides dans le groupe Styles de tableau vous trouverez votre nouveau style dans la rubrique Personnalisé.

INSÉRER UN LIEN HYPERTEXTE

0h10

Pour accéder rapidement à des informations associées mais stockées dans un autre fichier ou une page web, vous pouvez insérer un lien hypertexte dans une cellule d'une feuille de calcul Microsoft Excel.

1/ Sélection

Vous pouvez utiliser le fichier AP03.xlsx. Cliquez sur la cellule dans laquelle vous voulez insérer le lien hypertexte.

2/ Le groupe Liens

Cliquez sur le bouton Lien hypertexte dans le groupe Liens sous l'onglet Insertion.

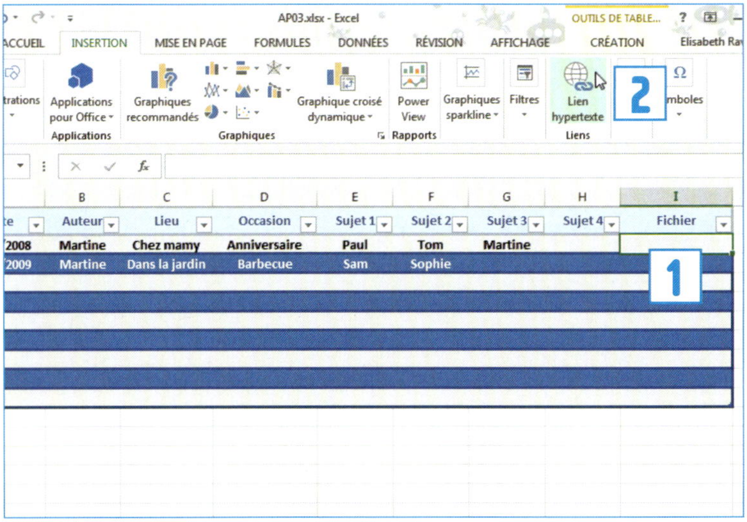

3/ Nom du lien

Saisissez le nom du lien dans la zone Texte à afficher. Cela correspond au texte qui sera affiché dans la cellule et sur lequel il faudra cliquer pour ouvrir le fichier.

4/ Emplacement du lien

Sélectionnez le dossier qui contient la photo dans la zone Regarder dans puis cliquez sur le fichier correspondant.

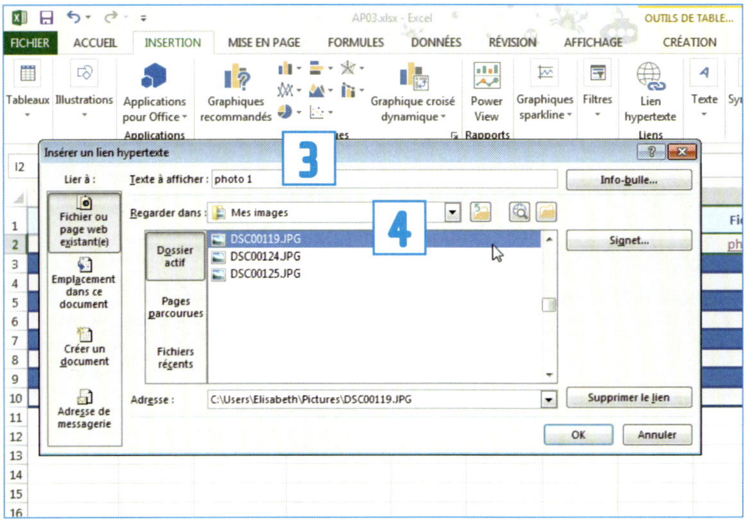

[Ctrl]+[K] > Insérer un lien hypertexte

POUR DÉSACTIVER UN LIEN HYPERTEXTE SIMPLE, cliquez avec le bouton droit sur le lien hypertexte, puis cliquez sur Supprimer le lien hypertexte. Pour supprimer un lien hypertexte et le texte qui le représente, cliquez avec le bouton droit sur la cellule contenant le lien hypertexte, puis cliquez sur Effacer le contenu.

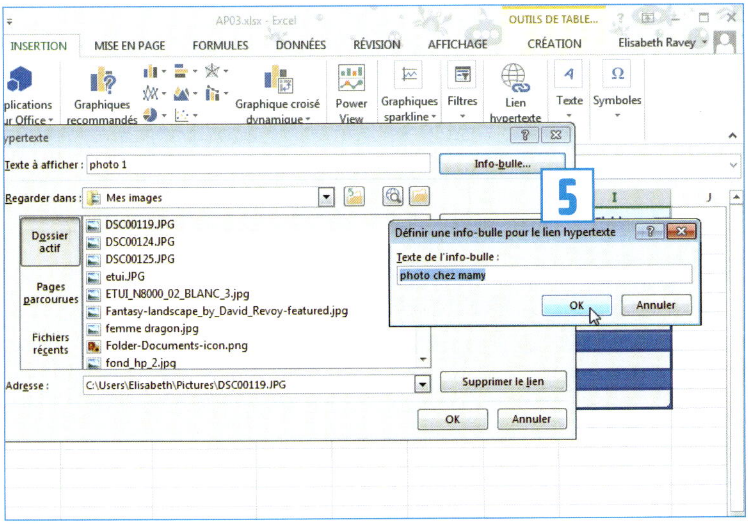

5/ Ajouter une info-bulle

Pour ajouter une info qui s'affichera au passage du curseur sur la cellule, cliquez sur le bouton Info-bulle.

Dans la boîte de dialogue Définir une info-bulle pour le lien hypertexte, saisissez le texte à afficher lors du survol dans la zone Texte de l'info-bulle. Cliquez ensuite sur le bouton OK.

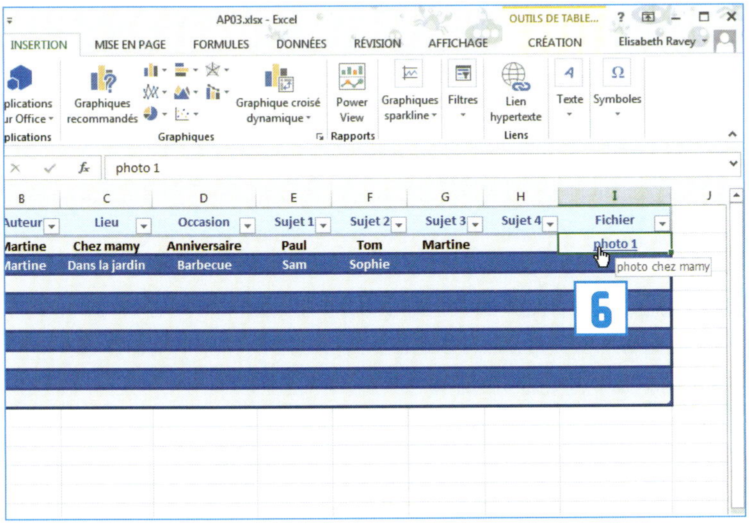

6/ Sélection de l'élément

Après avoir cliqué sur le bouton OK de la boîte dialogue Insérer un lien hypertexte, le lien s'affiche dans la cellule.

AJOUTER UN COMMENTAIRE

0h10

Vous pouvez ajouter des notes à des cellules individuelles à l'aide de commentaires qui donnent au lecteur du contexte supplémentaire sur les données qu'elles contiennent. Un petit triangle rouge dans l'angle de la cellule indique qu'un commentaire est attaché à la cellule.

1/ Sélection

Vous pouvez utiliser le fichier AP04.xlsx. Cliquez sur la cellule dans laquelle vous voulez ajouter un commentaire.

2/ Ajouter un commentaire

Cliquez sur le bouton Nouveau commentaire dans le groupe Commentaires sous l'onglet Révision.

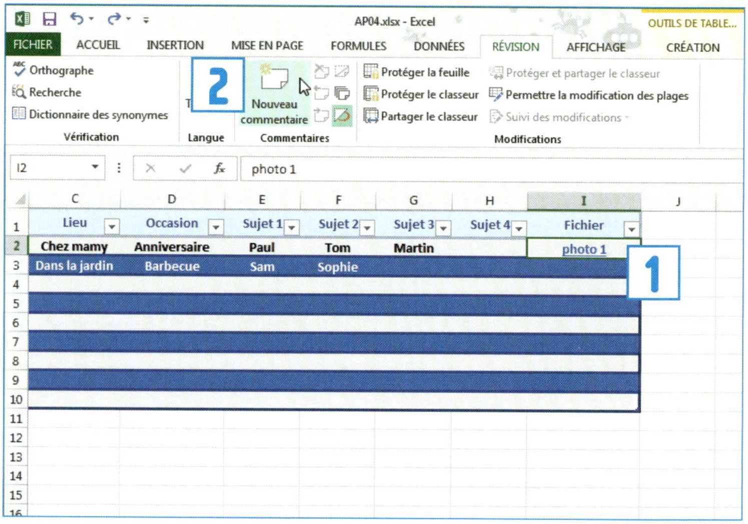

3/ Saisie du commentaire

Un nouveau commentaire est créé. Le pointeur se place dans le commentaire, il ne reste plus qu'à saisir le texte d'information correspondant à cette cellule. Un indicateur apparaît dans l'angle de la cellule.

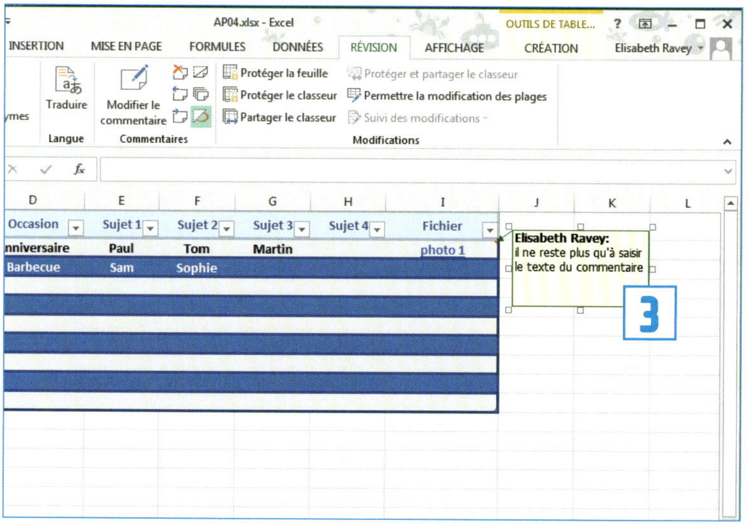

Révision > Commentaire > Nouveau commentaire

LE NOUVEAU COMMENTAIRE PORTE UN NOM PAR DÉFAUT. Pour utiliser un autre nom, sélectionnez le nom dans le commentaire, puis tapez le nouveau nom. Vous pouvez également supprimer le nom en le sélectionnant et en appuyant sur la touche Suppr.

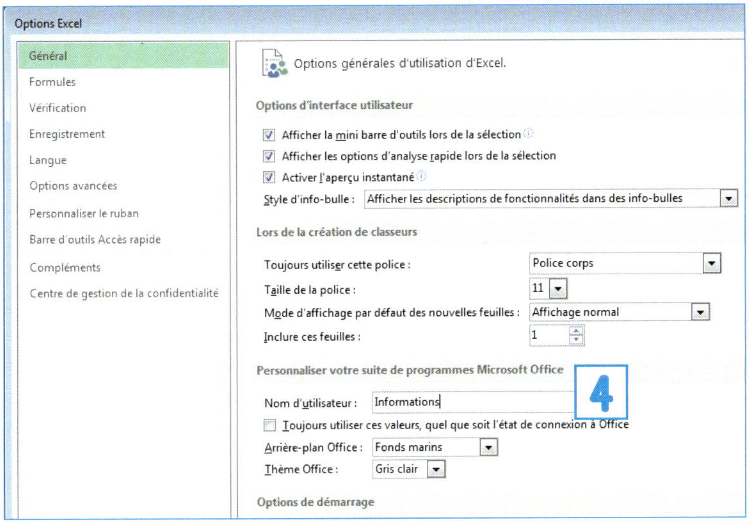

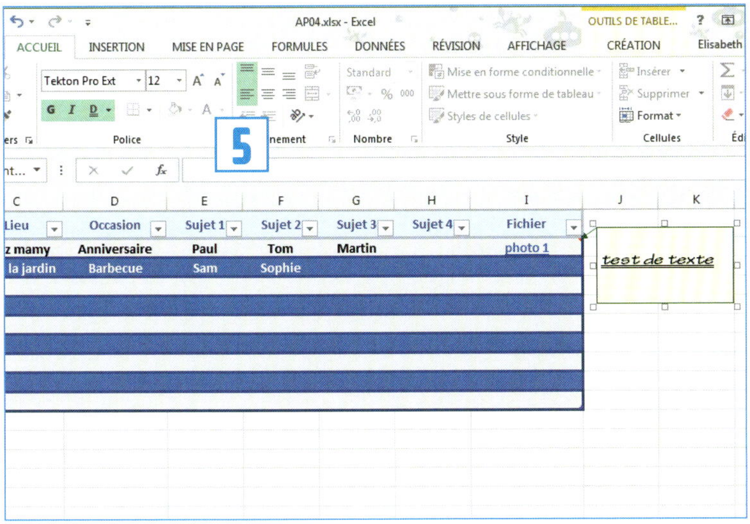

4/ Sélection de l'élément

Excel affecte un titre à chaque nouveau commentaire en utilisant le nom que vous spécifiez. Vous pouvez modifier ce nom comme vous le souhaitez, pour cela cliquez sur l'onglet Fichier, puis sur Options. Dans la catégorie Général, sous la rubrique Personnaliser votre copie de Microsoft Office, saisissez un nom dans la zone Nom d'utilisateur. Si la zone Nom d'utilisateur est vide, lorsque vous ajoutez un commentaire, Excel indique automatiquement votre nom d'utilisateur par défaut dans la zone Nom d'utilisateur et utilise ce nom pour l'étiquette du commentaire.

5/ Mise en forme

Vous pouvez utiliser la majorité des divers outils de mise en forme du groupe Police sous l'onglet Accueil.

SI VOUS CRÉEZ UNE PAGE WEB AVEC VOTRE FEUILLE DE CALCUL contenant des commentaires, vous pouvez définir dans la boîte de dialogue Format de commentaire, sous l'onglet Texte de remplacement, un texte qui s'affichera durant le chargement du contenu du commentaire.

LORS D'UN TRI DANS UNE FEUILLE DE CALCUL, les commentaires sont triés avec les données. Cependant, dans les rapports de tableau croisé dynamique, les commentaires ne sont pas déplacés avec la cellule lorsque vous modifiez la disposition du rapport.

6/ Mise en forme avancée

Il est possible de mettre en forme de façon plus précise vos commentaires. Pour cela faites un clic droit sur le bord de votre commentaire lorsque le curseur prend la forme d'une flèche sur une croix fléchée. Dans le menu contextuel qui s'affiche, cliquez sur la commande Format de commentaire.

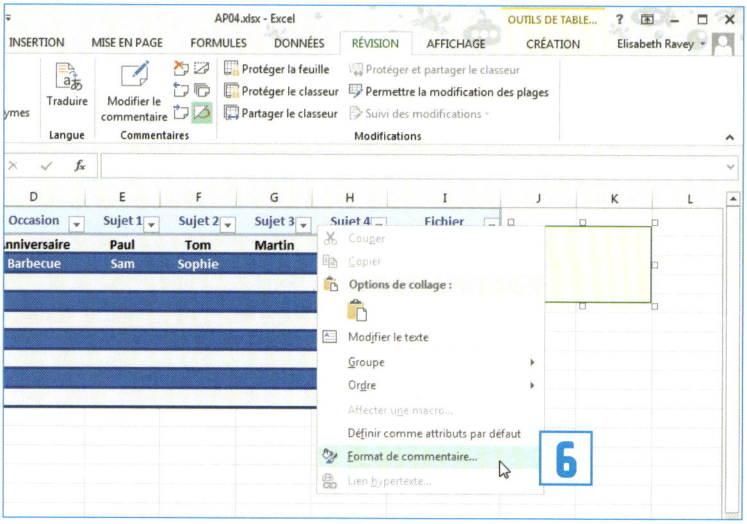

7/ Format de commentaire

Dans la boîte de dialogue Format de commentaire, sous les divers onglets, vous pouvez définir une multitude de propriétés. Cliquez sur le bouton OK pour valider les modifications.

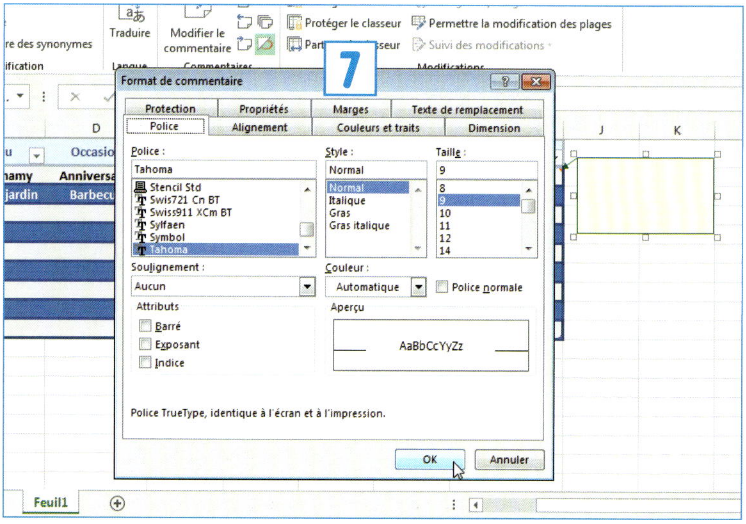

[Maj]+[F12] > Ajouter un commentaire

VOUS POUVEZ ÉGALEMENT cliquer avec le bouton droit dans la cellule afin d'afficher le menu contextuel, puis cliquer sur la commande Insérer un commentaire.

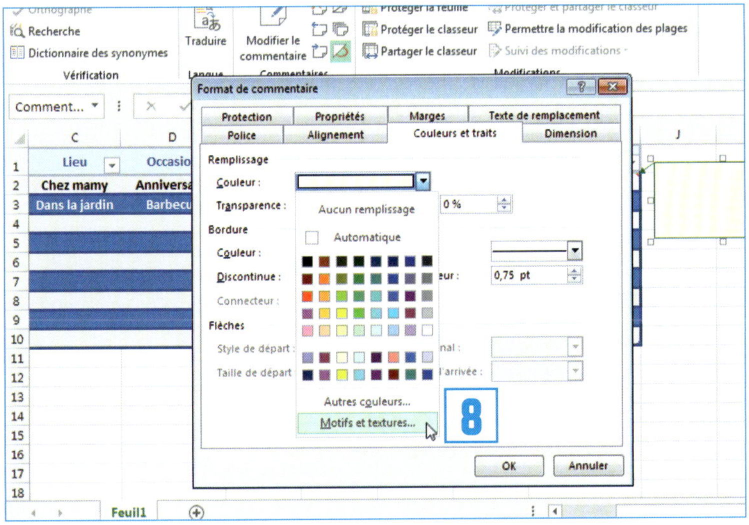

8/ Définir le remplissage

Pour cet atelier, vous pouvez insérer une miniature de la photo correspondante à la cellule dans le commentaire.

Dans la boîte de dialogue Format de commentaire, sous l'onglet Couleurs et traits, faites dérouler le menu de la zone Couleur sous la rubrique Remplissage.

Cliquez sur la commande Motifs et textures.

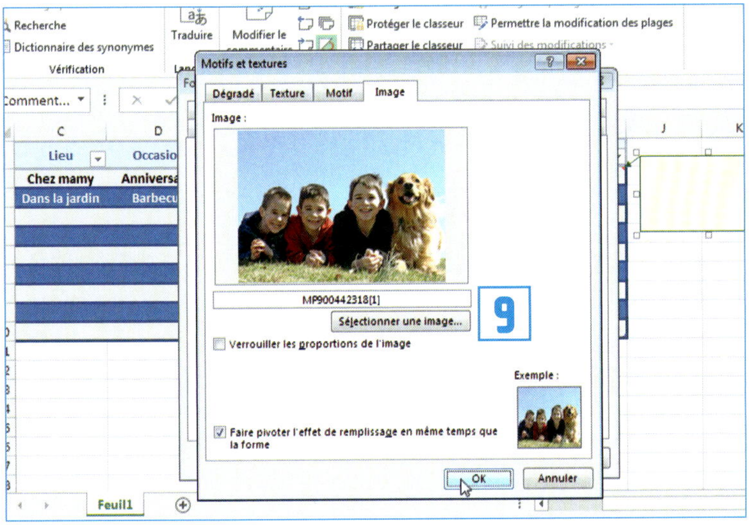

9/ Sélection de la photo

Sous l'onglet Image de la boîte de dialogue Motifs et textures qui s'affiche, cliquez sur le bouton Sélectionner une image et sélectionnez la photo correspondante.

Cliquez ensuite sur le bouton OK dans les deux boîtes de dialogue ouvertes. La photo s'affiche dans le commentaire de la cellule.

LORSQUE VOUS METTEZ VOS COMMENTAIRES EN FORME, vous pouvez définir pour chacun d'eux des marges spécifiques en utilisant l'onglet Marges dans la boîte de dialogue Format de commentaire.

POUR MODIFIER UN COMMENTAIRE cliquez sur la cellule qui contient le commentaire que vous souhaitez modifier et effectuez l'une des actions suivantes :

- Faites un clic droit sur la cellule, puis cliquez sur Modifier le commentaire.
- Sous l'onglet Révision, dans le groupe Commentaires, cliquez sur Modifier le commentaire Maj+F2.

10/ Affichage au survol

Par défaut le commentaire s'affiche lorsque vous survolez avec le curseur de la souris sur la cellule qui le contient.

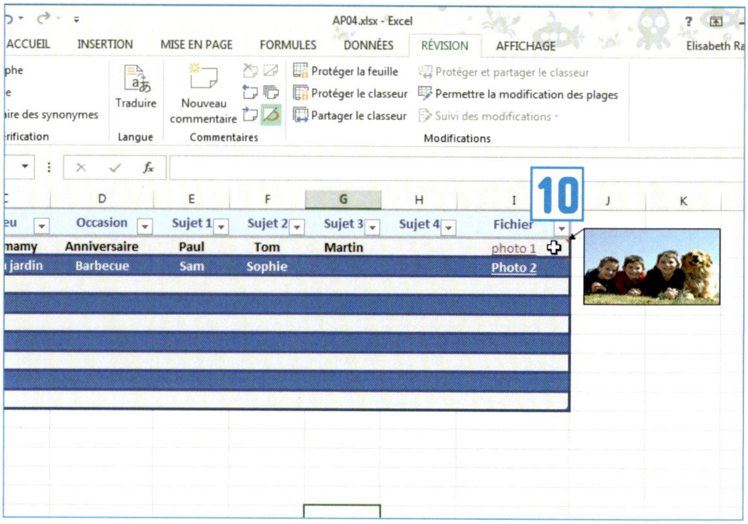

11/ Navigation

Cliquez sur la première cellule contenant un commentaire ou la première cellule de la feuille de calcul. Sous l'onglet Révision, dans le groupe Commentaires, cliquez sur les boutons Suivant ou Précédent pour afficher les commentaires dans l'ordre d'apparition ou dans l'ordre inverse.

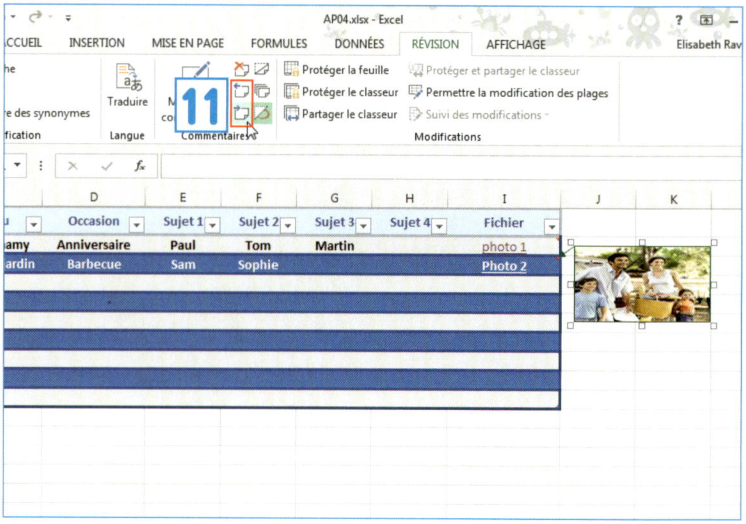

Tout comme les cellules, les commentaires sont verrouillés par défaut si la feuille de calcul est protégée. Si vous voulez autoriser la modification du commentaire, pensez à déverrouiller celui-ci sous l'onglet **Protection**, dans la boîte de dialogue **Format de commentaire**.

POUR SUPPRIMER UN COMMENTAIRE cliquez sur la cellule qui contient le commentaire que vous souhaitez supprimer et effectuez l'une des actions suivantes :

- Faites un clic droit sur la cellule, puis cliquez sur Supprimer le commentaire.
- Sous l'onglet Révision, dans le groupe Commentaires, cliquez sur Effacer le commentaire.

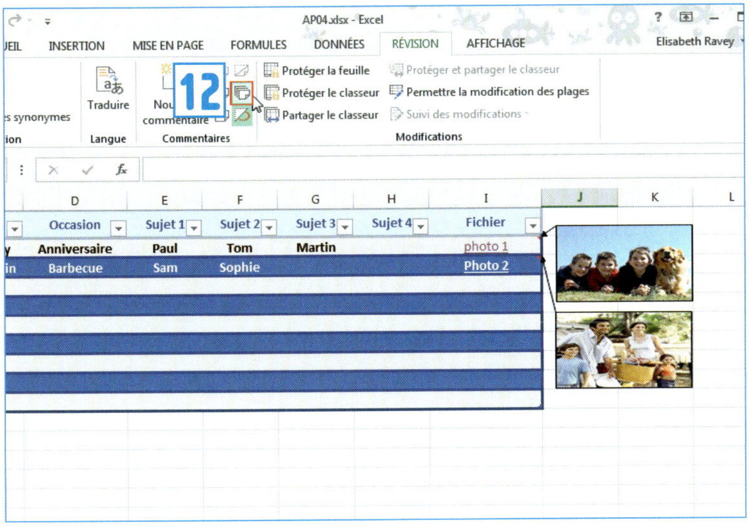

12/ Voir tous les commentaires

Sous l'onglet Révision, dans le groupe Commentaires, cliquez sur le bouton Afficher tous les commentaires pour afficher simultanément tous les commentaires de la feuille de calcul. En cliquant sur un commentaire et en maintenant pressé vous pouvez déplacer facilement un commentaire pour mieux le visualiser.

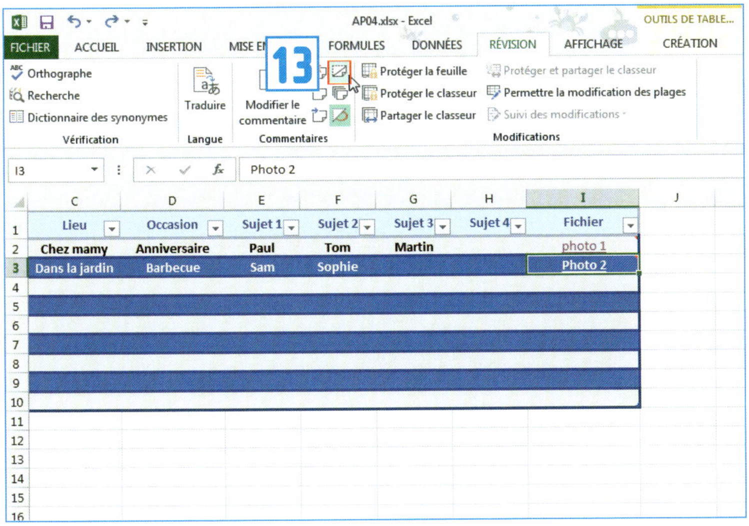

13/ Afficher un commentaire

Pour afficher spécifiquement un commentaire et le laisser affiché, cliquez sur le bouton Afficher/masquer le commentaire dans le groupe Commentaires sous l'onglet Révision. Utilisez la même manipulation pour masquer un commentaire.

INSÉRER UNE LISTE DÉROULANTE

0h20

Vous pouvez augmenter l'efficacité d'une feuille de calcul en fournissant des listes déroulantes. L'utilisateur de votre feuille de calcul cliquera sur une flèche, puis sur une entrée dans la liste, ce qui permet aussi d'éviter des erreurs.

1/ Sélection

Vous pouvez utiliser le fichier AP05.xlsx. Sélectionnez les cellules dans lesquelles vous voulez ajouter une liste déroulante. Ici, la plage de cellule B2:B10.

2/ Le groupe Outils de données

Cliquez sur le bouton Validation des données dans le groupe Outils de données sous l'onglet Données.

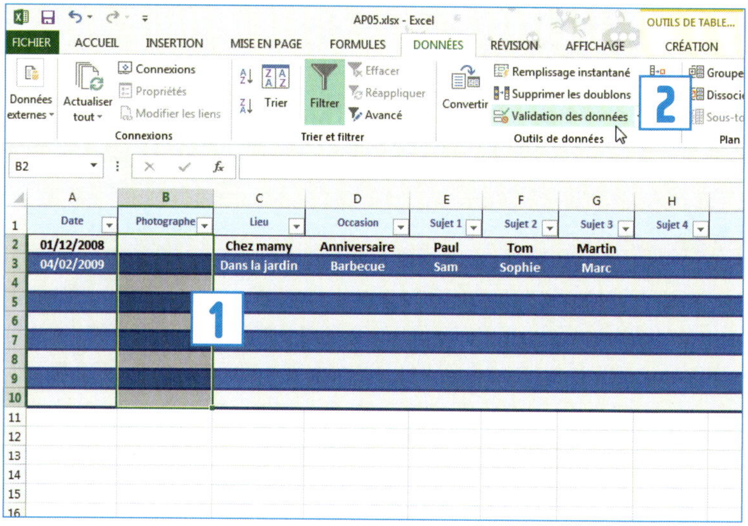

3/ Ajouter le critère liste

Dans la boîte de dialogue Validation de données qui s'affiche, cliquez sur la flèche de la zone Autoriser sous la rubrique Critère de validation. Cliquez sur Liste.

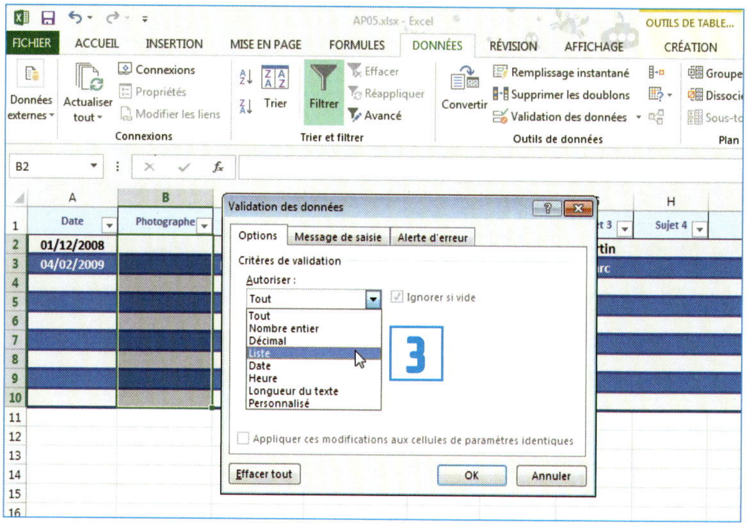

Données > Outils de données > Validation des données

atelier

50

APRÈS AVOIR CRÉÉ VOTRE LISTE DÉROULANTE, vérifiez qu'elle fonctionne comme prévu. Par exemple, vous voudrez peut-être vérifier si la cellule est suffisamment large pour afficher toutes vos entrées.

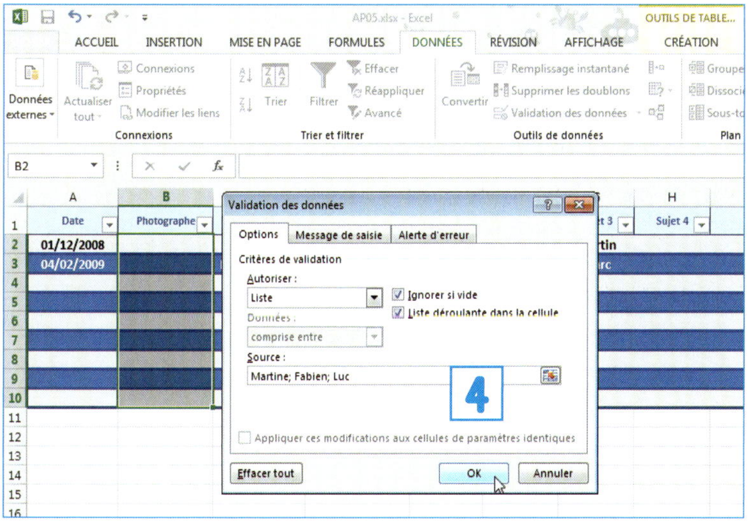

4/ Définir les éléments de liste

Dans la zone Source saisissez chaque élément que vous souhaitez afficher dans la liste déroulante de vos cellules. Chaque occurrence doit être séparée par un point-virgule [;].

Une fois les éléments saisis, cliquez sur le bouton OK.

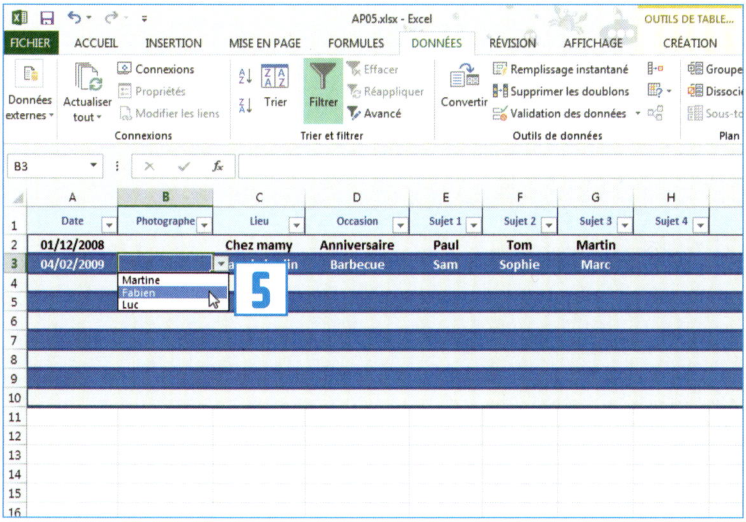

5/ Liste déroulante

Lorsque vous cliquez dans l'une des cellules une flèche s'affiche à droite. Si vous cliquez sur cette flèche la liste des éléments apparaît dans l'ordre où vous les avez saisis. Vous pouvez aussi commencer à saisir le texte et Excel vous proposera l'un des éléments commençant par ces caractères, il suffit de taper sur la touche [Entrée] pour accepter la proposition.

INSÉRER UNE LISTE DÉROULANTE À PARTIR D'UNE FEUILLE DE CALCUL

0h20

Vous pouvez utiliser une liste existante sur une feuille de calcul en tant que liste déroulante. Cela peut être plusieurs cellules, ou une plage de cellule nommée, dans ce cas, il suffit de saisir son nom dans la zone Source.

1/ Liste d'éléments

Préparez la liste des éléments à utiliser dans la liste déroulante si elle n'existe pas déjà.

2/ Sélection

Sélectionnez les cellules dans lesquelles vous voulez ajouter une liste déroulante.

3/ Le groupe Outils de données

Cliquez sur le bouton Validation des données dans le groupe Outils de données sous l'onglet Données.

4/ Sélectionner le critère liste

Dans la boîte de dialogue Validation de données qui s'affiche, cliquez sur la flèche de la zone Autoriser sous la rubrique Critère de validation. Cliquez sur Liste.

5/ Activer la source

Cliquez sur le bouton à droite de la zone Source.

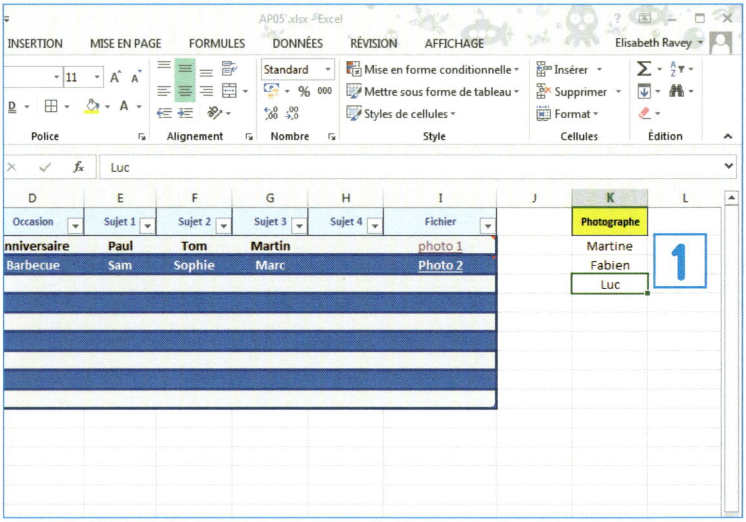

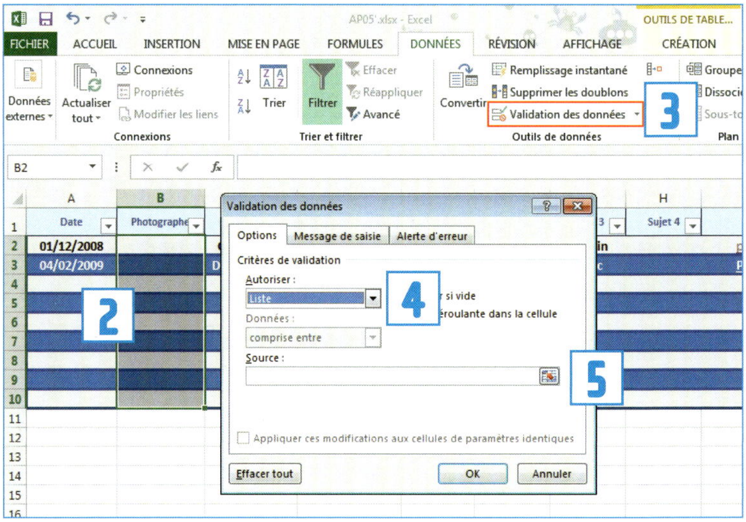

Si vous avez nommé la plage de cellules contenant les éléments de la liste déroulante, vous pouvez utiliser ce nom dans le paramétrage de validation.

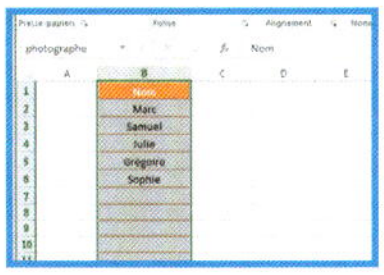

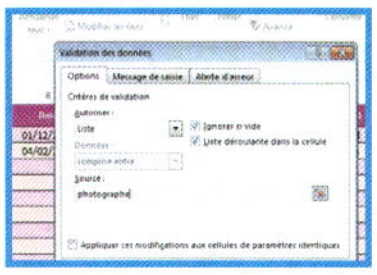

atelier

51

VOUS POUVEZ UTILISER UNE LISTE D'ÉLÉMENTS qui se trouvent sur une autre feuille du classeur ou même qui se trouvent dans un autre classeur.

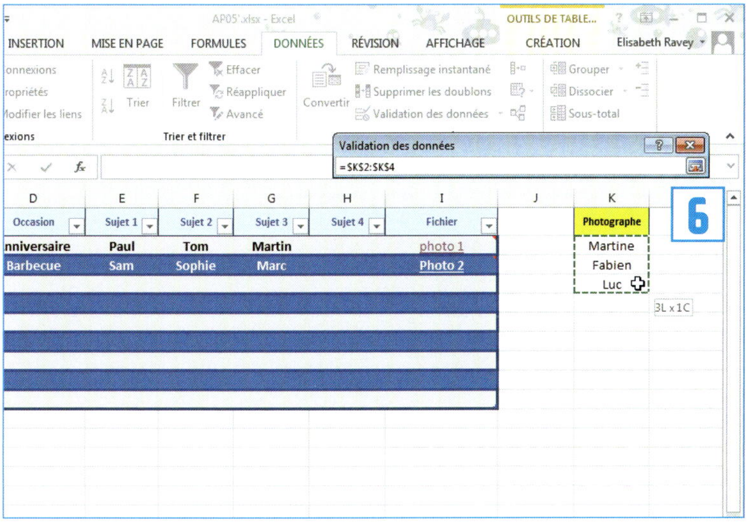

6/ Sélectionner les éléments

Sélectionnez la plage de cellule qui contient les éléments de la liste. Dans la petite boîte de dialogue Validation des données, cliquez sur le bouton à droite.

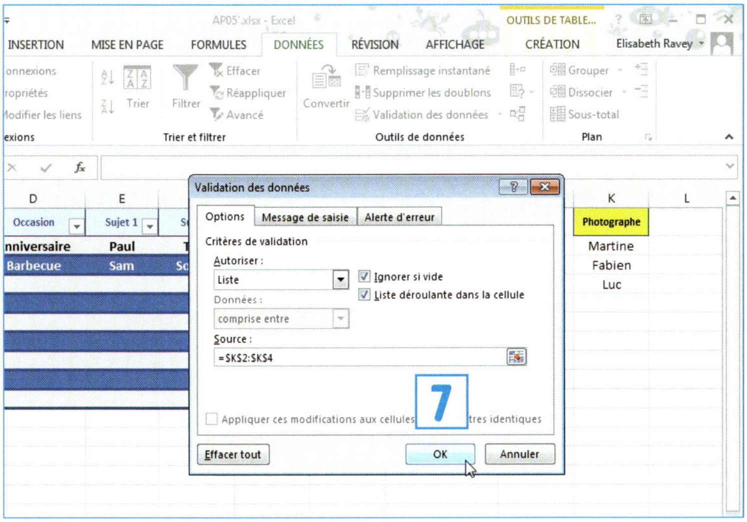

7/ Liste déroulante

La plage sélectionnée est affichée dans la zone Source.

Cliquez sur le bouton OK pour valider. Les cellules contiennent la liste déroulante dont les éléments correspondent à la plage de cellule spécifiée.

OPTIONS DE LISTE DÉROULANTE

0h25

Si la liste d'entrées de votre liste déroulante se trouve dans une autre feuille de calcul et que vous souhaitez empêcher les utilisateurs de la consulter ou d'y apporter des modifications, envisagez de masquer et de protéger cette feuille de calcul.

1/ Sélection

Sélectionnez l'une des cellules dans lesquelles vous voulez ajouter une liste déroulante.

2/ Le groupe Outils de données

Cliquez sur le bouton Validation des données dans le groupe Outils de données sous l'onglet Données.

3/ Sélectionner toutes les cellules

Dans la boîte de dialogue Validation de données qui s'affiche, cochez l'option Appliquer ces modifications aux cellules de paramètres identiques pour qu'Excel sélectionne toutes les cellules qui utilisent la même liste. Cliquez sur le bouton OK.

4/ Message de saisie

Cliquez sur l'onglet Message de saisie et cochez l'option Quand la cellule est sélectionnée. Saisissez un titre dans la zone Titre et le texte à afficher dans la zone Message de saisie.

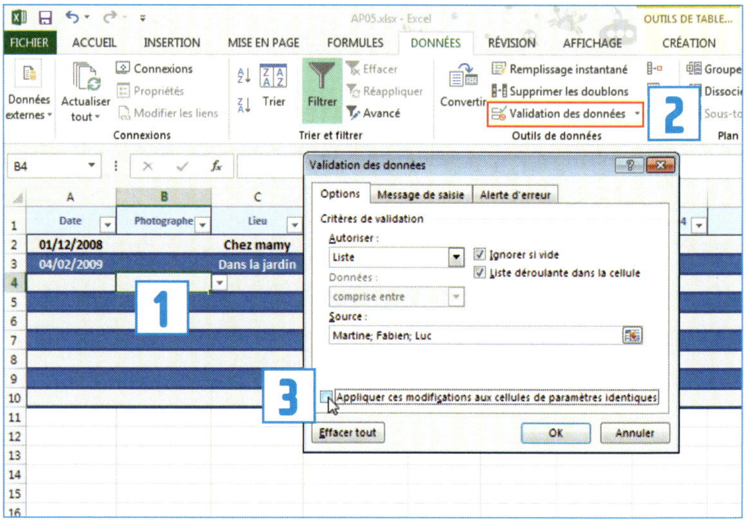

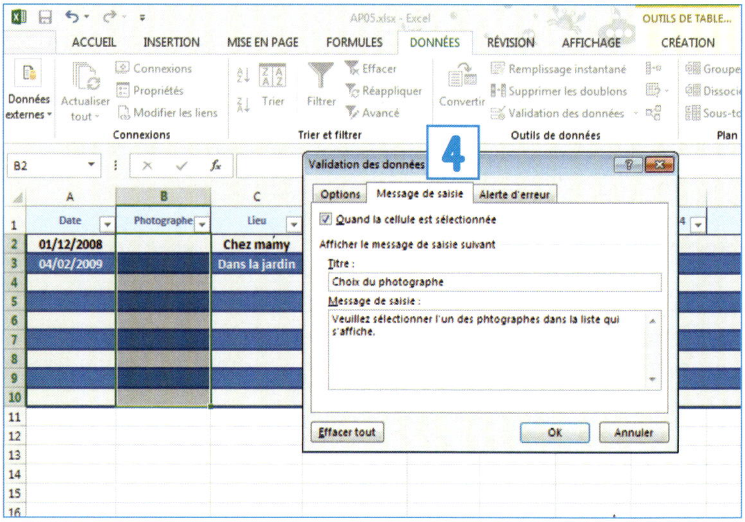

Les listes déroulantes ne peuvent pas être ajoutées dans des tableaux qui sont liés à un site SharePoint. Supprimez le lien avec le tableau ou supprimez la mise en forme du tableau, puis essayez à nouveau.

SI VOUS N'AJOUTEZ PAS DE TITRE OU DE TEXTE, le titre par défaut des messages est Microsoft Excel et le message par défaut est La valeur que vous avez tapée n'est pas valide. Un utilisateur a restreint les valeurs que peut accepter cette cellule.

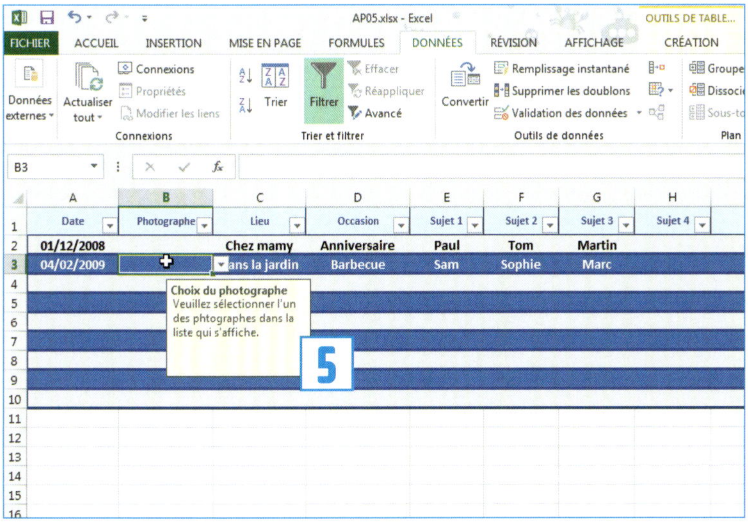

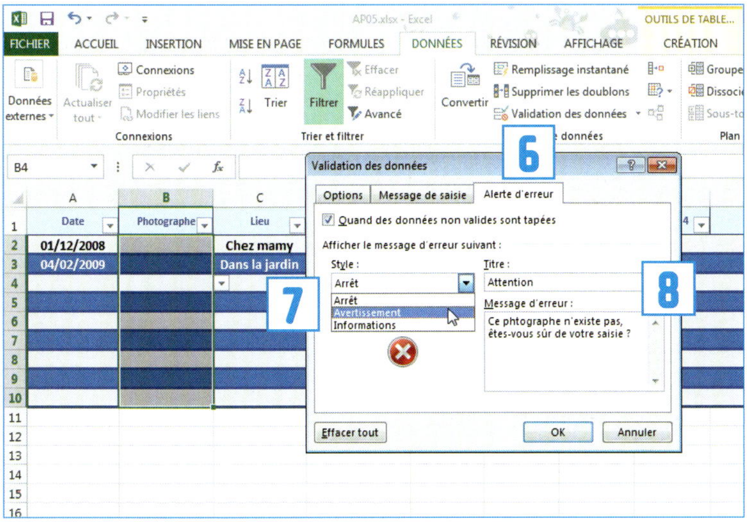

5/ Message d'information

Lorsque vous sélectionnez une cellule comprenant la liste déroulante, le message d'information que vous avez paramétrez apparaît guidant ainsi l'utilisateur.

6/ Alerte d'erreur

Dans la boîte de dialogue Validation de données cliquez sur l'onglet Alerte d'erreur et cochez l'option Quand des données non valides sont tapées.

7/ La zone Style

Pour afficher un message qui n'empêche pas les utilisateurs d'entrer des données ne figurant pas dans la liste déroulante, cliquez sur Informations ou Avertissement. Pour empêcher les utilisateurs d'entrer des données ne figurant pas dans la liste déroulante, cliquez sur Arrêt.

8/ Message d'erreur

Saisissez un titre dans la zone Titre et le texte à afficher dans la zone Message d'erreur.

AJOUTER UN ARRIÈRE-PLAN

0h10

Dans Excel, vous pouvez utiliser une image comme arrière-plan de feuille pour l'affichage uniquement. L'arrière-plan d'une feuille n'est pas imprimé et n'est pas conservé dans une page web.

1/ Arrière-plan

Cliquez sur le bouton Arrière-plan dans le groupe Mise en page sous l'onglet Mise en page.

2/ Image sur le poste de travail

Cliquez sur le bouton Parcourir pour sélectionner un fichier image sur votre poste de travail.

3/ Moteur de recherche

Saisissez un mot clé dans la zone Image clipart Office.com ou la zone Recherche d'image Bing pour lancer l'écran de résultat et pouvoir choisir une image à insérer.

4/ Espace SkyDrive

Cliquez sur le bouton Parcourir pour sélectionner un fichier image sur votre espace SkyDrive.

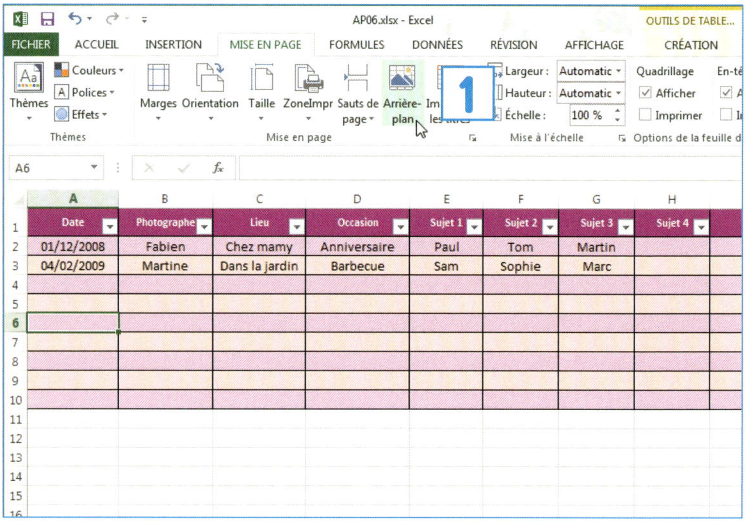

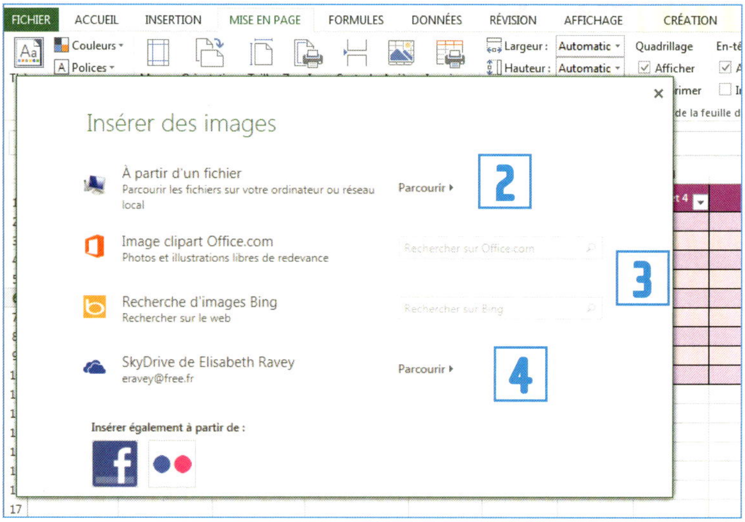

Pour utiliser une couleur unie comme arrière-plan de feuille, vous pouvez appliquer un ombrage à toutes les cellules de la feuille de calcul.

atelier **53**

POUR APPRÉCIER PLEINEMENT VOTRE ARRIÈRE-PLAN décochez l'option Quadrillage du groupe Afficher sous l'onglet Affichage. Décocher cette pertmet de ne plus voir le quadrillage par défaut des cellule, mais il n'empêche en rien l'utilisation normale de celles-ci.

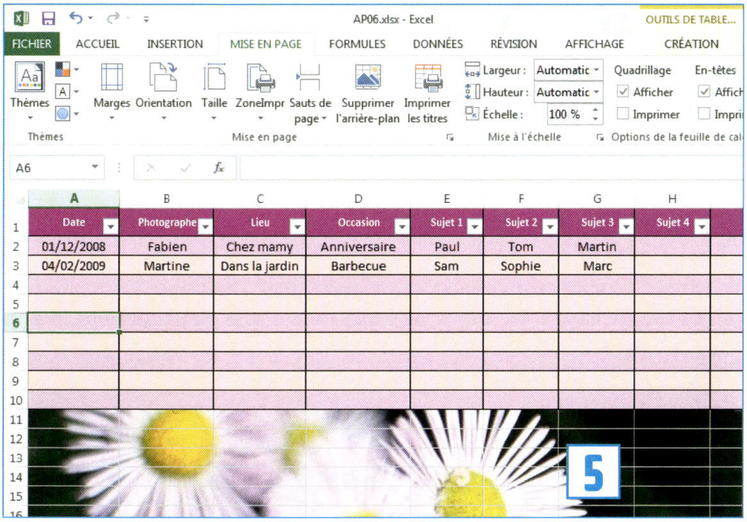

5/ Arrière-plan affiché

L'arrière-plan est affiché sur votre feuille de calcul.

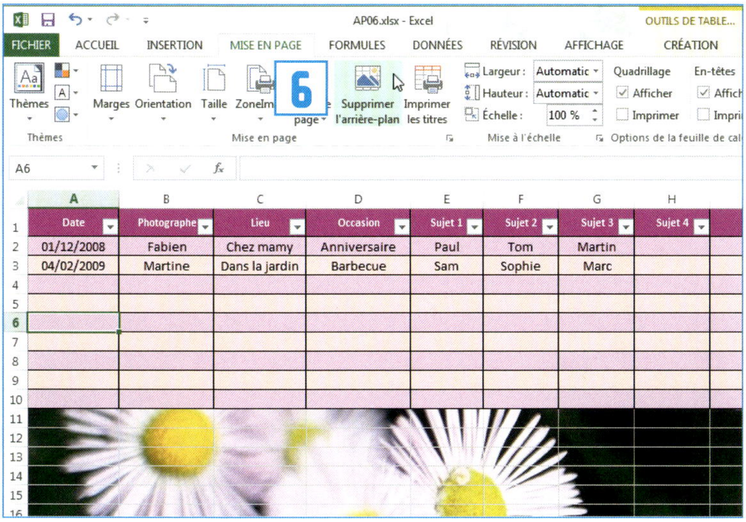

6/ Enlever l'arrière-plan

Cliquez sur le bouton Supprimer l'arrière-plan dans le groupe Mise en page sous l'onglet Mise en page.

TRIER ET FILTRER DU TEXTE

0h20

La fonction Trier les données est une partie intégrante de l'analyse des informations. Filtrer les données à l'aide du filtre automatique constitue un moyen rapide et aisé de rechercher et de manipuler un sous-ensemble de données d'une plage de cellules.

1/ Bouton filtre

Par défaut, lorsque vous insérez vos données dans un tableau, des contrôles de filtrage sont ajoutés aux en-têtes de tableau automatiquement. Cliquez sur le bouton filtre de la colonne à trier.

2/ Tri sur texte

Si le contenu de la colonne est du texte, comme dans l'exemple de la colonne Lieu, Excel vous propose un tri croissant de A à Z ou un tri décroissant de Z à A.

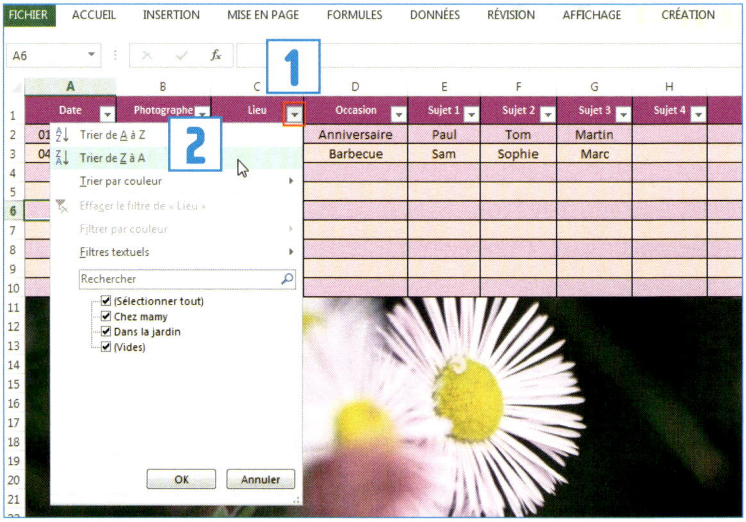

3/ Filtres textuels

Dans le menu, une commande de filtres textuels vous est proposée. En cliquant dessus un sous-menu d'options de filtres apparaît.

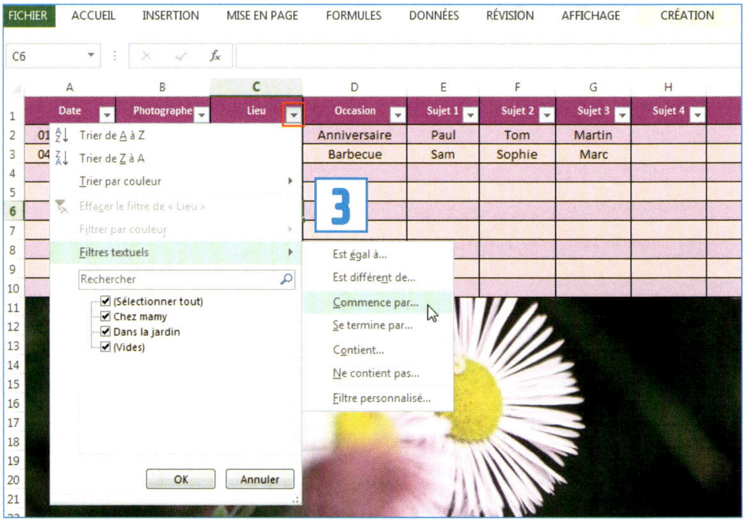

Données > Trier et filtrer > Tri de A à Z

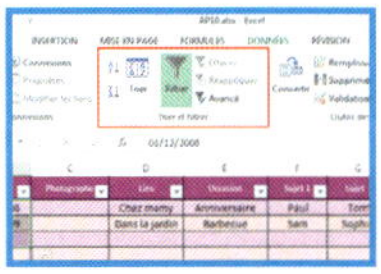

atelier

54

UTILISEZ LE FILTRE AUTOMATIQUE pour rechercher des valeurs, afficher ou masquer des valeurs, dans une ou plusieurs colonnes de données. Vous pouvez effectuer un filtrage en fonction de choix disponibles dans une liste et rechercher les données que vous souhaitez voir. Lorsque vous filtrez des données, des lignes entières sont masquées si les valeurs d'une ou de plusieurs colonnes ne satisfont pas aux critères de filtrage.

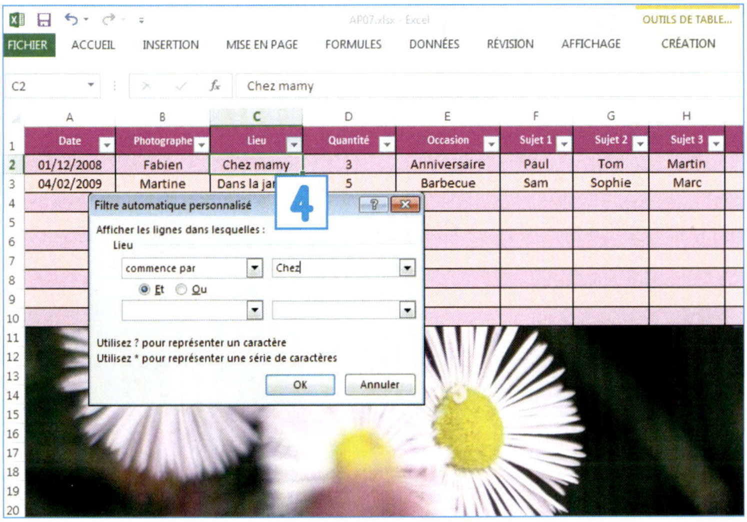

4/ Filtre personnalisé

Dans la boîte de dialogue Filtre automatique personnalisé, saisissez ou sélectionnez les critères permettant de filtrer vos données. Dans l'exemple, le filtre affichera toutes les lignes dont le contenu de la cellule Lieu commence par Chez.

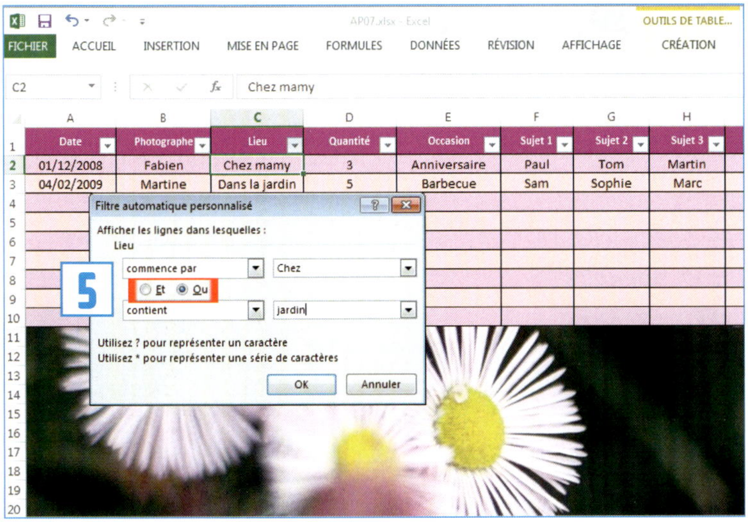

5/ Deuxième critère Et ou Ou

Vous pouvez définir un deuxième critère de filtrage.

Dans l'exemple, le filtre affichera toutes les lignes dont le contenu de la cellule Lieu commence par Chez ou qui contiennent le mot jardin.

Cela affichera les deux lignes du tableau.

Si l'option Et est cochée, le filtre n'affichera que les lignes dont le contenu de la cellule Lieu commence par Chez et qui contient le mot jardin.

Cela n'affichera aucune ligne du tableau.

TRIER ET FILTRER DES NOMBRES

0h20

La fonction Trier les données est une partie intégrante de l'analyse des informations. Vous pouvez faire un tri croissant ou décroissant sur les données en fonction du texte, des nombres ou des dates contenus dans une colonne du tableau.

1/ Bouton filtre

Par défaut, lorsque vous insérez vos données dans un tableau, des contrôles de filtrage sont ajoutés aux en-têtes de tableau automatiquement. Cliquez sur le bouton filtre de la colonne à trier.

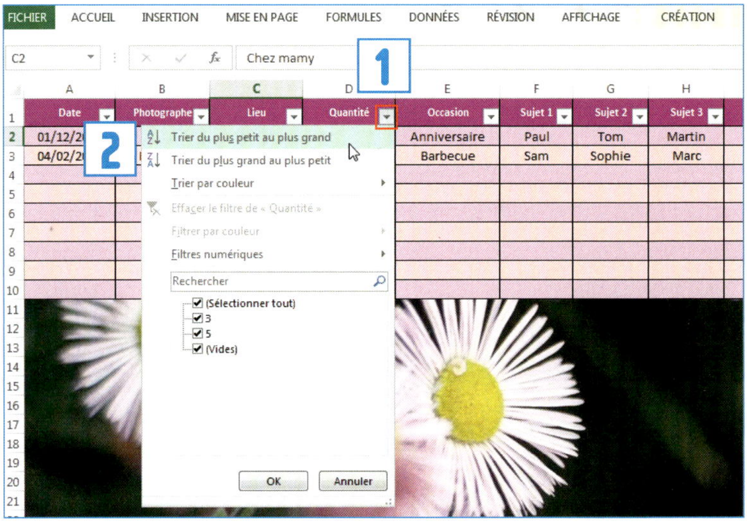

2/ Tri sur nombre

Si la colonne contient des nombres, comme dans l'exemple de la colonne Quantité, Excel vous propose un tri croissant du plus petit au plus grand ou un tri décroissant du plus grand au plus petit.

3/ Filtres numériques

Dans le menu, une commande de filtres numériques vous est proposée. En cliquant dessus un sous-menu d'options de filtres apparaît.

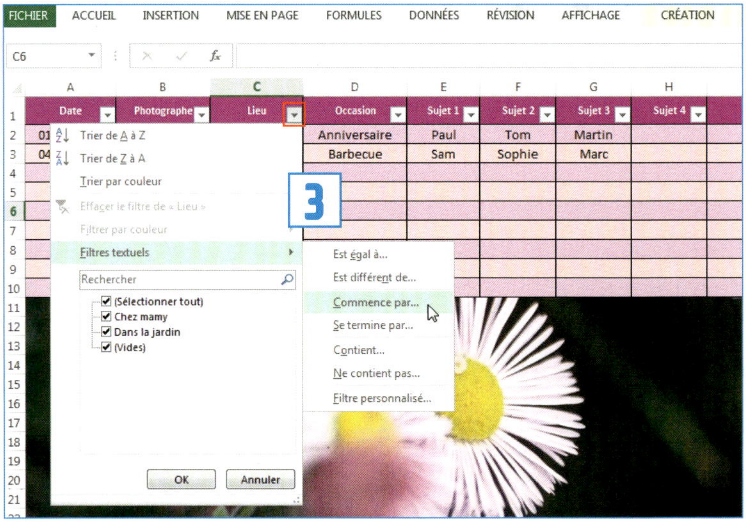

Données > Trier et filtrer > Tri du plus petit au plus grand

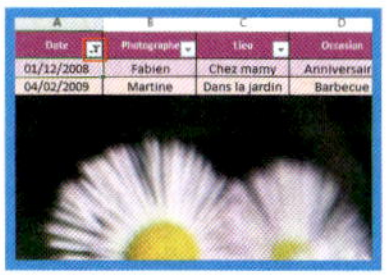

atelier

55

LES EN-TÊTES DE COLONNE DE TABLEAU contiennent par défaut des boutons filtre avec une forme de triangle dessus. Lorsque qu'une colonne de tableau contient un filtrage le bouton filtre change de forme.

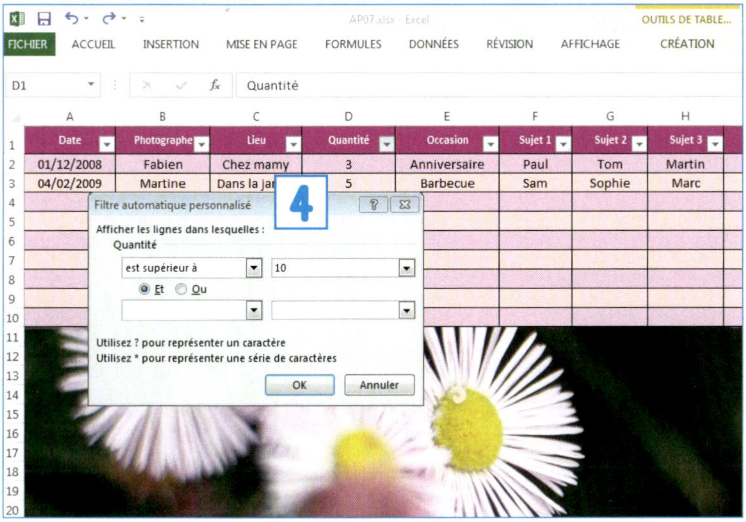

4/ Filtre personnalisé

Dans la boîte de dialogue Filtre automatique personnalisé, saisissez ou sélectionnez les critères permettant de filtrer vos données. Dans l'exemple, le filtre affichera toutes les lignes dont le contenu de la cellule Quantité est supérieur à 10, c'est-à-dire aucune.

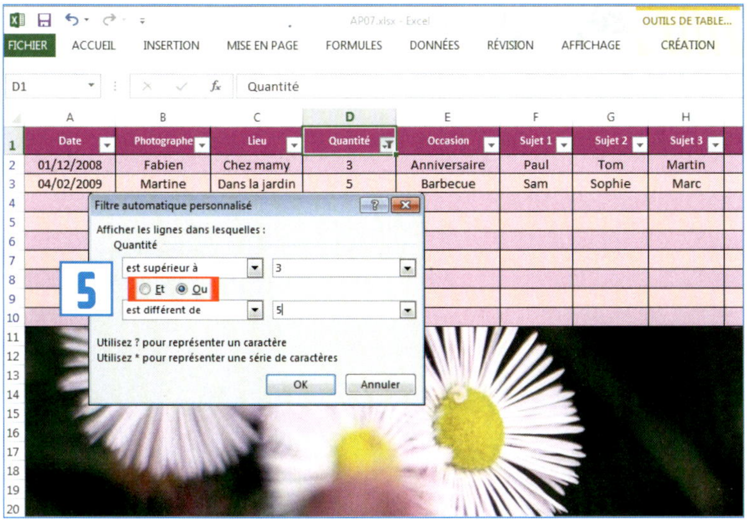

5/ Deuxième critère Et ou Ou

Vous pouvez définir un deuxième critère de filtrage.

Dans l'exemple, le filtre affichera toutes les lignes dont le contenu de la cellule Quantité est supérieur à 3 ou qui est différent de 5. Cela affichera les deux lignes du tableau.

Si l'option Et est cochée, le filtre n'affichera que les lignes dont le contenu de la cellule Quantité est supérieur à 3 et qui est différent de 5.

Cela n'affichera aucune ligne du tableau.

TRIER ET FILTRER DES DATES/HEURES

0h20

La fonction Trier les données est une partie intégrante de l'analyse des informations. Si le résultat obtenu n'est pas celui que vous attendiez, il se peut que la colonne contienne des dates stockées en tant que texte, et non en tant que dates.

1/ Bouton filtre

Par défaut, lorsque vous insérez vos données dans un tableau, des contrôles de filtrage sont ajoutés aux en-têtes de tableau automatiquement. Cliquez sur le bouton filtre de la colonne à trier.

2/ Tri sur Date

Si la colonne contient des dates, comme dans l'exemple de la colonne Date, Excel vous propose un tri croissant du plus ancien au plus récent ou un tri décroissant du plus récent au plus ancien.

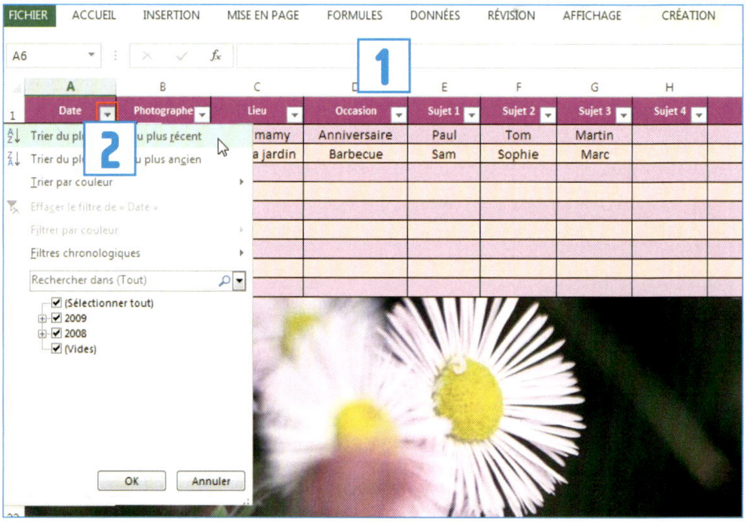

3/ Filtres chronologiques

Dans le menu, une commande de filtres chronologiques vous est proposée. En cliquant dessus un sous-menu d'options de filtres apparaît.

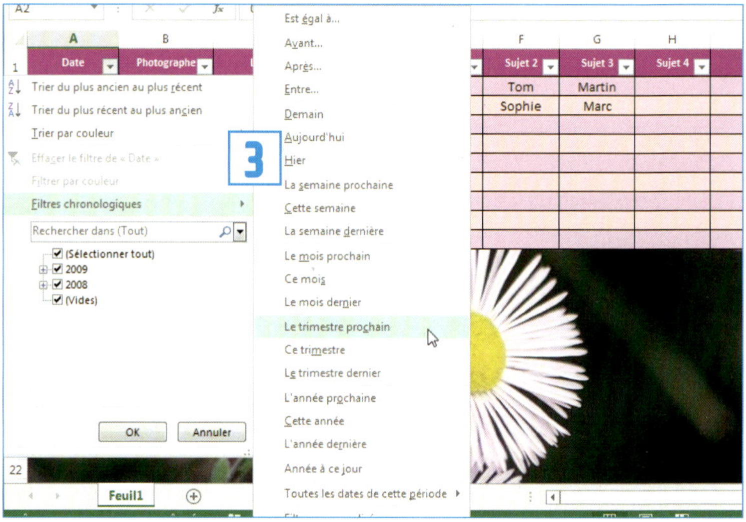

Données > Trier et filtrer > Tri du plus récent au plus ancien

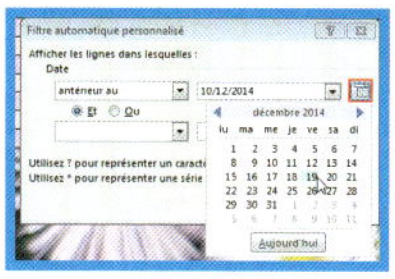

atelier **56**

POUR SÉLECTIONNER UNE DATE dans les zones de filtrage de la boîte de dialogue Filtre automatique personnalisé, vous pouvez utiliser le bouton Sélecteur de date.

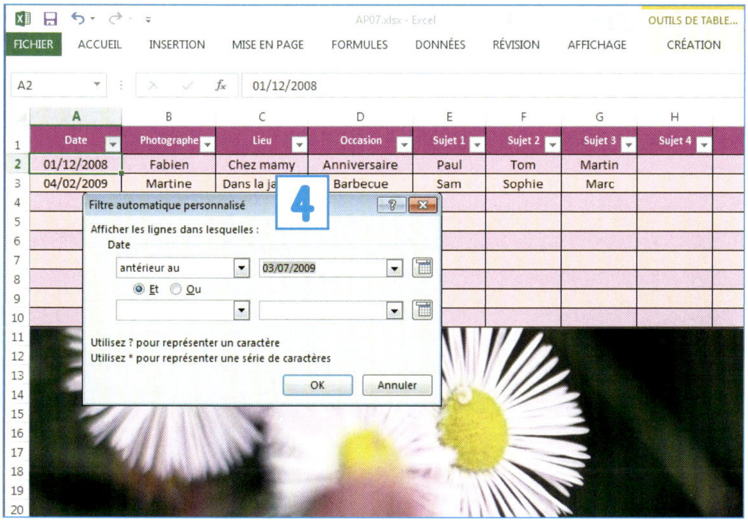

4/ Filtre personnalisé

Dans la boîte de dialogue Filtre automatique personnalisé, saisissez ou sélectionnez les critères permettant de filtrer vos données. Dans l'exemple, le filtre affichera toutes les lignes dont le contenu de la cellule Date est avant le 03/07/2009.

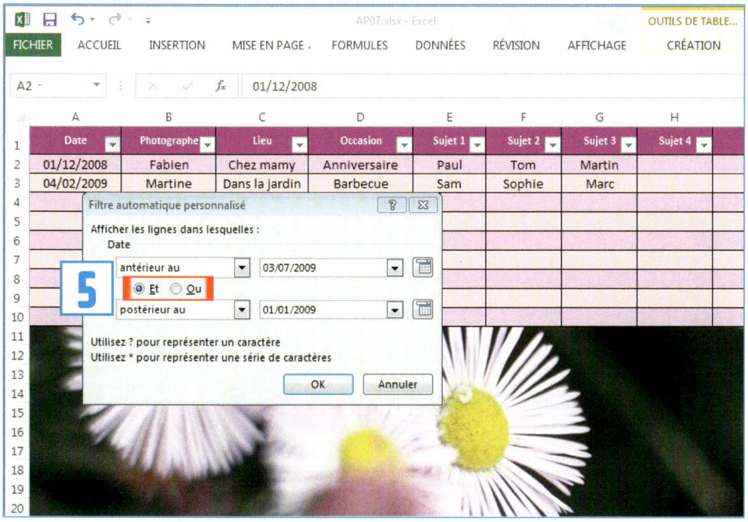

5/ Deuxième critère Et ou Ou

Vous pouvez définir un deuxième critère de filtrage.

Dans l'exemple, le filtre affichera toutes les lignes dont le contenu de la cellule Date est compris entre le 01/01/2009 et le 03/07/2009.

PAR DÉFAUT, TOUTES LES DATES DE LA PLAGE DE CELLULES ou de la colonne de la table sont regroupées par année, par mois et par jour. L'activation ou la désactivation d'un niveau supérieur de cette hiérarchie rendent toutes les dates imbriquées au-dessous de ce niveau actives ou inactives.

IL PEUT ARRIVER QUE DES DATES SOIENT MISES EN FORME ET STOCKÉES dans des cellules sous forme de texte. Par exemple, lorsque vous entrez une date dans une cellule mise en forme en tant que texte ou lorsque la date est importée ou collée d'une source de données externe.

6/ Indicateur d'erreur

Dans la feuille de calcul, sélectionnez une cellule ou une plage de cellules adjacentes avec un indicateur d'erreur dans le coin supérieur droit. Près de la cellule ou de la plage de cellules sélectionnée, cliquez sur le bouton Erreur qui apparaît.

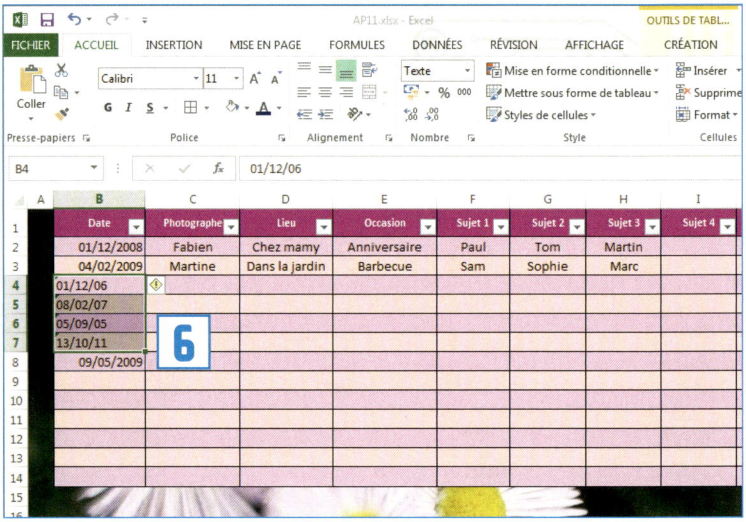

7/ Convertir le texte en date

Dans le menu, cliquez sur Convertir XX en 20XX ou Convertir XX en 19XX. Pour supprimer simplement l'indicateur d'erreur sans convertir le nombre, cliquez sur Ignorer l'erreur.

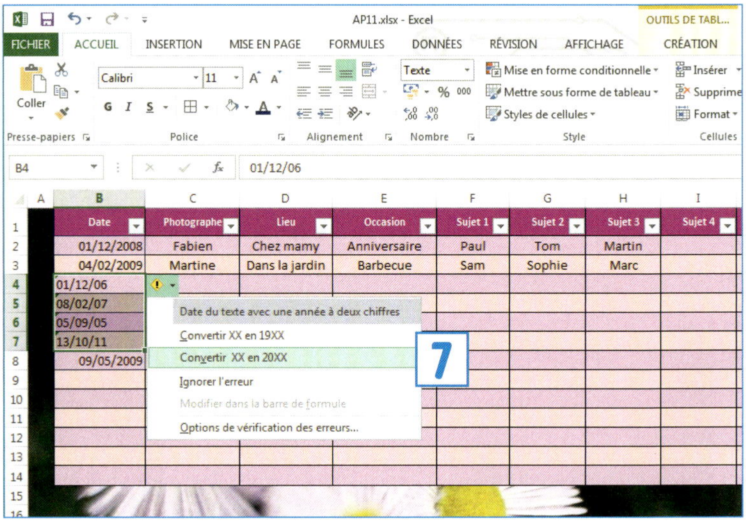

Si les dates mises en forme en tant que texte contiennent des années à 4 chiffres, Excel n'affichera pas l'indicateur d'erreur. Il ne s'affiche que pour des formats d'année à 2 chiffres.

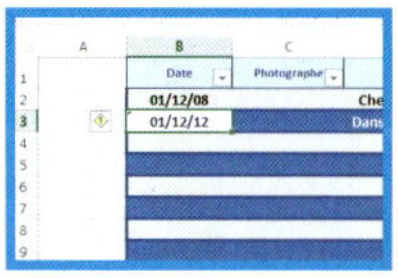

atelier 56

LES DATES DE MISES EN FORME EN TANT QUE TEXTE sont alignées à gauche et non à droite dans la cellule. En outre, si le programme de vérification des erreurs est activé, les dates au format texte avec deux chiffres pour l'année sont signalées par un indicateur d'erreur.

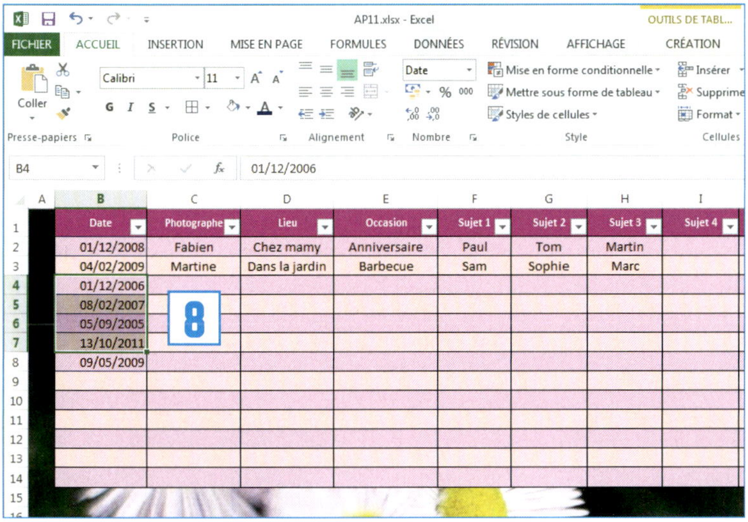

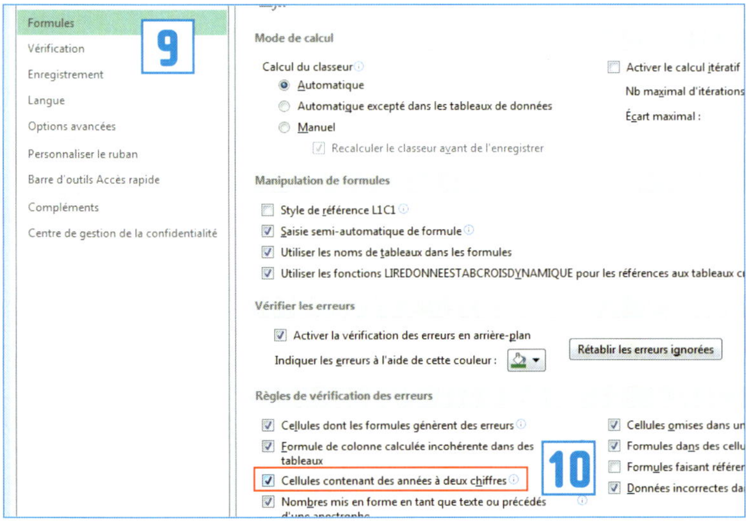

8/ Filtre personnalisé

Cette action convertit les dates au format texte avec deux chiffres pour l'année, en date standard avec quatre chiffres pour l'année. Après avoir converti les cellules qui contiennent des dates au format texte, vous pouvez changer l'affichage des dates dans les cellules en appliquant le format date.

9/ Option Vérification des erreurs

Si la vérification des erreurs est activée dans Excel, vous verrez l'indicateur d'erreurs si vous entrez une date avec une année sur deux chiffres dans une cellule au format texte. Vous pouvez désactiver la fonction Vérification des erreurs si vous le souhaitez. Dans les options Excel cliquez sur le menu Formules.

10/ Règles de vérification

Sous la rubrique Règles de vérification des erreurs, désactivez la case à cocher Cellules contenant des années à deux chiffres.

RECHERCHER DES DONNÉES

0h25

La fonction Rechercher permet de chercher dans vos données des valeurs, des mises en forme, des marqueurs de paragraphes ou d'autres éléments.

1/ Rerchercher

Sous l'onglet Accueil, dans le groupe Edition, cliquez sur le bouton Rechercher et sélectionner puis sur la commande Rechercher.

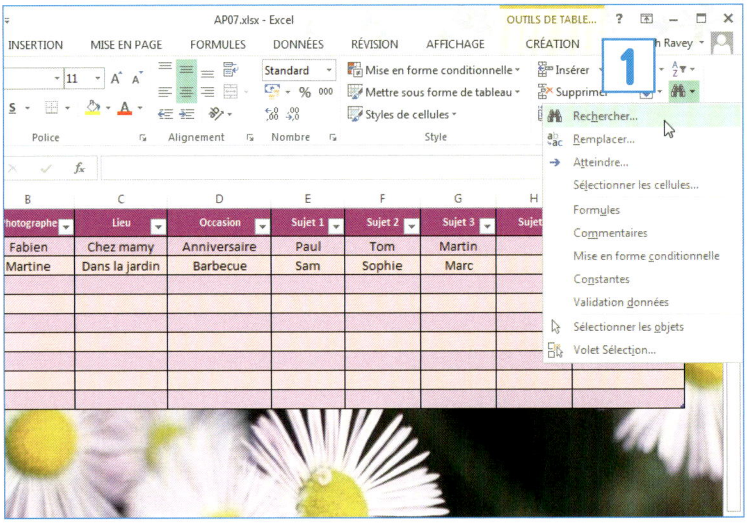

2/ Valeur à chercher

Dans la zone Rechercher de la boîte de dialogue Rechercher et remplacer, saisissez la valeur à rechercher. Cliquez sur le bouton Suivant pour lancer la recherche.

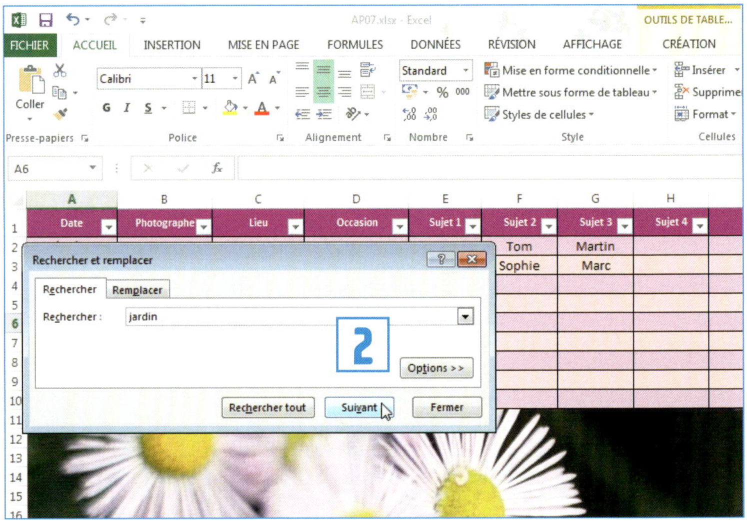

Ctrl+F > Rechercher

atelier 57

RECHERCHE AVEC DES CARACTÈRES GÉNÉRIQUES : * représente un nombre quelconque de caractères. *qu* renvoie question, qui et quoi, mais pas toque.* ? représente un seul caractère alphabétique. *?oudre renvoie coudre, moudre et poudre.* [ ] représente l'un des caractères entre crochets. *[cp]oudre renvoie coudre et poudre, mais pas moudre.* ! représente tout caractère qui n'est pas entre crochets. *[!cp]oudre renvoie moudre, mais pas coudre ou poudre.*

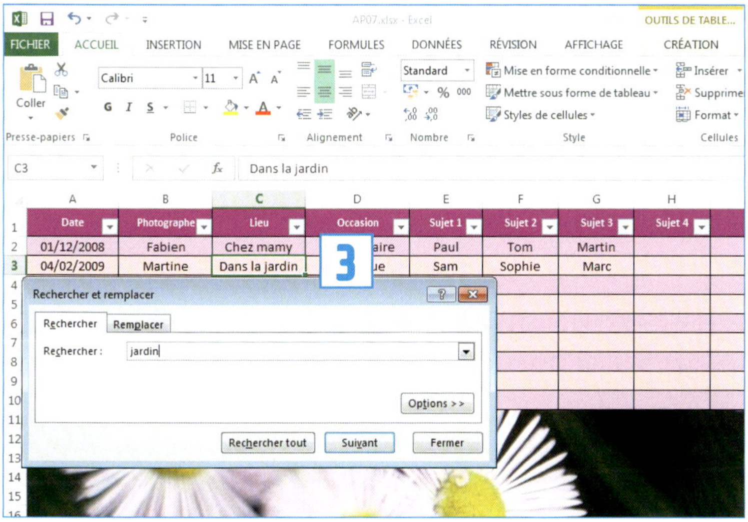

3/ Résultat

Par défaut Excel démarre la recherche à partir de l'endroit où vous vous trouvez sur la feuille (cellule active) et vous affiche la première cellule correspondante qu'il trouve. Vous pouvez soit intervenir sur la cellule trouvée, soit cliquer à nouveau sur Suivant pour qu'il en cherche une autre.

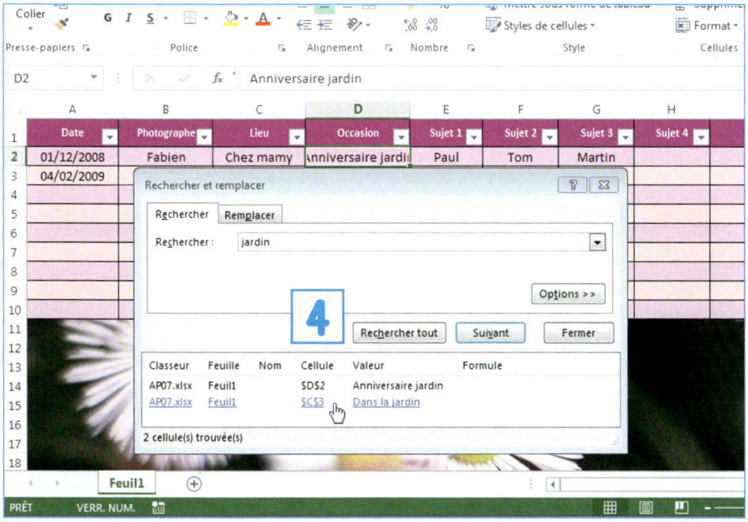

4/ Rechercher tout

Si vous cliquez sur le bouton Rechercher tout, Excel vous affiche la liste des endroits où il a trouvé des cellules correspondant à vos critères de recherche. Il suffit de cliquer sur une des lignes proposées pour vous y rendre.

VOUS POUVEZ RECHERCHER LES CELLULES CONTENANT les mêmes règles de validation. Sélectionnez la cellule contenant la validation de données à chercher. Appuyez sur la touche F5. Cliquez sur le bouton Cellules, puis cochez les options *Formats conditionnels* et *Identiques*. Cliquez sur le bouton OK.

SI VOUS RECHERCHEZ UNE PLAGE DE CELLULES que vous avez nommée, cliquez sur la commande Atteindre dans le menu du bouton Rechercher et sélectionner du groupe Edition. Dans la boîte de dialogue, double-cliquez sur le nom de la plage que vous cherchez.

5/ Options de recherche

En cliquant sur le bouton Options, vous accédez à des paramètres de recherche plus approfondies.

- Dans la zone Dans, définissez si la zone de recherche se limite à la feuille ou si elle doit prendre en compte tout le classeur.
- Dans la zone Recherche, définissez le sens de recherche, par ligne ou par colonne.
- Dans la zone Regarder dans, définissez si la recherche doit prendre en compte la formule ou la valeur (résultat affiché) ou si elle doit rechercher dans le contenu des commentaires.
- Si vous cochez l'option Respecter la casse, Excel ne donnera en résultat que les termes dont les majuscules et minuscules correspondent. Par exemple, si vous saisissez Jardin, il ne considérera pas jardin comme un résultat acceptable dû à sa minuscule.
- Si vous cochez l'option Totalité du contenu de la cellule, Excel n'affichera en résultat que les cellules ne contenant que et entièrement la valeur recherchée.

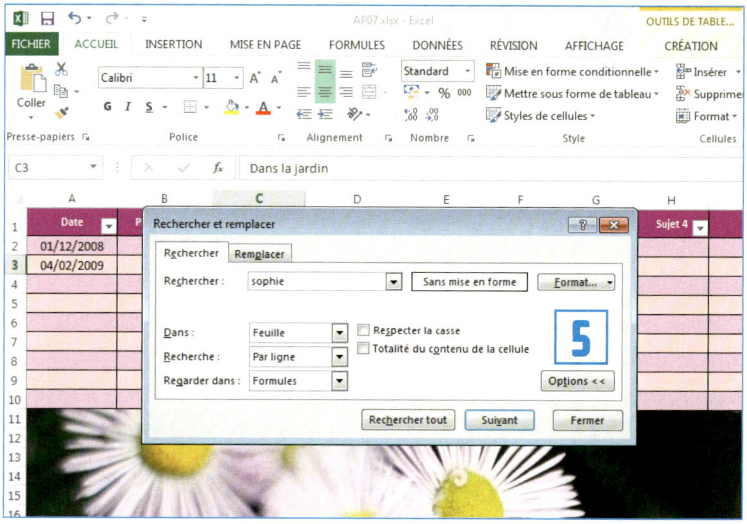

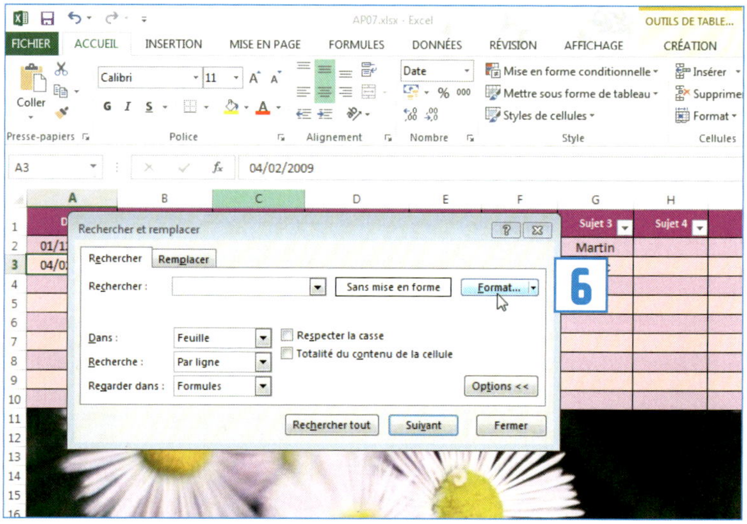

Vous pouvez copier la mise en forme d'une cellule spécifique pour l'utiliser en tant que modèle de mise en forme de recherche. Pour cela, cliquez sur le bouton **Choisir le format à partir de la cellule** dans la boîte de dialogue **Rechercher le format.**

IL EST PARFOIS UTILE DE SAVOIR OÙ SE TROUVENT LES CELLULES FUSIONNÉES. Grâce à la recherche de mise en forme, vous pouvez cocher l'option Fusionner les cellules dans la boîte de dialogue Rechercher le format.

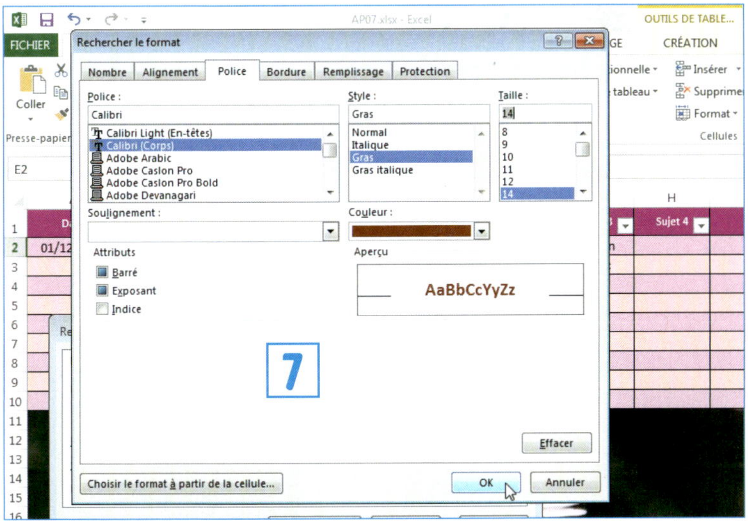

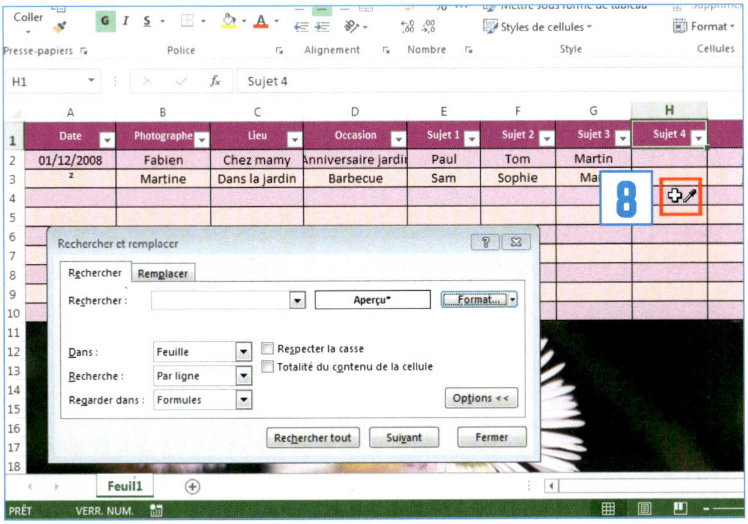

6/ Format de mise en forme

Dans votre recherche, vous pouvez aussi stipuler le format de mise en forme. Excel n'affichera que les cellules contenant la valeur stipulée avec cette mise en forme. Vous pouvez laisser la cellule de recherche vide, ainsi Excel vous proposera toutes les cellules ayant cette mise en forme sans tenir compte de son contenu.

7/ Gabarit de mise en forme

Dans la boîte de dialogue Rechercher le format, définissez le format recherché puis cliquez sur le bouton OK.

8/ Curseur de copie

Le curseur de la souris se tranforme en une croix avec une pipette. Cliquez sur une cellule contenant une mise en forme identique à celle que vous cherchez.

REMPLACER DES DONNÉES

0h15

Un terme, un nom ou une valeur peuvent être rapidement changés par une autre valeur. La fonction Remplacer vous aidera à rechercher puis à remplacer ce terme par un autre en étant sûr de n'avoir oublié aucune occurrence et en vous évitant les saisies fastidieuses.

1/ Remplacer

Sous l'onglet Accueil, dans le groupe Edition, cliquez sur le bouton Rechercher et sélectionner puis sur la commande Remplacer.

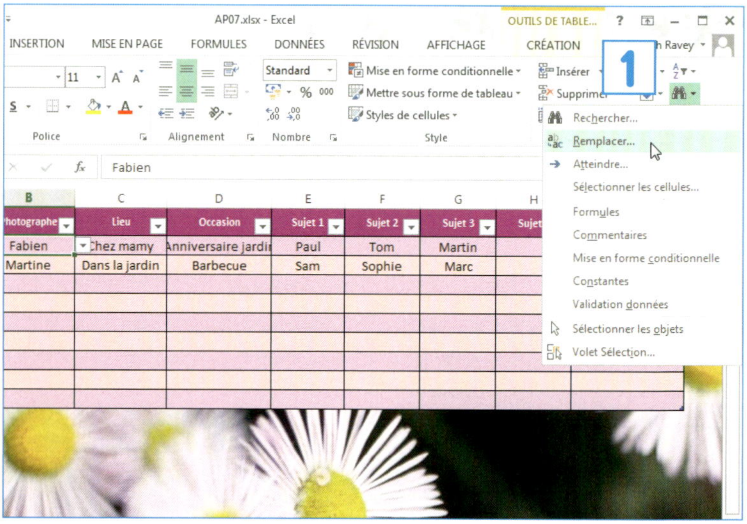

2/ Valeur à chercher

Dans la boîte de dialogue Rechercher et remplacer, saisissez dans la zone Rechercher la valeur à rechercher et dans la zone Remplacer par la valeur qui doit se substituer à la précédente.

Cliquez sur le bouton Suivant pour trouver la valeur correspondante suivante et cliquez sur le bouton Remplacer si vous souhaitez la remplacer, sinon cliquez à nouveau sur le bouton Suivant. Si vous êtes sûr de vouloir tous les remplacer sans vérification, cliquez sur le bouton Remplacer tout.

3/ Options

Cliquez sur le bouton Options pour accéder à plus de paramètres.

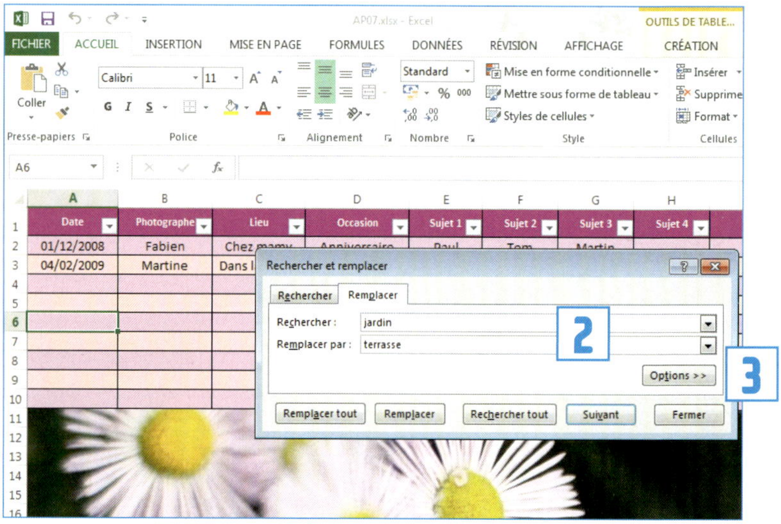

Ctrl+H > Remplacer

atelier **58**

SI VOUS DÉCIDEZ DE CHANGER UNE MISE EN FORME, la fonction Remplacer vous permet de retrouver toutes cellules contenant l'ancienne mise en forme et de les remplacer par la nouvelle mise en forme «peu importe leur contenu» ou leur quantité en une seule manipulation.

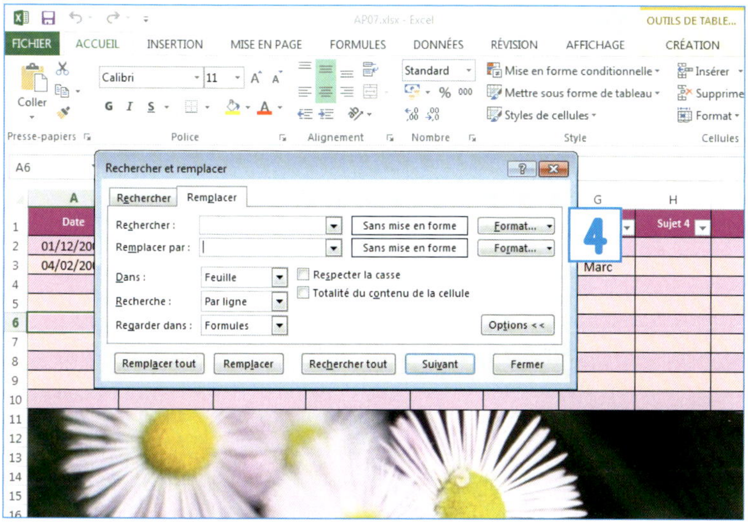

4/ Format de mise en forme

Comme expliqué dans l'atelier précédent, vous pouvez définir la mise en forme à rechercher ainsi que la mise en forme à substituer.

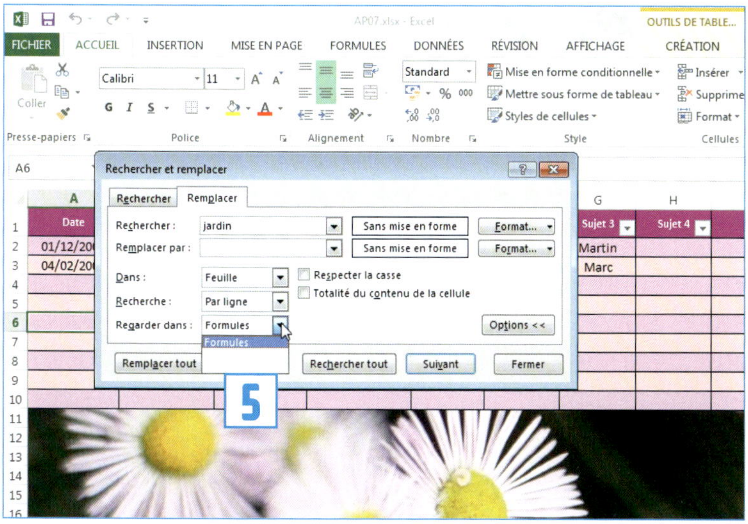

5/ Regarder dans

Dans la zone Regarder dans, il n'est possible de prendre en compte que le contenu des formules et non la valeur (résultat affiché) ou le contenu des commentaires comme dans la fonction Rechercher.

SAISIR LES DONNÉES À L'AIDE D'UN FORMULAIRE

0h20

Pour faciliter la saisie et la rendre plus conviviale, Excel met à votre disposition une grille de saisie. Elle se présente sous la forme d'un formulaire dont les champs sont les en-têtes de colonnes du tableau à remplir.

1/ Sélection

Vous pouvez utiliser le fichier AP07.xlsx. Cliquez dans le tableau.

2/ Formulaire de saisie

Si vous avez personnalisé votre ruban, cliquez sur le bouton Formulaire, sinon utilisez la combinaison de touches Alt+D puis Alt+O. Le formulaire s'ouvre et affiche le premier enregistrement du tableau.

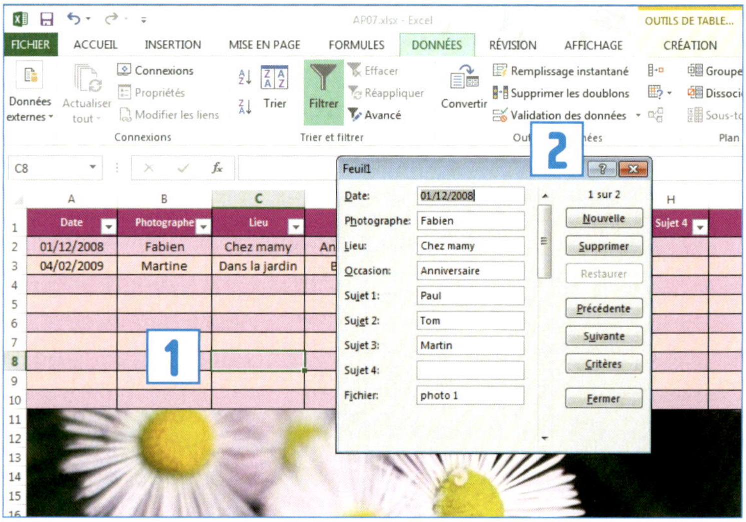

3/ Nouvelle saisie

Cliquez sur le bouton Nouvelle pour ajouter une fiche vide, équivalant à une ligne vierge du tableau.

4/ Remplissage

Saisissez les diverses informations. Vous pouvez utiliser la touche Tab pour passser à la zone de saisie suivante.
Cliquez ensuite sur le bouton Nouvelle pour ajouter une autre ligne ou Fermer pour terminer.

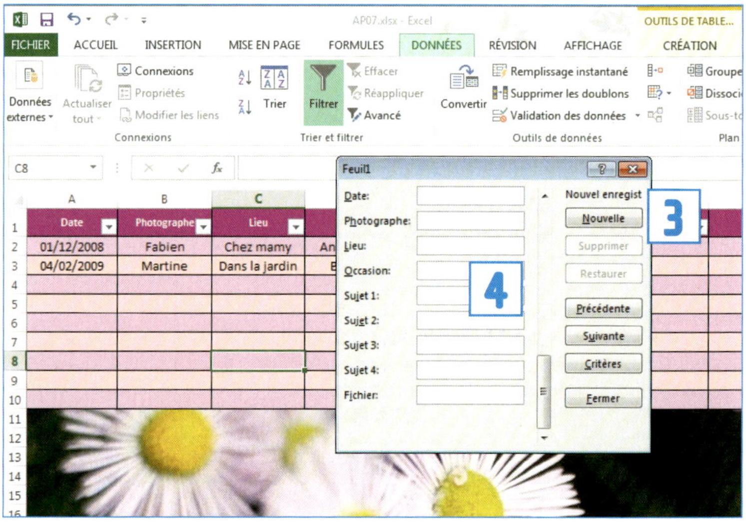

Le bouton **Formulaire** n'a pas été ajouté au ruban, mais vous pouvez l'ajouter avec le menu **Personnaliser le ruban** sous Options du mode **Backstage**.

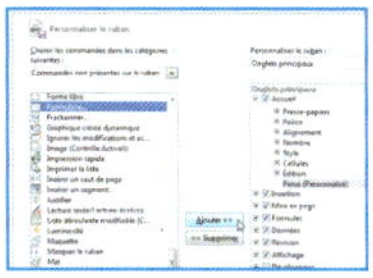

atelier

59

SI UNE CELLULE CONTIENT UNE FORMULE, le résultat de la formule s'affiche dans le formulaire de données, mais vous ne pouvez pas modifier la formule à l'aide du formulaire de données.

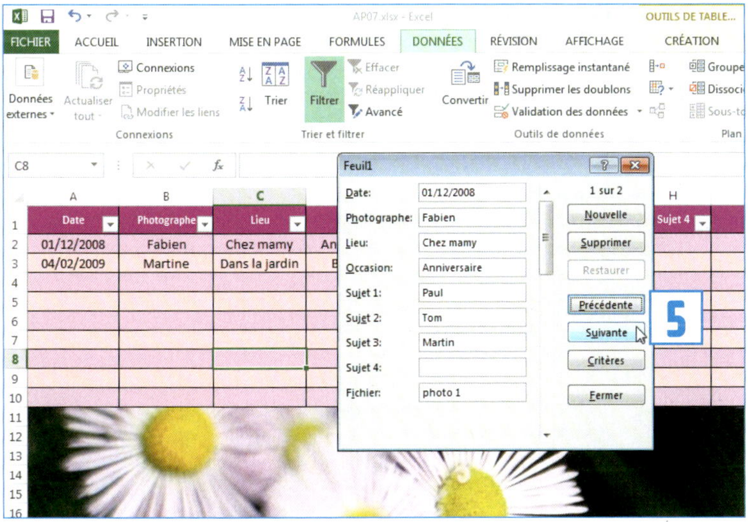

5/ Déplacements

Pour vous déplacer entre les enregistrements, cliquez sur les boutons Précédente ou Suivante selon le besoin.

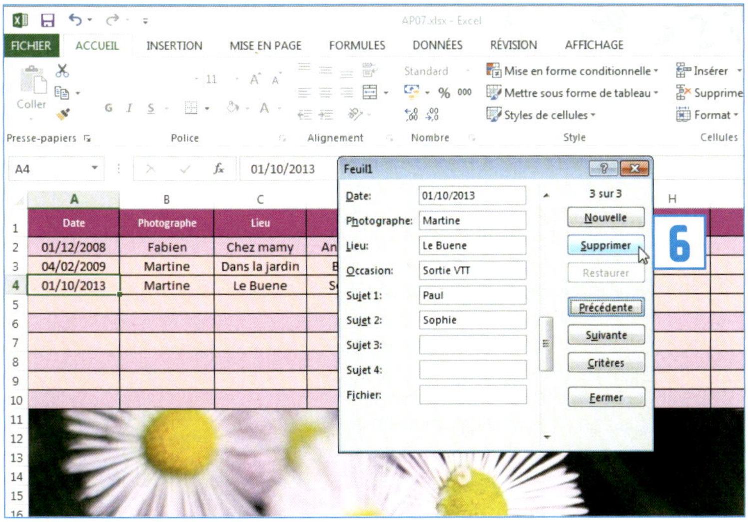

6/ Supprimer une ligne

Cliquez sur le bouton Supprimer pour enlever la ligne correspondante dans le tableau.

VÉRIFIER L'ORTHOGRAPHE

0h10

Le vérificateur d'orthographe se révèle un outil des plus précieux en terme de gain de temps et qualité de résultat.

1/ Le bouton Orthographe

Sous l'onglet Révision, dans le groupe Vérification, cliquez sur le bouton Orthographe.

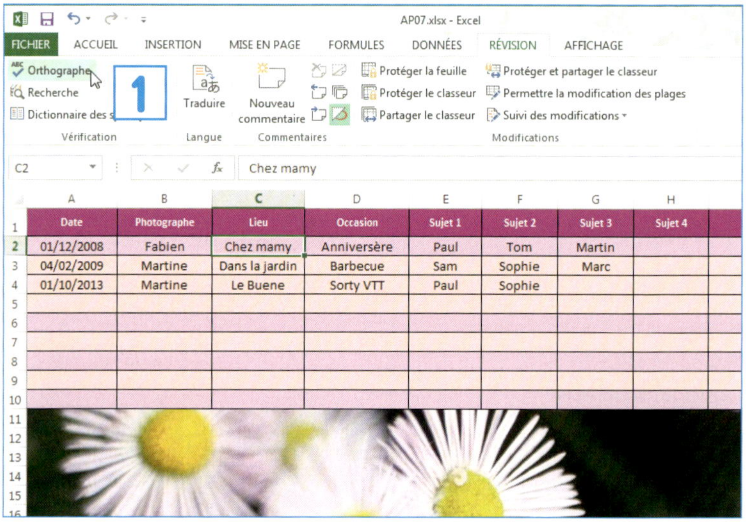

2/ Correction

Si Excel rencontre une faute d'orthographe, la boîte de dialogue Orthographe s'affiche en mettant en exergue l'erreur dans la zone Absent du dictionnaire.

Dans la zone Suggestions, Excel vous propose un certain nombre de corrections possibles.

Cliquez sur l'une d'elles et cliquez sur le bouton Remplacer si vous souhaitez utiliser cette proposition pour corriger.

Cliquez sur le bouton Remplacer tout, pour qu'Excel fasse de même sur toutes les erreurs identiques sur votre feuille de calcul.

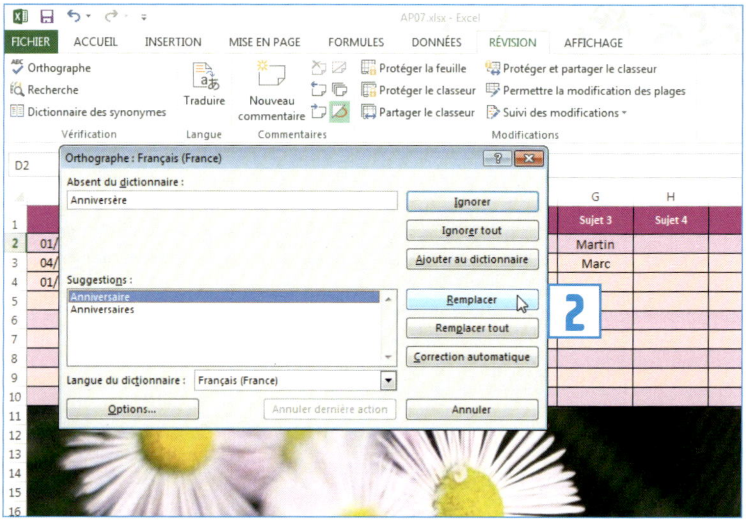

F7 > Correcteur orthographique

atelier **60**

SI VOUS CLIQUEZ SUR LE BOUTON CORRECTION AUTOMATIQUE, Excel l'ajoute dans la liste des modifications à faire en cours de saisie. C'est à dire qu'à l'avenir, losque vous taperez cette erreur, il corrigera immédiatement sans vous prévenir.

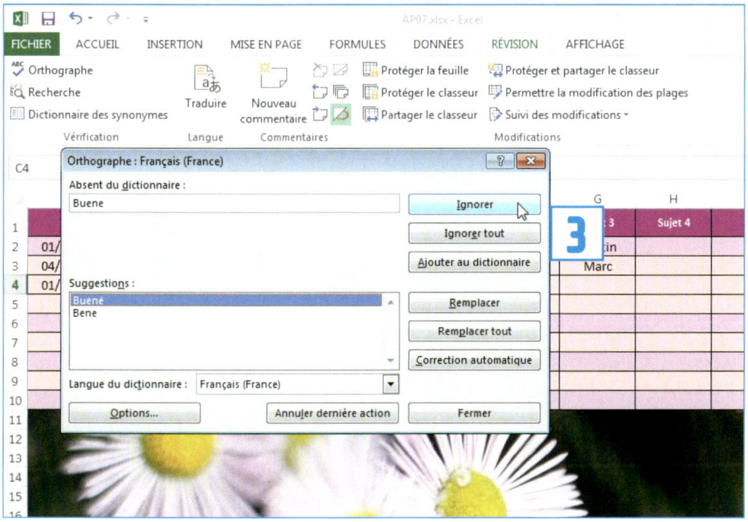

3/ Ignorer l'erreur

Si Excel considère un contenu comme mal orthographié alors que cela n'est pas le cas, cliquez sur le bouton Ignorer pour qu'il ne change rien et passe à l'erreur suivante. Cliquez sur le bouton Ignorer tout, si vous souhaitez qu'Excel ignore systématiquement cette erreur sur la feuille.
Vous pouvez aussi cliquer sur le bouton Ajouter au dictionnaire pour qu'Excel l'enregistre et ne le considère plus comme une erreur.

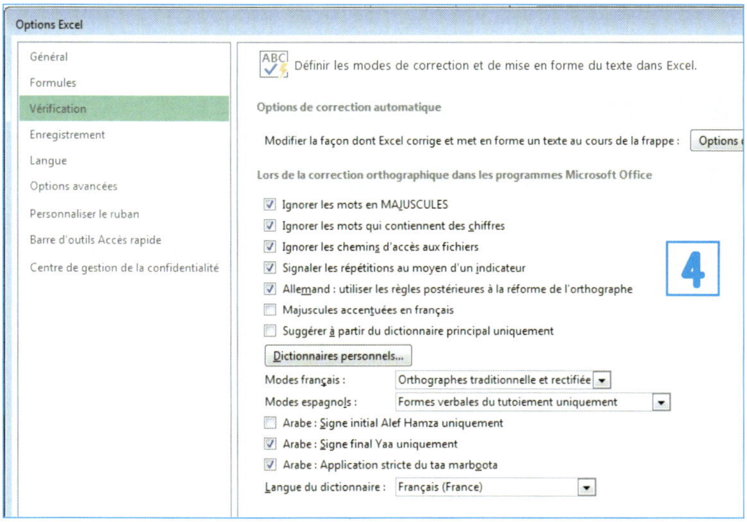

4/ Paramétrage des options

Cliquez sur le bouton Options pour afficher la boîte de dialogue Options Excel sur le menu Vérification afin d'avoir accès aux diverses options de paramétrage de la correction orthographique.

TROUVER UN SYNONYME

0h10

Le synonyme d'un mot est un mot de même sens ou de sens voisin. Il permet souvent de trouver un mot plus pertinent. La fonction Rechercher vous propose des synonymes dans le dictionnaire des synonymes qui est installé par défaut.

1/ Dictionnaire des synonymes

Sous l'onglet Révision, dans le groupe Vérification, cliquez sur le bouton Dictionnaire des synonymes.

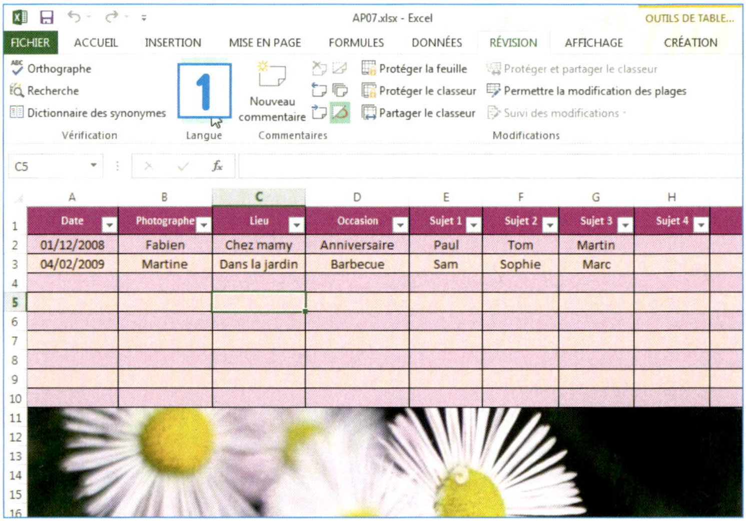

2/ Volet Excel

Excel ouvre un volet sur la droite de la fenêtre nommé Dictionnaire des synonymes.

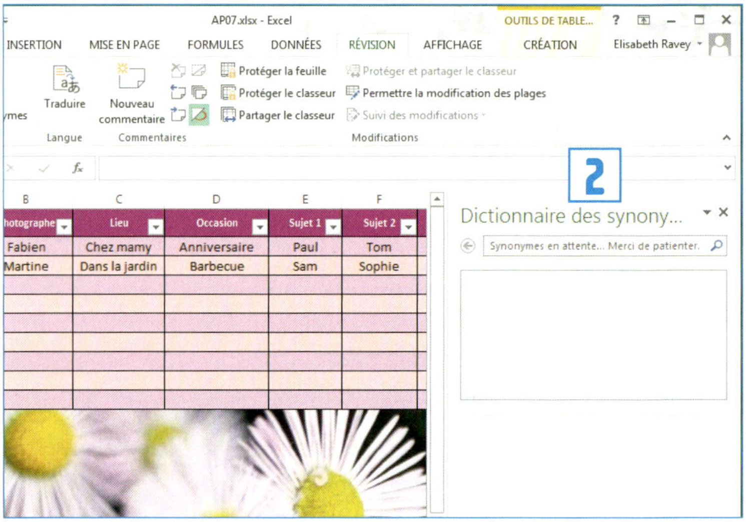

Maj+F7 > Synonyme

DANS LA PARTIE BASSE DU VOLET, vous pouvez sélectionner une langue diffférente afin qu'Excel vous propose des synonymes du mot saisi dans ce langage.

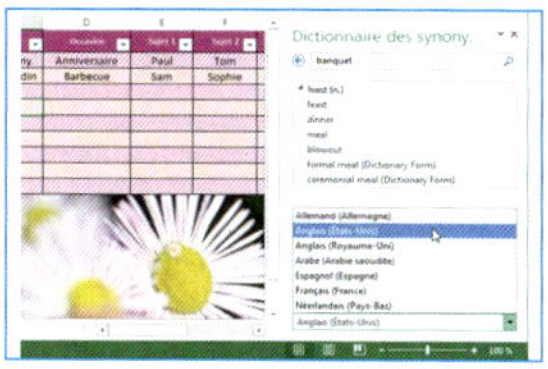

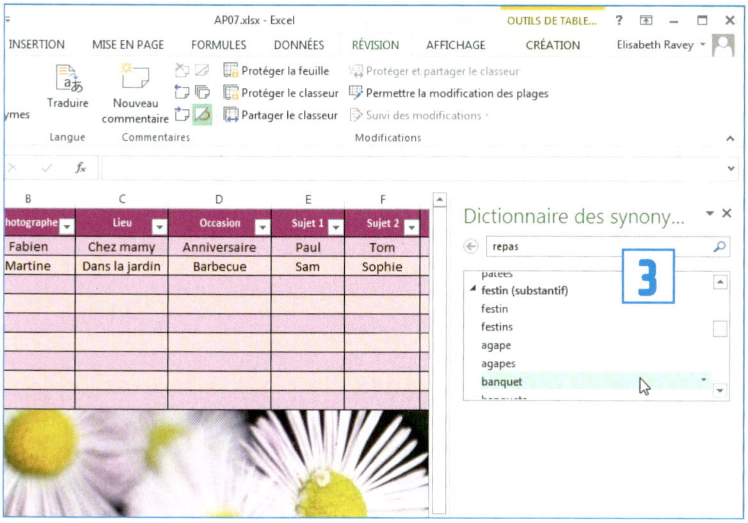

3/ Trouver un synonyme

Saisissez un mot duquel vous voulez trouver un synonyme. Dans l'exemple c'est le mot repas qui est saisi. Dans la zone en dessous Excel vous propose immédiatement un certain nombre de synonymes.
Si vous cliquez sur l'un d'eux, Excel affine votre recherche et vous donne des synonymes de ce nouveau choix.

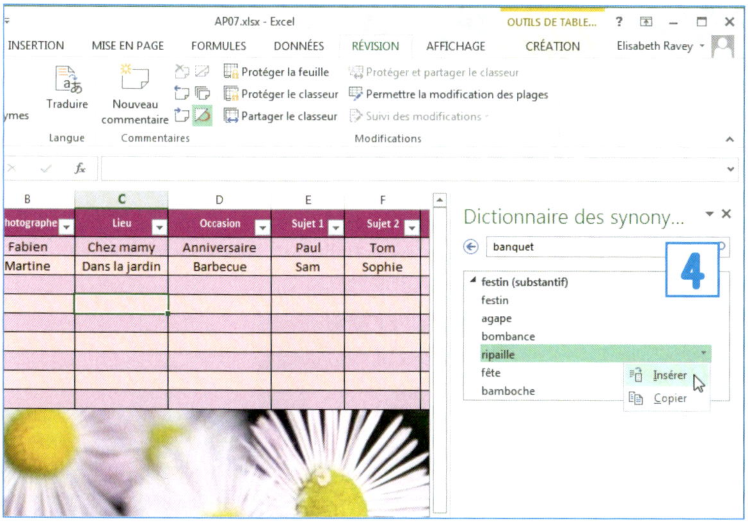

4/ Sélectionner un mot

Lorsque vous avez trouvé le mot qui vous convient, cliquez sur la flèche à la droite de la ligne contenant ce mot pour afficher un menu de sélection. Vous pouvez soit l'insérer dans la cellule active, soit le copier dans le presse-papiers pour vous en servir après.

TRADUIRE UN MOT

0h10

L'outil de traduction d'Excel utilise des dictionnaires bilingues pour traduire les mots isolés ou des phrases courtes. Certaines langues nécessitent cependant une configuration spécifique.

1/ L'outil Traduire

Sous l'onglet Révision, dans le groupe Langue, cliquez sur le bouton Traduire.

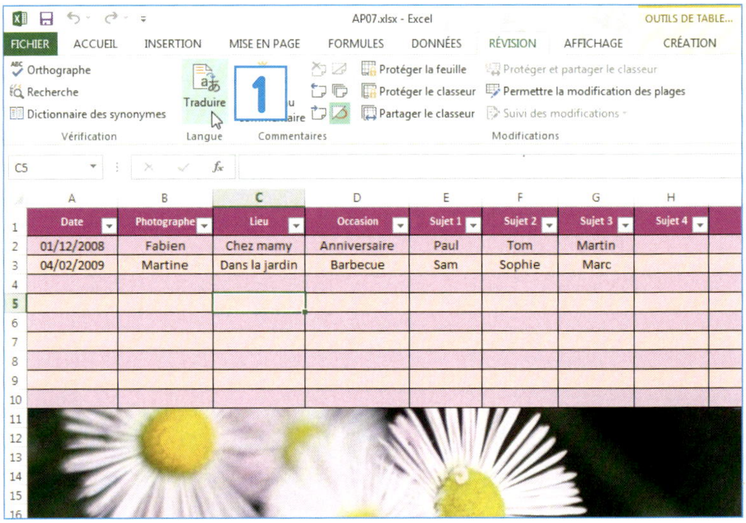

2/ Volet Excel

Excel ouvre un volet sur la droite de la fenêtre nommé Rechercher, mais il est paramétré sur de la recherche de traduction.

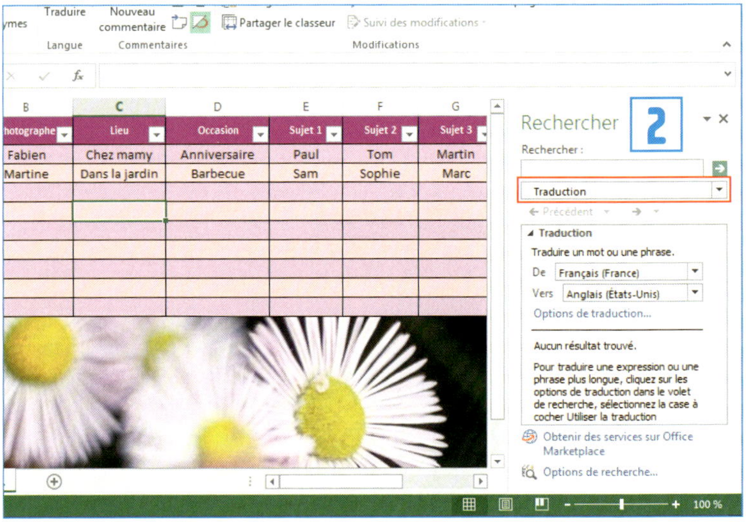

Révision > Langue > Traduire > Volet Rechercher

atelier

62

LA TRADUCTION AUTOMATIQUE VOUS DONNE UNE IDÉE du contenu et vous savez ainsi aussitôt s'il présente un intérêt pour vous. Pour les documents importants ou sensibles, il est recommandé de faire appel à un traducteur sinon professionnel du moins qualifié, et qui saura restituer la signification du texte et ses nuances.

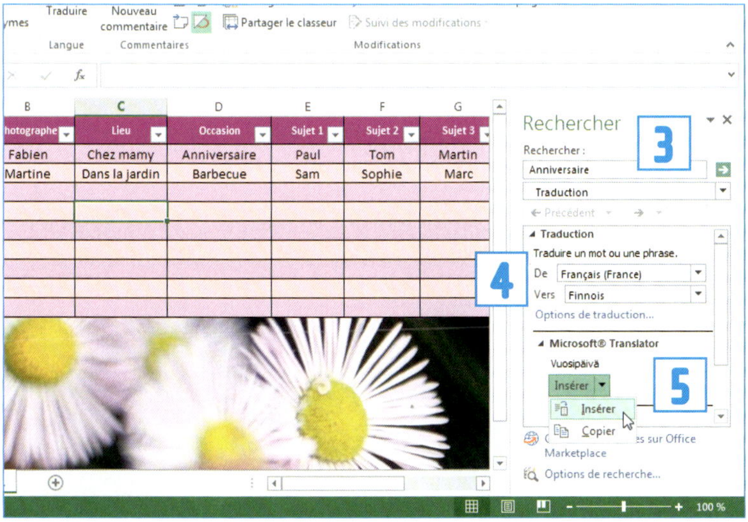

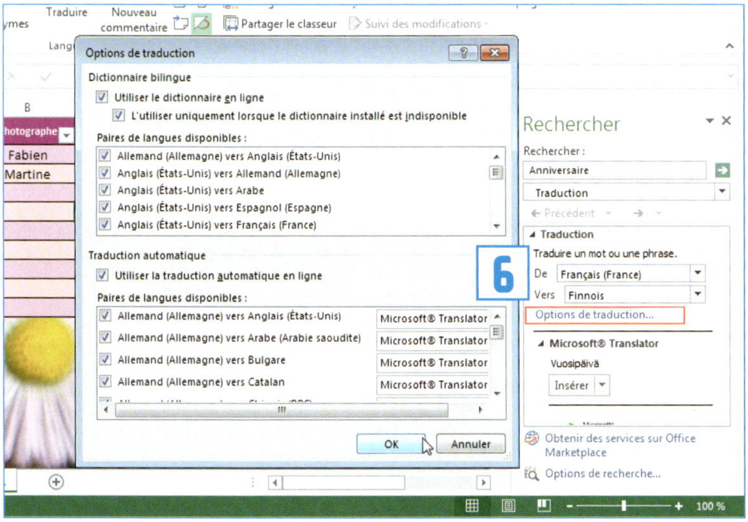

3/ Rechercher

Saisissez un mot que vous souhaitez traduire dans la zone Rechercher.

4/ Choix de la langue

Sélectionnez la langue d'origine et la langue cible pour la traduction.

5/ Traduction

Dès que les langues de traduction sont sélectionnées, Excel vous propose une traduction. Cliquez sur la flèche à la droite du menu sous le mot traduit pour afficher un menu de sélection. Vous pouvez soit l'insérer dans la cellule active, soit le copier dans le presse-papiers pour vous en servir après.

6/ Options de traduction

Lorsque vous cliquez sur le lien Options de traduction, vous ouvrez la boîte de dialogue qui vous permet de paramétrer les langues à utiliser ou non.

FUSIONNER DES CELLULES

0h15

Le principe de la fusion consiste à sélectionner des cellules contiguës contenant des données ou non, afin de n'en faire plus qu'une. À l'issue de cette fusion, les données affichées peuvent être automatiquement centrées ou non dans l'unique cellule restante.

1/ Cellules à fusionner

Vous pouvez utiliser le fichier AP08.xlsx. Dans la cellule A1 le texte saisi est prévu pour être le titre du tableau. Il faudrait qu'il soit centré sur toute la largeur de celui-ci.

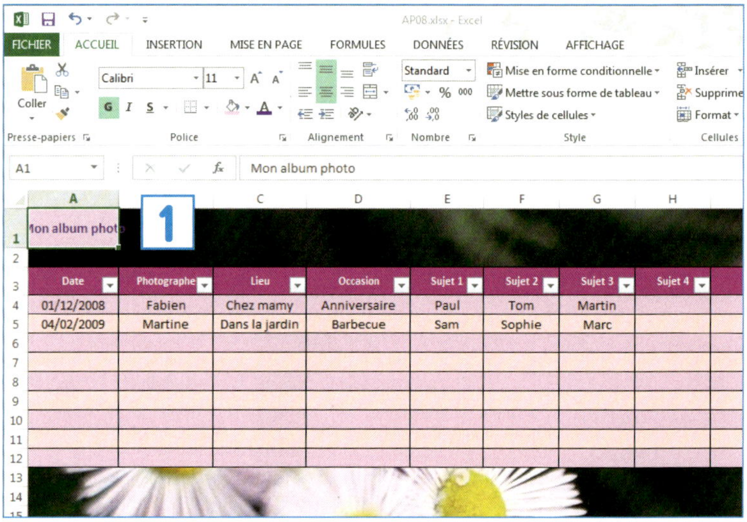

2/ Sélection

Sélectionner les cellules qui devront être fusionnées pour que le rendu de titre de tableau corresponde à vos attentes. Ici c'est la plage A1:I1.

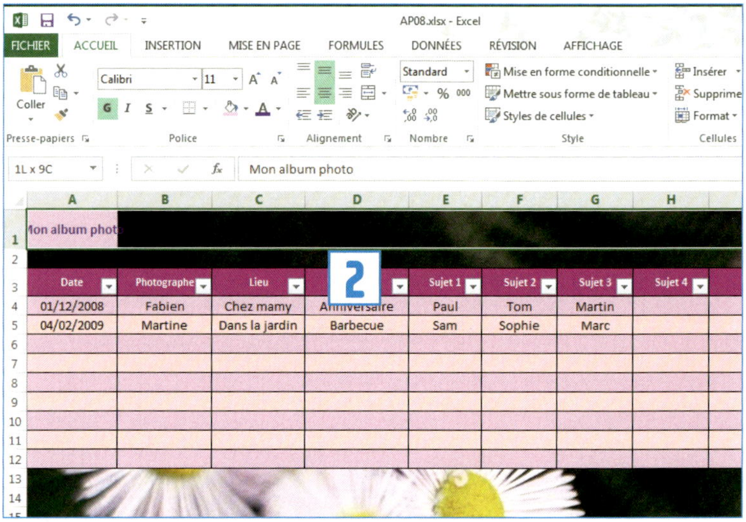

Accueil > Alignement > Fusionner et centrer

atelier 63

ATTENTION, si toutes ou certaines cellules de la plage sélectionnée contiennent des données, Excel ne conservera dans la cellule fusionnée que les données de la première cellule non vide qu'Excel rencontre en partant de l'angle supérieur gauche de la plage.

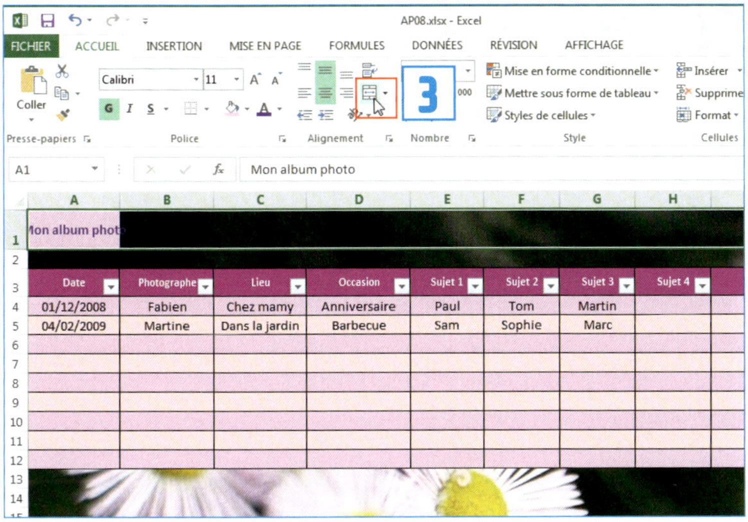

3/ Fusionner et centrer

Sous l'onglet Accueil, dans le groupe Alignement, cliquez sur le bouton Fusionner et centrer.

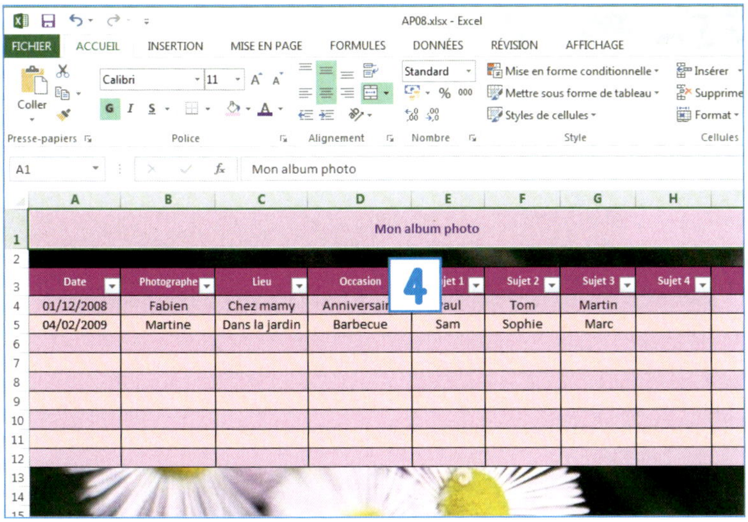

4/ Cellule unique

Automatiquement, les cellules sélectionnées se fusionnent en une seule et unique cellule et le texte contenu dans la première cellule est parfaitement au-dessus du tableau.

SI LE BOUTON FUSIONNER ET CENTRER N'EST PAS ACCESSIBLE, c'est que les cellules sélectionnées sont en mode d'édition. Pour sortir du mode d'édition, appuyez sur [Entrée].

ATTENTION À NE PAS CONFONDRE avec la commande Fusionner les cellules, qui n'affiche que le texte *Fusionner* dans le menu en dessous de la commande Fusionner. En passant le curseur de votre souris sur les commandes sans cliquer, l'info-bulle vous donnera la précision.

5/ Écrasement de données

Vous pouvez utiliser le fichier AP09.xlsx.
Si vous voulez fusionner distinctement du texte sur plusieurs lignes, en utilisant la méthode précédente, vous serez confronté au problème d'écrasement de données. Effectivement, Excel ne gardant que le texte de la première cellule non vide rencontrée en partant de la partie supérieure gauche (ici A1), les autres données seront écrasées pour ne former qu'une cellule.
Dans l'exemple, nous souhaitons fusionner le texte de la cellule A1 sur la plage A1:I1 et le texte de la cellule A2 sur la plage A2:I2.

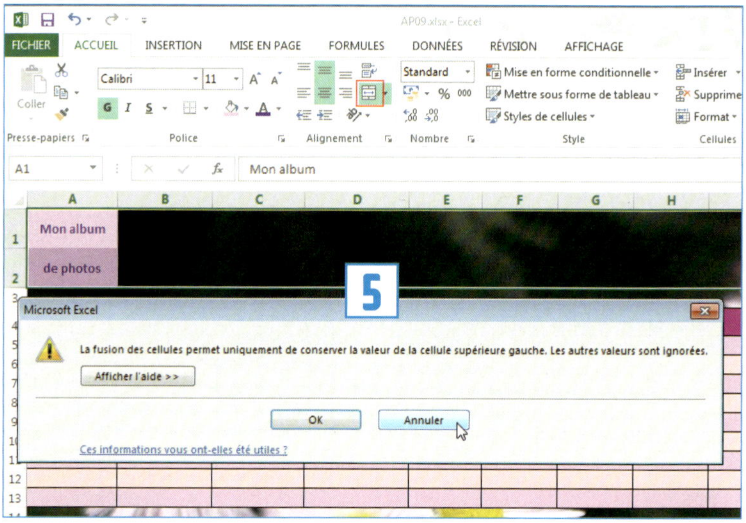

6/ Fusionner

Pour effectuer la fusion sur deux lignes distinctes ou plus en une seule manipulation vous devez utiliser la commande Fusionner. Sous l'onglet Accueil, dans le groupe Alignement, cliquez sur la flèche en regard du bouton Fusionner et centrer. Dans le menu qui s'affiche cliquez sur la commande Fusionner.

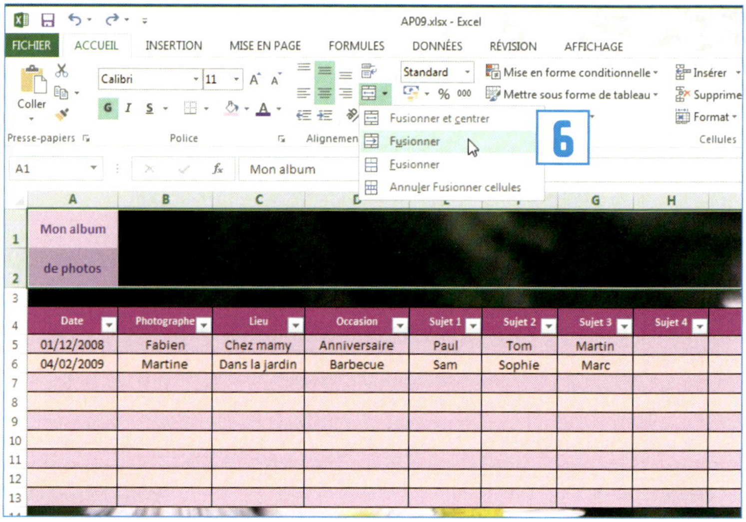

Accueil > Alignement > Annuler Fusionner cellules

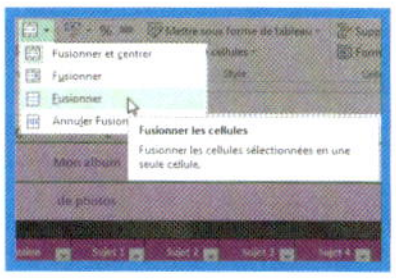

atelier 63

LA COMMANDE FUSIONNER LES CELLULES permet d'obtenir le même résultat de fusion que la commande Fusionner et centrer, mais il n'applique pas la mise en forme d'alignement Centrer.

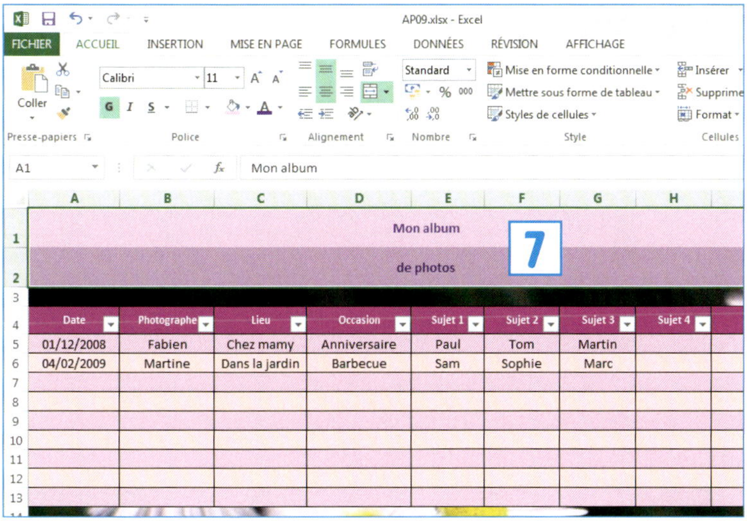

7/ Format de mise en forme

Excel a fusionné le texte contenu de la première cellule dans la sélection de la même ligne, gardant ainsi les deux textes.

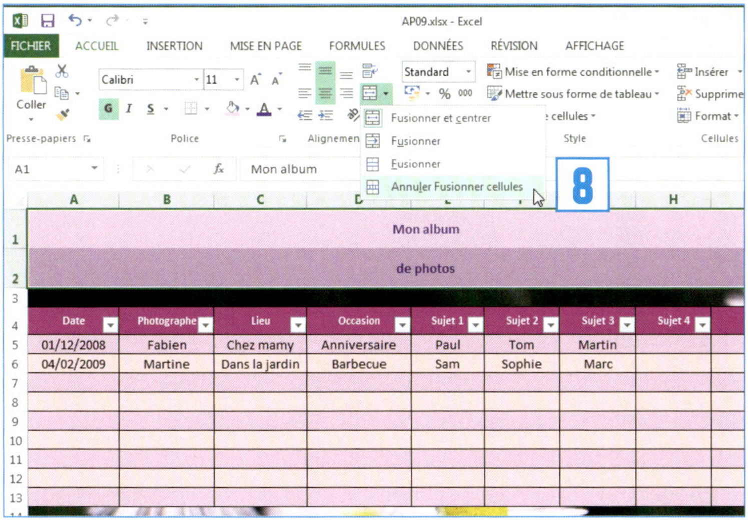

8/ Scinder à nouveau

Pour scinder à nouveau la cellule en plusieurs correspondants au nombre de colonnes, sous l'onglet Accueil, dans le groupe Alignement, cliquez sur la flèche en regard du bouton Fusionner et centrer. Dans le menu qui s'affiche cliquez sur la commande Annuler Fusionner cellules.

CHANGER L'ORIENTATION DU TEXTE

0h10

Par défaut, chaque nouvelle donnée texte saisie est alignée à gauche dans sa cellule et orientée à l'horizontale. Vous pouvez modifier l'orientation du texte dans les cellules sélectionnées, ainsi que définir l'angle de rotation du texte pour une écriture en diagonale.

1/ Sélection

Vous pouvez utiliser le fichier AP10.xlsx. Sélectionnez la cellule dont vous voulez modifier l'orientation du texte.

2/ Orientation du texte

Sous l'onglet Accueil, dans le groupe Alignement, cliquez sur le bouton Orientation.

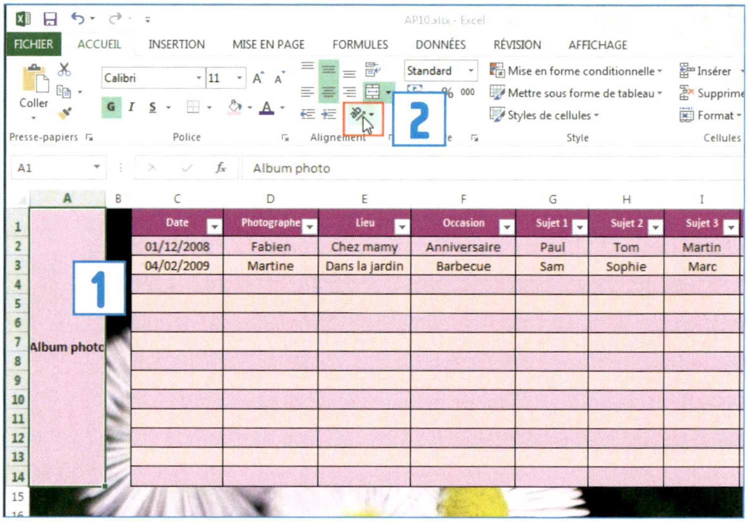

3/ Texte vertical

Pour aligner le texte verticalement, dans le menu qui s'affiche, cliquez sur la commande Texte vertical.

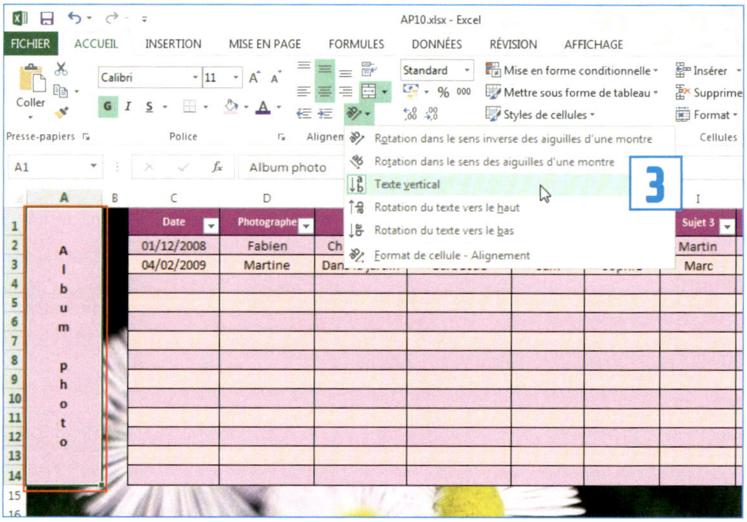

Accueil > Alignement > Annuler Fusionner cellules

atelier **64**

SI VOUS ORIENTEZ LE TEXTE EN DIAGONALE DANS UNE CELLULE, la hauteur de toute la ligne en sera affectée en proportion de la longueur du texte. Vous pouvez mettre le texte dans une plage de cellules fusionnées comme dans l'exemple ci-dessous.

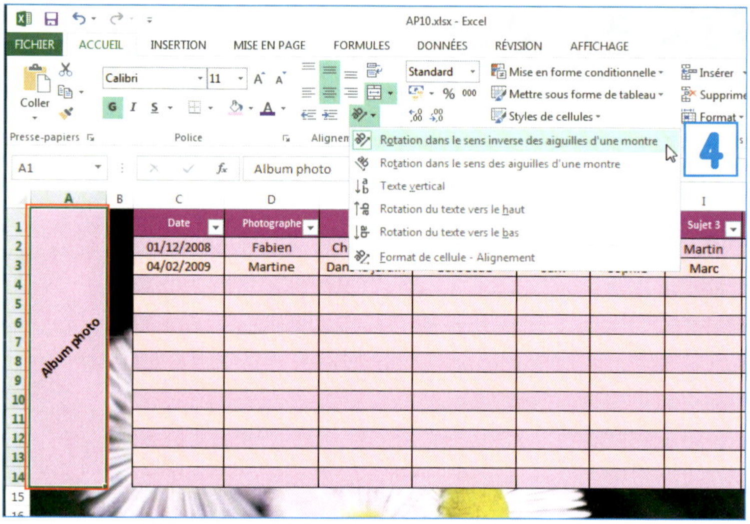

4/ Rotation de texte

Pour changer l'orientation du texte, dans le menu qui s'affiche, cliquez sur la commande Rotation dans le sens inverse des aiguilles d'une montre.

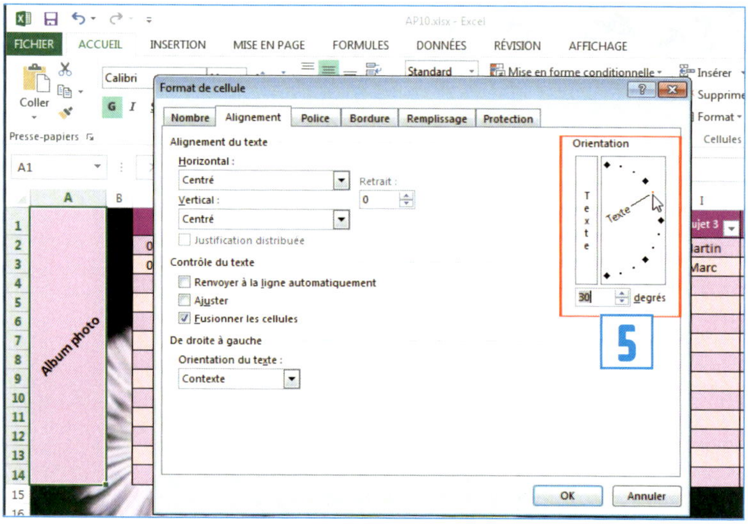

5/ Orientation précise

En cliquant dans le menu sur la commande Format de cellule - Alignement vous pouvez ouvrir la boîte de dialogue Format de cellule sur l'onglet Alignement qui vous permettra de définir précisément l'orientation du texte. Dans la zone Orientation, cliquez sur un point représentant un degré de rotation ou faites glisser l'indicateur vers l'emplacement voulu. Vous pouvez aussi saisir directement le degré d'orientation.

Arai
INTREPID
11
www.lltc.org
LAUMATEC TEAM
LAUMATEC TEAM
INTREPID

4

FAIRE UNE COURSE DE KART

Une course de kart entre amis est un moment de convivialité et de saine émulation à bord de bolides frôlant allègrement les... 60 km/h !

Il est rigolo et stimulant d'objectiver les résultats de chacun à l'aide d'un classement «officiel».

METTRE AU FORMAT HH:MM:SS

0h10

Afin de pouvoir saisir des temps, vous allez mettre en forme les cellules destinées à recevoir les temps des concurrents en un format de type heures/minutes/secondes.

1/ Sélection

Vous pouvez utiliser le fichier CK001.xslx. Sélectionnez la ou les cellules pour lesquelles vous voulez définir un nouveau format.

2/ Format de nombre

Sous l'onglet Accueil, dans le groupe Nombre, cliquez sur la flèche en regard de la zone Format de nombre.

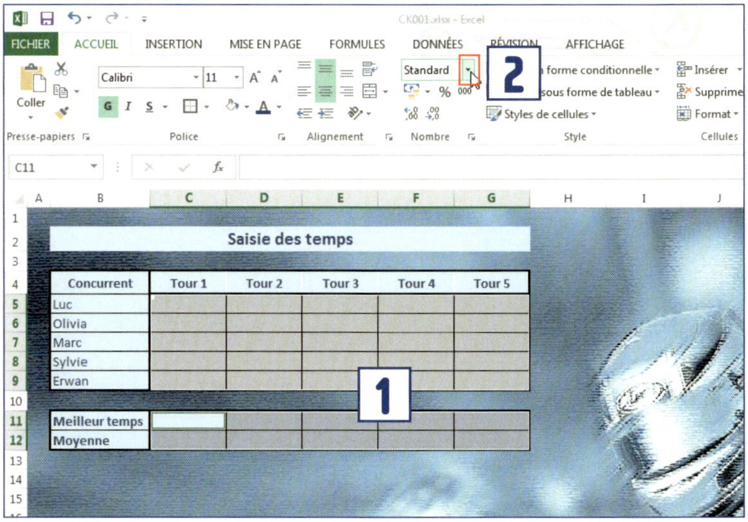

3/ Autres formats

Le format heures/minutes/secondes n'est pas proposé dans la liste par défaut, cliquez donc sur la commande Autres formats numériques.

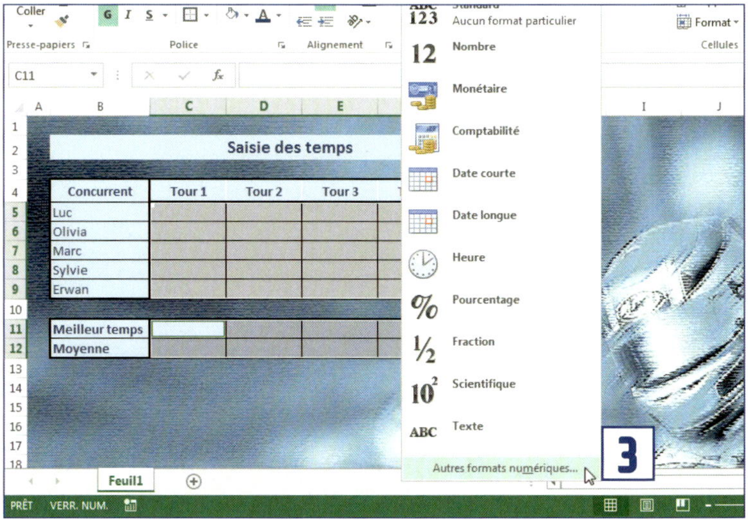

Ctrl+Maj+F > Nombre > Heure

atelier
65

SI VOUS SÉLECTIONNEZ LE FORMAT MM:SS pour saisir un temps minutes/secondes cela semble logique, mais il vous faudra penser lors de la saisie de taper 00:01:26 pour 1 minute et 26 secondes, car Excel comprendra malgré le format 1 heure 26 minutes et 00 seconde si vous saisissez 01:26.

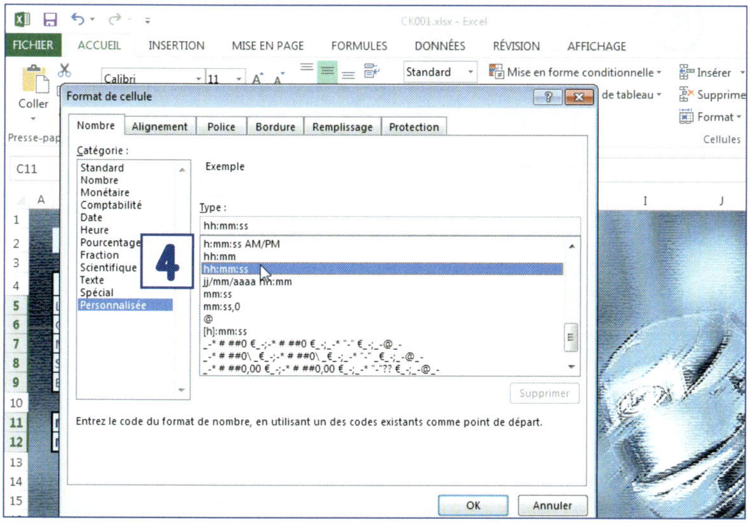

4/ Format personnalisé

Dans la boîte de dialogue Format de cellule sous l'onglet Nombre, cliquez sur Personnalisée dans la rubrique Catégorie, puis cliquez sur le type hh:mm:ss. Cliquez sur le bouton OK.

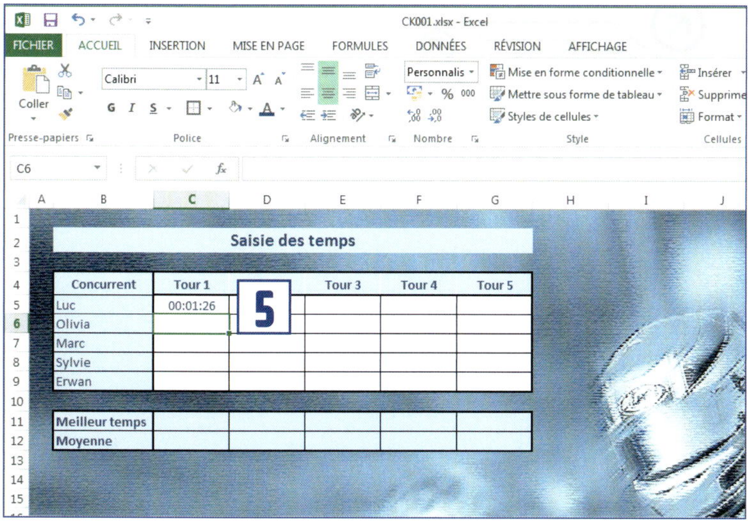

5/ Cellule formatée

À présent, lorsque l'on saisit un temps, par exemple 1 minute et 26 secondes, soit 00:01:26, Excel l'affiche et sait qu'il s'agit d'un format de temps, ce qui ne serait pas le cas avec un texte alphanumérique.

UTILISER LA FONCTION MIN

0h15

La fonction MIN renvoie la valeur minimale d'une série de nombres. Dans le cas de cet atelier, elle va permettre d'identifier, parmi les cinq temps du tour, celui qui a été le plus rapide.

1/ Sélection

Vous pouvez utiliser le fichier CK002.xslx. Sélectionnez la cellule qui va afficher le résultat.

2/ Fonction MIN

Sous l'onglet Formules, dans le groupe Bibliothèque de fonctions, cliquez sur le bouton Plus de fonctions. Dans le menu qui s'affiche cliquez sur la commande Statistiques, puis sur MIN dans le sous-menu.

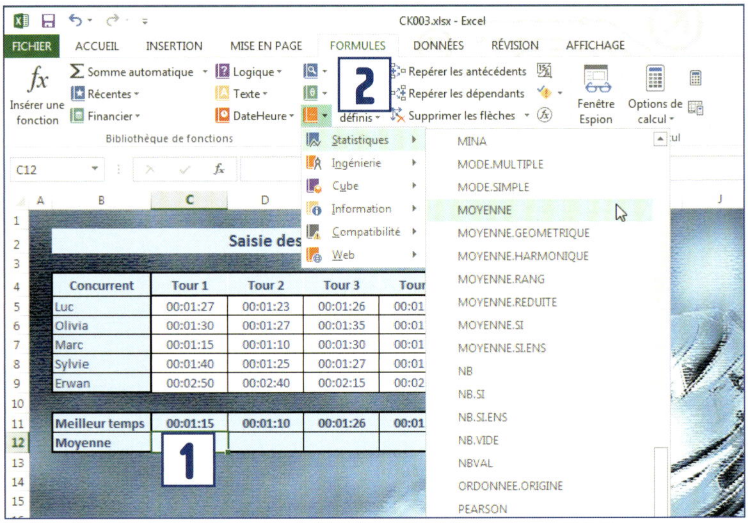

3/ Arguments de la fonction

Dans la boîte dialogue Arguments de la fonction, Excel attend que vous lui stipuliez quelles sont les valeurs à comparer. Vous pouvez saisir la plage de cellule dans la ou les zones Nombre ou plus simplement cliquer sur le bouton pour aller sélectionner ces cellules sur la feuille.

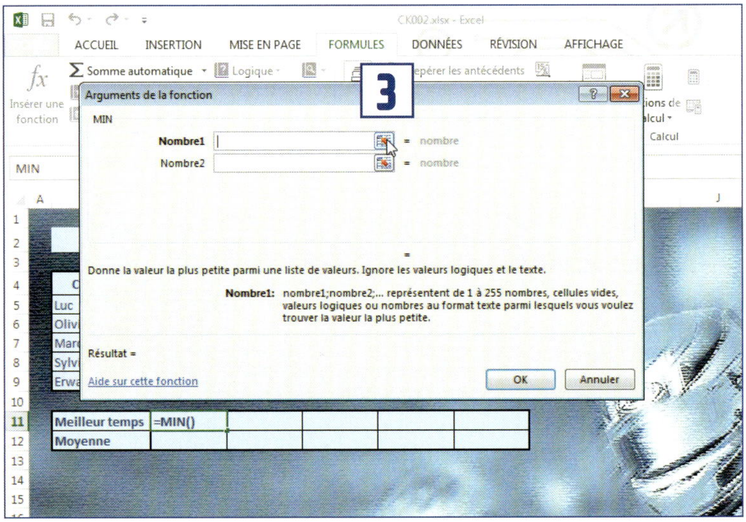

Maj+F3 > Saisir **Min** dans la zone **Rechercher** > MIN

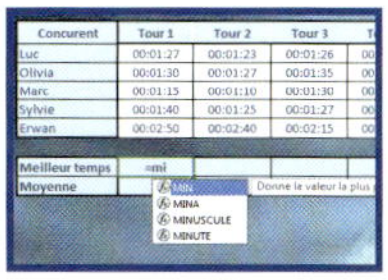

atelier **66**

VOUS POUVEZ AUSSI UTILISER une fonction en saisissant dans la cellule le signe = pour prévenir Excel que vous allez faire un calcul. Puis en saisissant le ou les premiers caractères de la fonction, une liste vous est proposée.

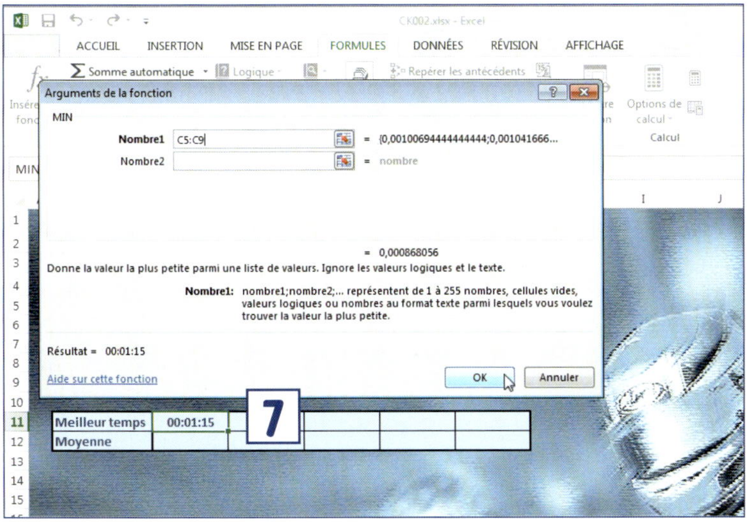

4/ Réduction

La boîte de dialogue Arguments de la fonction s'est réduite afin de vous laisser l'accès à la feuille pour effectuer votre sélection.

5/ Sélection d'arguments

Sélectionnez la plage de cellule correspondant au premier tour puis appuyez sur la touche Entrée.

6/ Barre de formule

Tout au long de la manipulation, la barre de formule affiche la fonction.

7/ Temps le plus rapide

Cliquez sur le bouton OK de la boîte de dialogue Arguments de la fonction. Aussitôt Excel affiche le résultat dans la cellule.

UTILISER LA FONCTION MOYENNE

0h15

La fonction MOYENNE renvoie la valeur moyenne d'une série de nombres. Dans le cas de cet atelier, elle va permettre d'établir le temps moyen d'un tour pour que chacun puisse y comparer son propre temps.

1/ Sélection

Vous pouvez utiliser le fichier CK003.xlsx. Sélectionnez la cellule qui va afficher le résultat.

2/ Fonction Moyenne

Sous l'onglet Formules, dans le groupe Bibliothèque de fonctions, cliquez sur le bouton Plus de fonctions. Dans le menu qui s'affiche cliquez sur la commande Statistiques, puis sur MOYENNE dans le sous-menu.

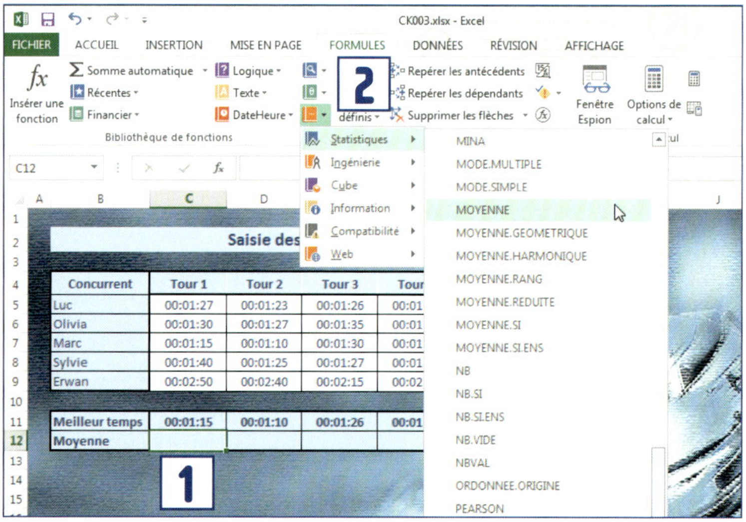

3/ Arguments de la fonction

Dans la boîte dialogue Arguments de la fonction, Excel attend que vous lui stipuliez quelles sont les valeurs à comparer. Vous pouvez saisir la plage de cellule dans la ou les zones Nombre ou plus simplement cliquer sur le bouton [icône] pour aller sélectionner ces cellules sur la feuille.

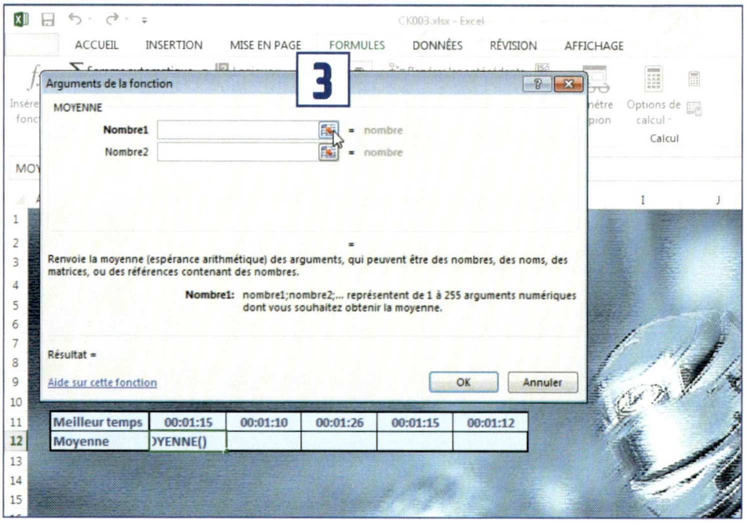

Maj+F3 > Saisir **Moyenne** dans la zone **Rechercher** > Moyenne

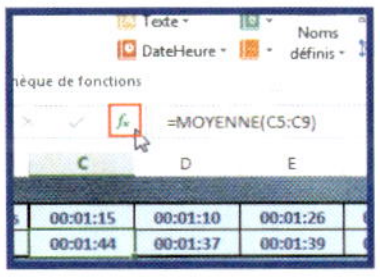

atelier 67

POUR MODIFIER LES ARGUMENTS D'UNE FONCTION, cliquez sur la cellule contenant la formule à modifier, cliquez sur le bouton Insérer une fontion à la droite de la formule, cela ouvrira la boîte de dialogue Arguments de la fonction.

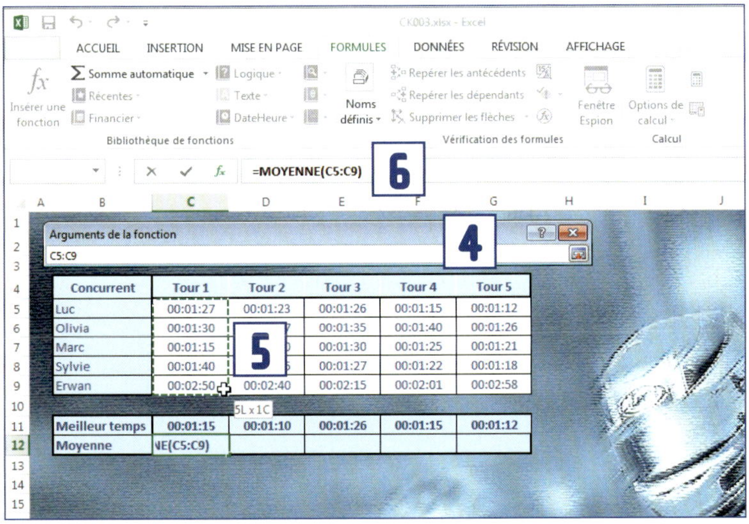

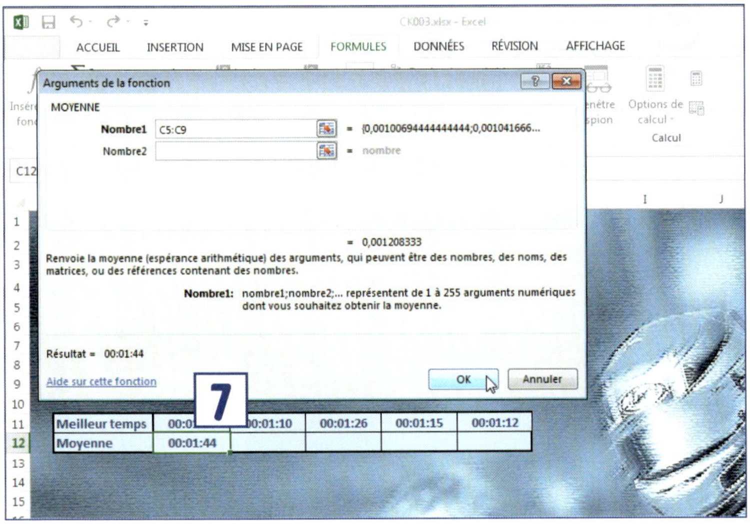

4/ Réduction

La boîte de dialogue Arguments de la fonction s'est réduite afin de vous laisser l'accès à la feuille pour effectuer votre sélection.

5/ Sélection d'arguments

Sélectionnez la plage de cellule correspondant au premier tour puis appuyez sur la touche Entrée.

6/ Barre de formule

Tout au long de la manipulation, la barre de formule affiche la fonction.

7/ Temps le plus rapide

Cliquez sur le bouton OK de la boîte de dialogue Arguments de la fonction. Aussitôt Excel affiche le résultat dans la cellule.

COLLER AVEC LIAISON

0h15

Les classements seront affichés dans une nouvelle feuille du classeur. Afin de gagner du temps et simplifier la mise à jour, il suffit de copier les cellules contenant les noms des concurrents sur la première feuille et de les coller avec liaison sur la seconde feuille.

1/ Sélection

Vous pouvez utiliser le fichier CK005.xslx. Sélectionnez la ou les cellules qui contiennent les valeurs à copier. Ici, la plage de cellule **B5:B9** de la feuille Grille de saisie.

2/ Copier les données

Pour copier les données, utilisez le bouton Copier dans le groupe Presse-papiers sous l'onglet Accueil.

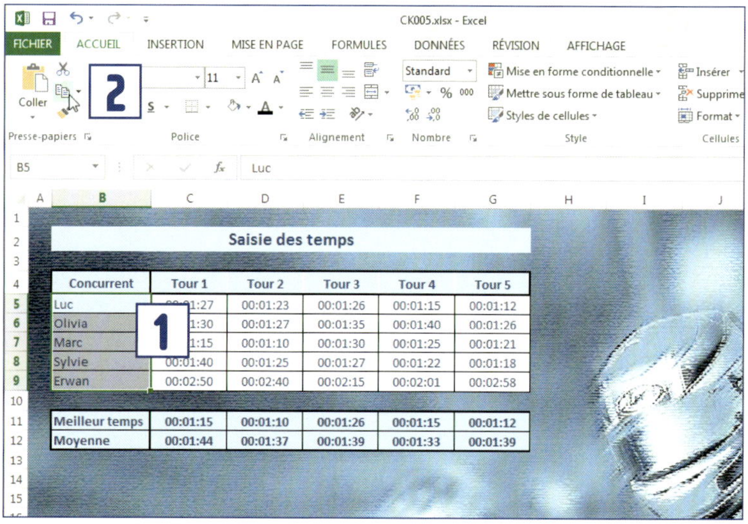

3/ Emplacement de collage

Sélectionnez la ou les cellules dans lesquelles vous voulez lier les valeurs copiées. Ici, la plage de cellule **C5:C9** de la feuille Grille de résultat.

4/ Autres options de collage

Cliquez sur la flèche du bouton Coller dans le groupe Presse-papiers sous l'onglet Accueil. Dans le sous-menu, cliquez sur le bouton Coller avec liaison.

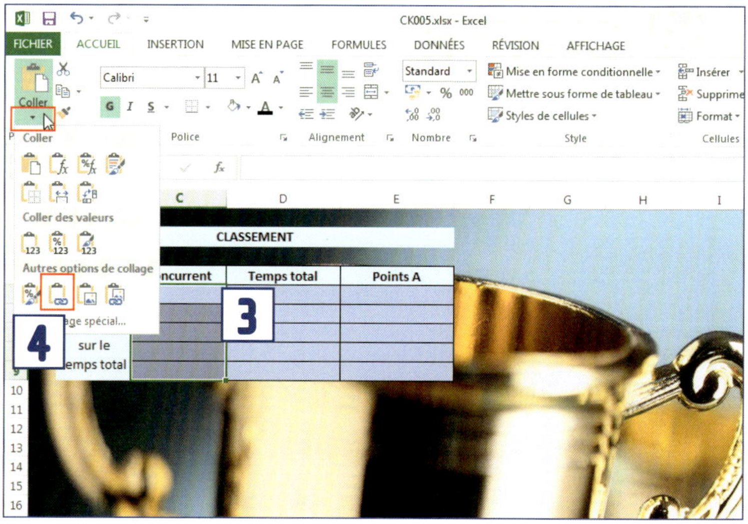

Alt+E puis G > Coller avec liaison

L'OPTION COLLER AVEC LIAISON N'EST PAS DISPONIBLE si vous avez coupé ou copié du contenu à partir d'un document ne prenant pas en charge cette option ou si le document avec lequel vous essayez d'établir une liaison n'a pas été enregistré.

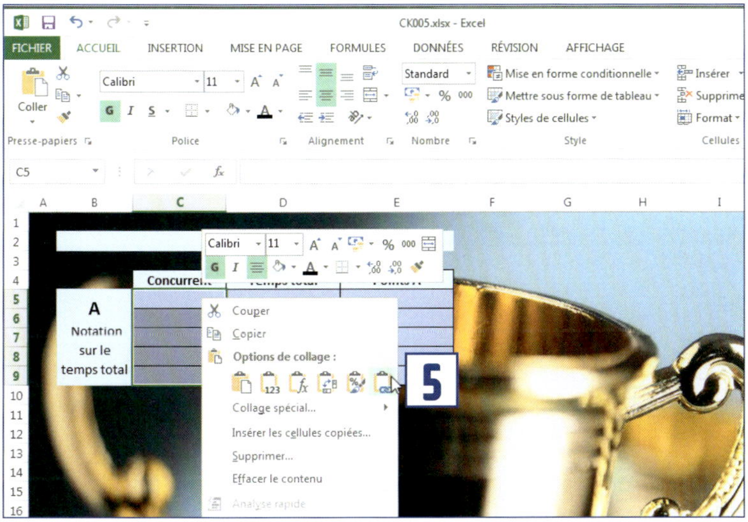

5/ Par le menu contextuel

Vous pouvez aussi accéder à la commande Coller avec liaison en faisant un clic droit sur la sélection de l'emplacement cible.

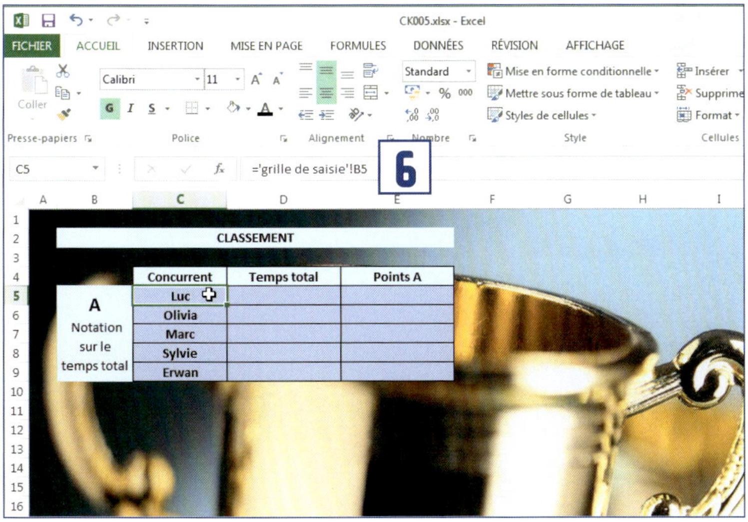

6/ Barre de formule

Si vous cliquez sur une des cellules liées, vous contaterez que la valeur apparaît dans la cellule mais que dans la barre de formule Excel affiche l'adresse de la cellule cible.

SOMME AUTOMATIQUE SUR UNE AUTRE FEUILLE

0h20

Pour additionner une colonne ou une ligne de nombres, Excel effectue ces opérations mathématiques à votre place grâce à la fonction Somme automatique. Il suffit de cliquer sur cette fonction, puis de sélectionner les cellules et Excel se chargera du reste.

1/ Sélection

Vous pouvez utiliser le fichier CK005.xslx. Sélectionnez la ou les cellules qui contiennent les valeurs à copier. Ici, la plage de cellule **B5:B9** de la feuille Grille de saisie.

2/ Copier les données

Pour copier les données, utilisez le bouton Copier dans le groupe Presse-papiers sous l'onglet Accueil.

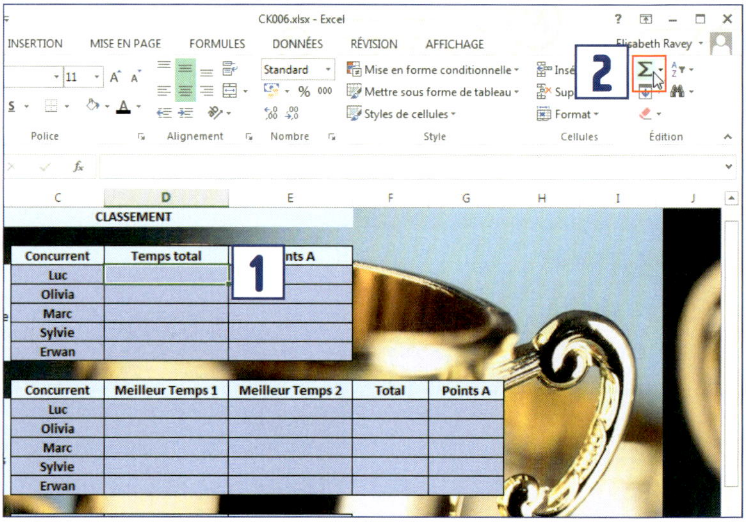

3/ Emplacement de collage

Sélectionnez la ou les cellules dans lesquelles vous voulez lier les valeurs copiées. Ici, la plage de cellule **C5:C9** de la feuille Grille de résultat.

4/ Autres options de collage

Cliquez sur la flèche du bouton Coller dans le groupe Presse-papiers sous l'onglet Accueil. Dans le sous-menu, cliquez sur le bouton Coller avec liaison.

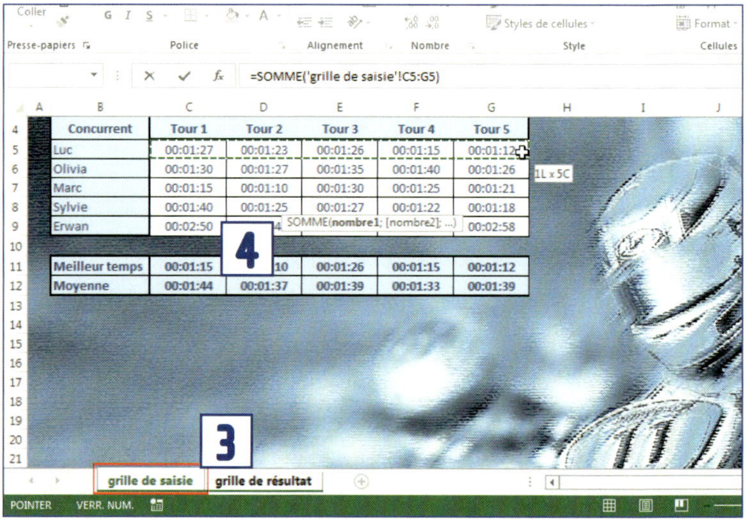

Alt + = > Somme automatique

atelier

69

LORSQUE L'ON LANCE LA FONCTION SOMME AUTOMATIQUE, Excel propose parfois une sélection de cellules qui lui semble pertinente, vous pouvez bien sûr ne pas tenir compte de cette proposition et faire votre propre sélection.

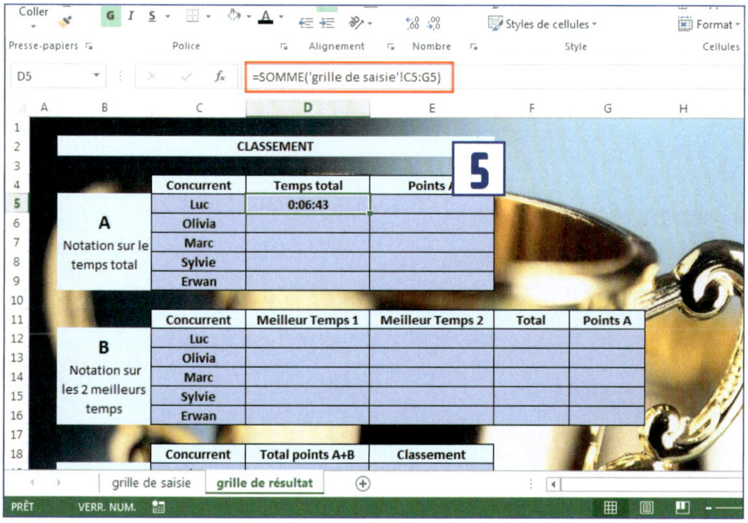

5/ Par le menu contextuel

Vous pouvez aussi accéder à la commande Coller avec liaison en faisant un clic droit sur la sélection de l'emplacement cible.

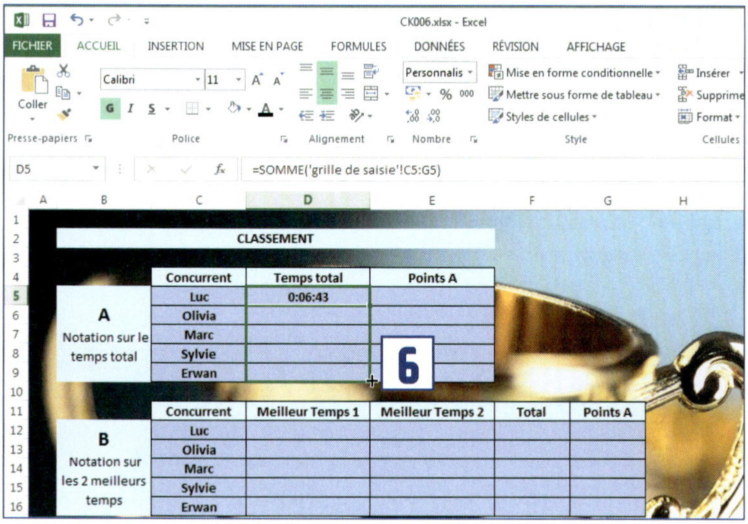

6/ Barre de formule

Si vous cliquez sur une des cellules liées, vous contaterez que la valeur apparaît dans la cellule mais que dans la barre de formule Excel affiche l'adresse de la cellule cible.

UTILISER LA FONCTION RANG

0h15

La fonction RANG renvoie la valeur minimale d'une série de nombres. Dans le cas de cet atelier, elle va permettre d'identifier, parmi les cinq temps du tour, celui qui a été le plus rapide.

1/ Sélection

Vous pouvez utiliser le fichier CK007.xslx. Sélectionnez la cellule qui va afficher le résultat.

2/ Fonction RANG

Sous l'onglet Formules, dans le groupe Bibliothèque de fonctions, cliquez sur le bouton Plus de fonctions. Dans le menu qui s'affiche cliquez sur la commande Compatibilité, puis sur RANG dans le sous-menu.

3/ Arguments de la fonction

Dans la boîte dialogue Arguments de la fonction, Excel attend que vous lui stipuliez quelle est la valeur dont vous voulez connaître le rang. Vous pouvez saisir le nom de la cellule dans la zone Nombre ou plus simplement cliquer sur le bouton pour aller sélectionner cette cellule sur la feuille.

4/ Réduction

La boîte de dialogue Arguments de la fonction s'est réduite afin de vous laisser l'accès à la feuille pour effectuer votre sélection.

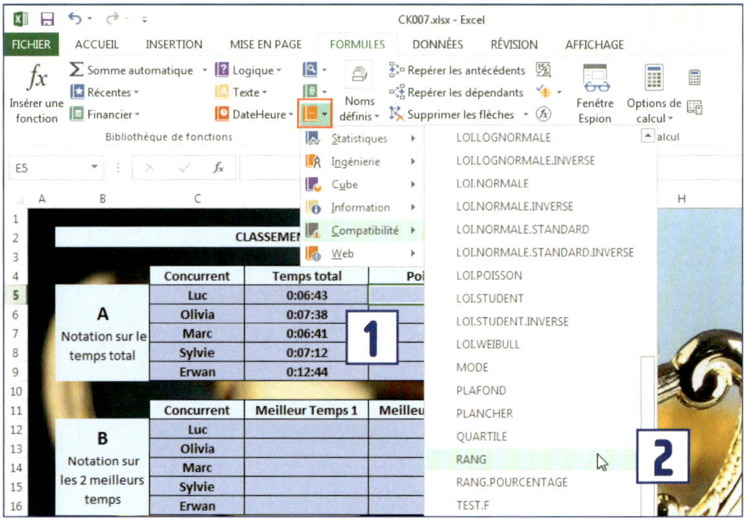

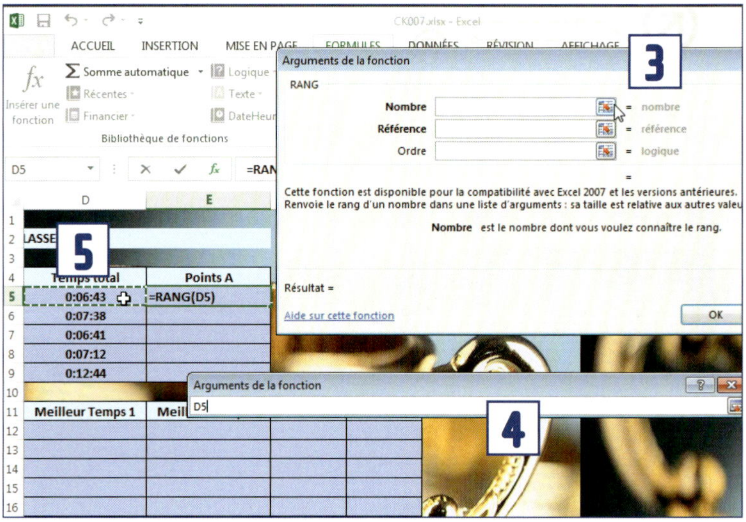

[Maj]+[F3] > Saisir **RANG** dans la zone **Recherche** > RANG

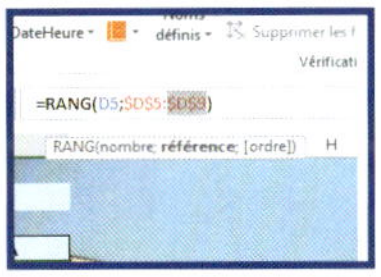

atelier
70

POUR COPIER LA FORMULE SUR LES CELLULES DU DESSOUS, pensez à figer les cellules dans la formule avant de procéder à la copie, à l'aide de la touche [F4], en mode Édition ou dans la barre de formule.

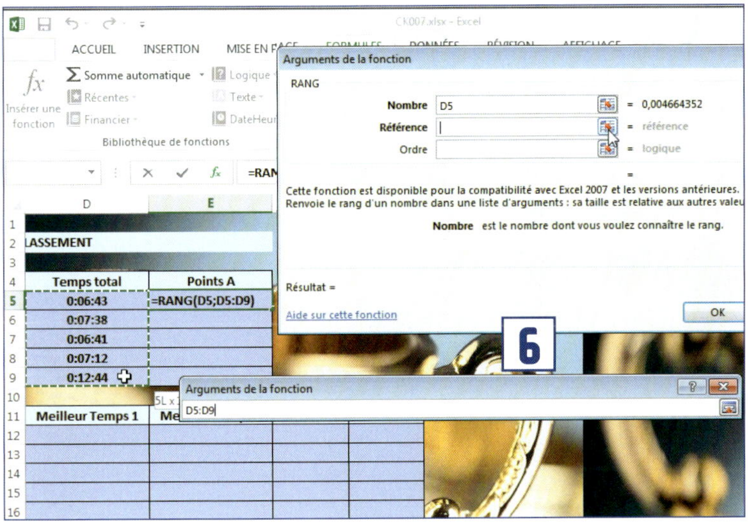

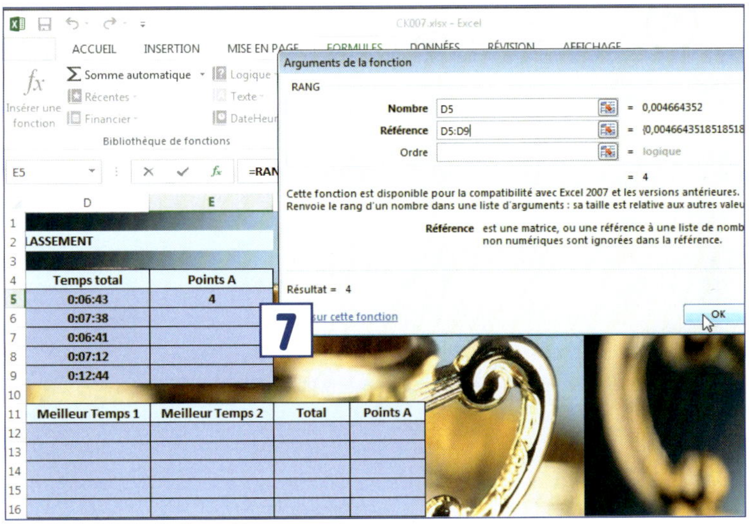

5/ Sélection d'arguments

Sélectionnez la cellule correspondant au temps total du premier concurrent puis appuyez sur la touche [Entrée].

6/ Arguments de comparaison

Refaites la même manipulation pour la zone Référence, dans laquelle Excel attend que vous lui stipuliez quelles sont les valeurs à comparer. Dans la zone Ordre, si vous ne saisissez aucune valeur ou la valeur zéro, Excel considère que la valeur la plus grande est à placer en premier. Si vous saisissez une valeur autre que 0 ou rien dans la zone Ordre, Excel considère que la valeur la plus petite est à placer en premier.

7/ Position parmi les temps

Cliquez sur le bouton OK de la boîte de dialogue Arguments de la fonction. Aussitôt Excel affiche le résultat dans la cellule.

UTILISER LA FONCTION PETITE VALEUR

0h15

La fonction PETITE valeur renvoie la valeur minimale d'une série de nombres. Dans le cas de cet atelier, elle va permettre d'afficher, parmi les cinq temps du tour, le meilleur temps du concurrent.

1/ Sélection

Vous pouvez utiliser le fichier CK008.xslx. Sélectionnez la cellule qui va afficher le résultat. Ici la cellule D12 de la feuille Grille de résultat.

2/ Fonction PETITE VALEUR

Sous l'onglet Formules, dans le groupe Bibliothèque de fonctions, cliquez sur le bouton Plus de fonctions. Dans le menu qui s'affiche cliquez sur la commande Statistiques, puis sur PETITE.VALEUR dans le sous-menu.

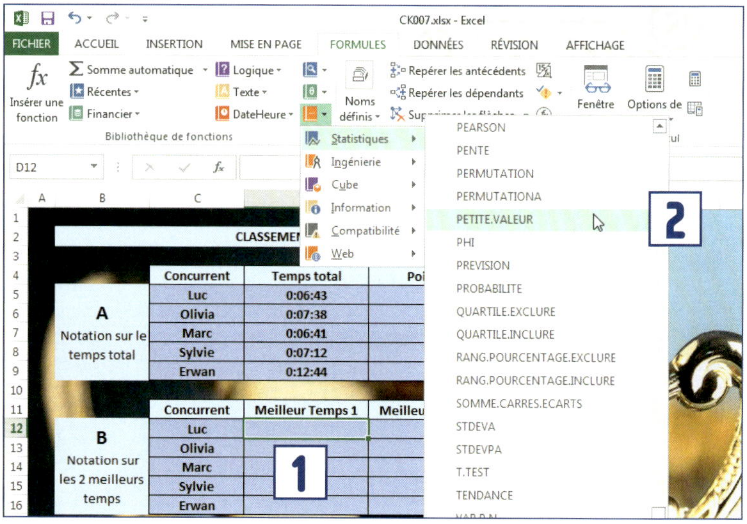

3/ Arguments de la fonction

Dans la boîte de dialogue Arguments de la fonction, Excel attend que vous lui stipuliez quelles sont les valeurs à comparer. Vous pouvez saisir la plage de cellule dans la ou les zones Nombre ou plus simplement cliquer sur le bouton pour aller sélectionner ces cellules sur la feuille.

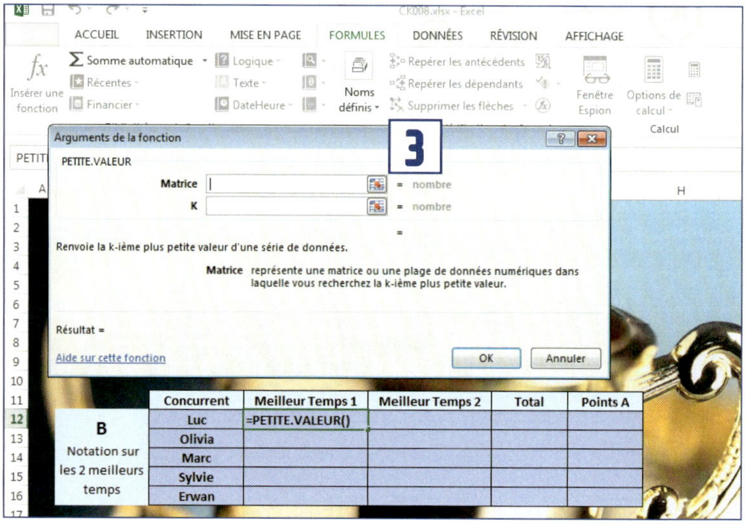

[Maj]+[F3] > Saisir **PETITE VALEUR** dans la zone **Rechercher** > PETITE VALEUR

atelier **71**

CONTRAIREMENT À LA FONCTION MIN, la fonction **PETITE VALEUR** n'affiche pas systématiquement la valeur minimale présente dans une plage de cellule, mais la plus petite à partir d'un rang que vous déterminez (K-ième) dans la zone **K**.

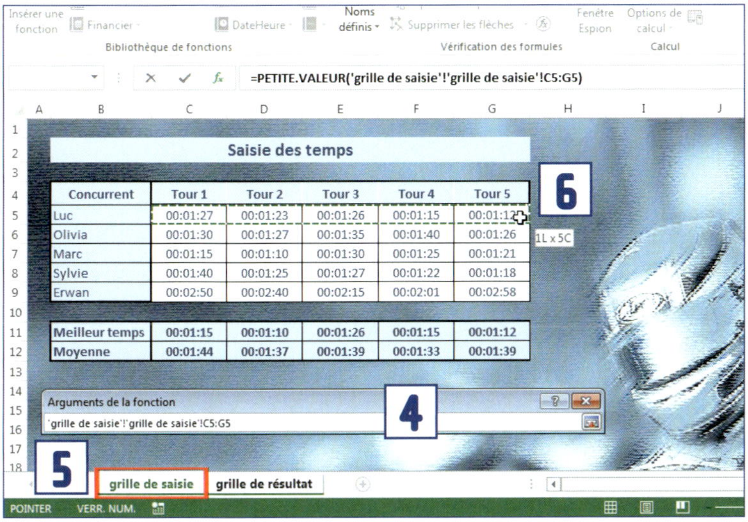

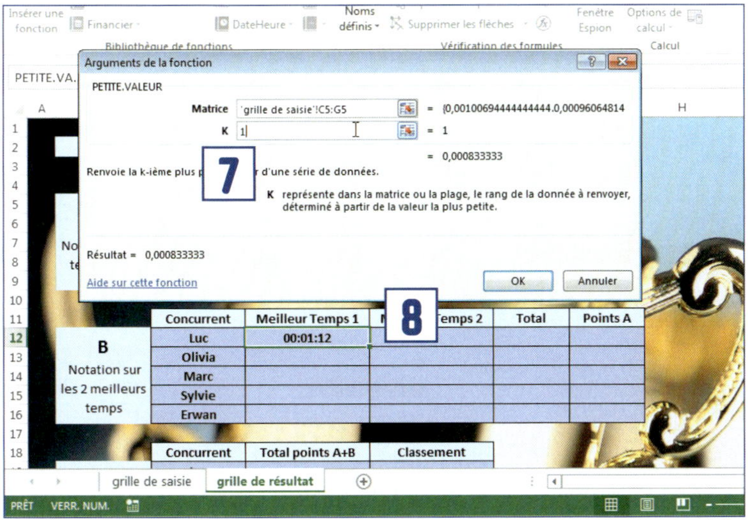

4/ Réduction

La boîte de dialogue Arguments de la fonction s'est réduite afin de vous laisser l'accès à la feuille pour effectuer votre sélection.

5/ Changer de feuille de calcul

Les cellules contenant les temps à comparer se trouvent sur une autre feuille. Cliquez sur l'onglet de la feuille grille de saisie.

6/ Sélection d'arguments

Sélectionnez la plage de cellule correspondant à tous les temps du premier concurrent puis appuyez sur la touche [Entrée].

7/ Définir la valeur à afficher

Dans la zone K, saisissez quelle valeur vous voulez afficher. Par exemple, pour la première plus petite valeur, saisissez 1. Saisissez 2 pour le seconde, etc.

8/ Temps le plus rapide

Cliquez sur le bouton OK. Excel affiche le résultat dans la cellule.

APPLIQUER UNE MISE EN FORME CONDITIONNELLE

0h25

La commande de Mise en forme conditionnelle vous permet de définir les conditions nécessaires pour qu'Excel intervienne, ainsi que le style de mise en forme à appliquer automatiquement.

1/ Sélection

Vous pouvez utiliser le fichier CK009.xslx. Sélectionnez la ou les cellules auxquelles vous souhaitez appliquer une mise en forme conditionnelle.

2/ Mise en forme conditionnelle

Sous l'onglet Accueil, dans le groupe Style, cliquez sur le bouton Mise en forme conditionnelle. Dans le menu qui s'affiche cliquez sur l'une des mises en forme proposées, puis sur un type de barres de données dans le sous-menu correspondant. Excel vous propose un aperçu du résultat au fur et à mesure que vous passez sur les différents types.

3/ Barres de données

Le format Barres de données permet de voir la valeur d'une cellule par rapport aux autres grâce à la longueur de la barre.

4/ Nuances de couleurs

Le format Nuances de couleurs permet de comparer la valeur d'une cellule par rapport aux autres par un dégradé de couleur.

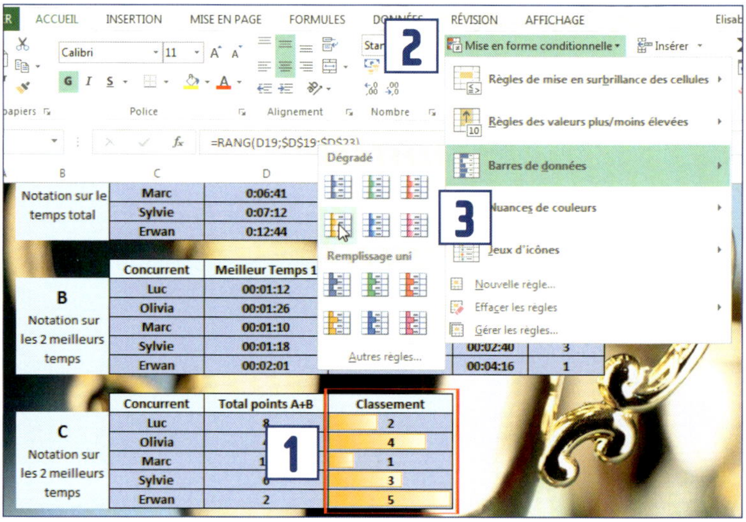

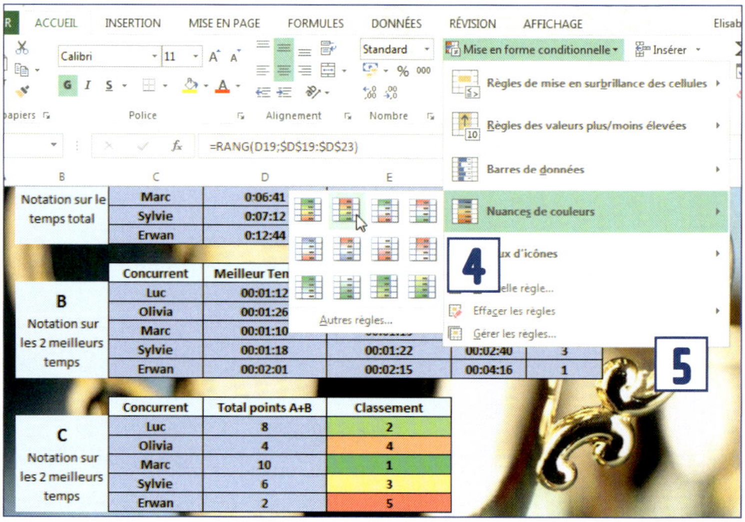

Accueil > Style > Mise en forme conditionnelle

atelier
72

UN JEU D'ICÔNES permet d'annoter et de classer des données en trois à cinq catégories séparées par une valeur seuil. Chaque icône représente une plage de valeurs. Par exemple, dans le jeu 3, Jeu d'icônes de flèches, la flèche verte orientée vers le haut représente les valeurs les plus élevées, la flèche jaune horizontale les valeurs du milieu et la flèche rouge orientée vers le bas les valeurs les plus basses.

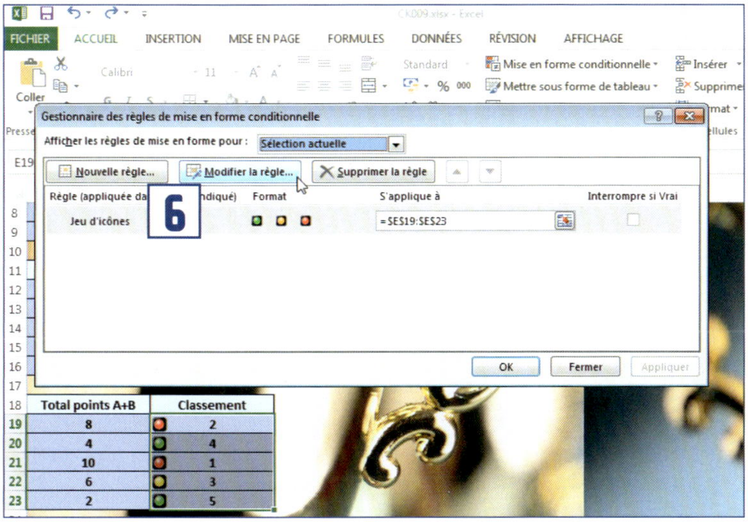

5/ Gérer les règles

Bien qu'Excel propose une grande quantité de mises en forme prédéfinies, vous pouvez paramétrer précisément une mise en forme personnalisée. Cliquez sur le bouton Gérer les règles.

6/ Gestionnaire de règles

Excel affiche le gestionnaire de règles, dans lequel il vous propose, entre autres, de créer une nouvelle règle ou d'en modifier une. Cliquez sur le bouton Nouvelle règle ou sur le bouton Modifier la règle selon votre besoin.

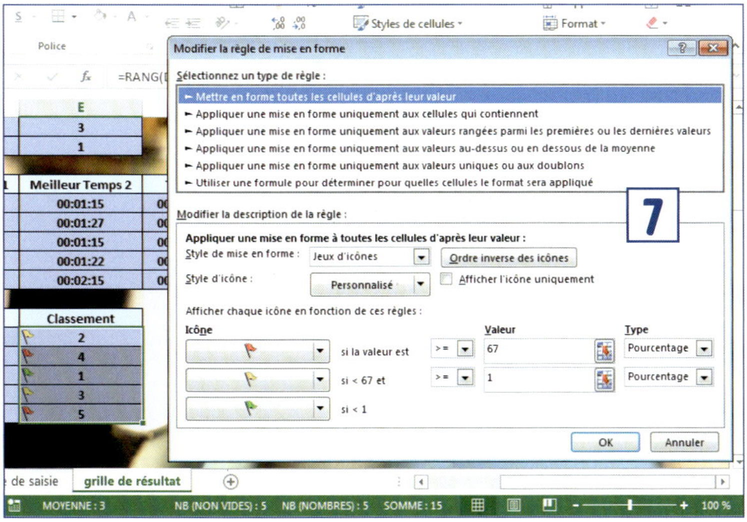

7/ Paramétrer la règle

Dans la boîte de dialogue qui s'affiche tous les paramètres sont à votre disposition. Selon le type de règle, vous pouvez modifier l'icône, le format de texte ou diverses variables.

ENREGISTRER UNE MACRO

0h20

Une macro est une action ou un ensemble d'actions qui permettent d'automatiser des tâches. Les macros sont enregistrées dans le langage de programmation Visual Basic pour Applications.

1/ Sélection

Vous pouvez utiliser le fichier CK0010.xslx. Dans la personnalisation du ruban, affichez l'onglet Développeur.

2/ Le groupe CODE

Sous l'onglet Développeur, dans le groupe Code, cliquez sur le bouton Enregistrer une macro.

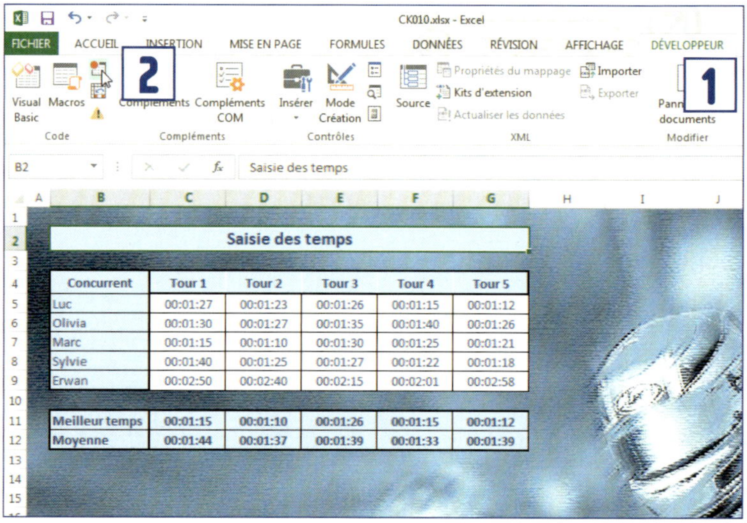

3/ Propriété de la macro

Dans la boîte dialogue Enregistrer une macro, définissez un nom pertinent pour la macro afin de pouvoir la retrouver ensuite. Ne mettez pas d'accent ni d'espace dans le nom de la macro.

Vous pouvez définir un raccourci clavier pour exécuter rapidement votre macro.

Dans la zone Description, vous pouvez détailler l'effet prévu de votre macro.

Cliquez sur le bouton OK.

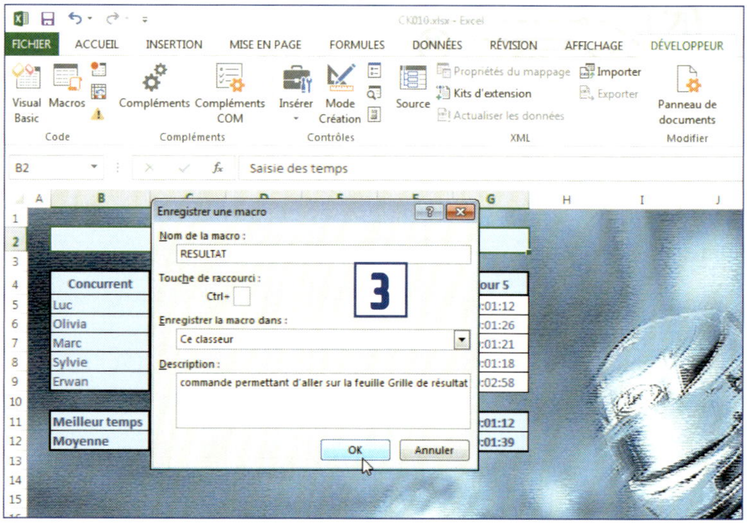

Alt+F8 > Afficher les macros

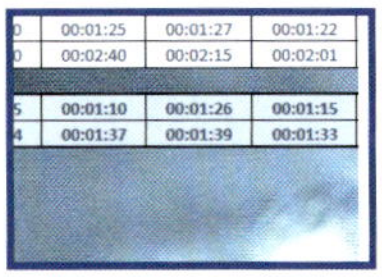

atelier **73**

SI VOUS AVEZ COCHÉ L'OPTION Enregistrement de macro dans le paramétrage de la barre d'état, vous pouvez démarrer l'enregistrement et stopper celui-ci à partir de la barre d'état d'un simple clic.

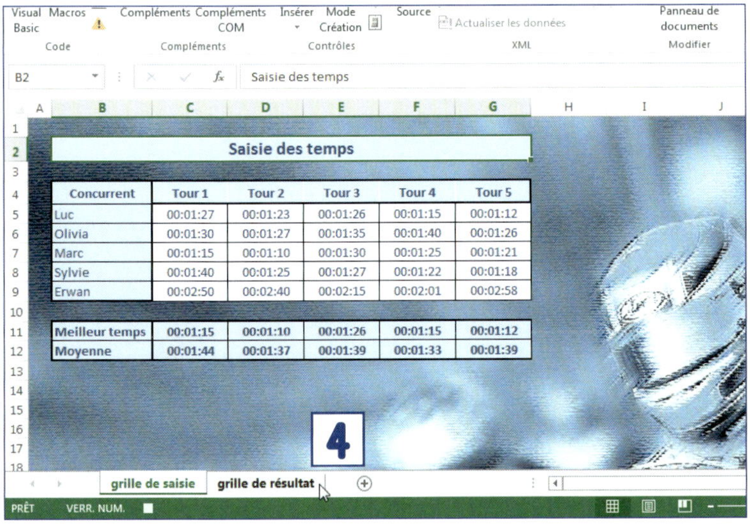

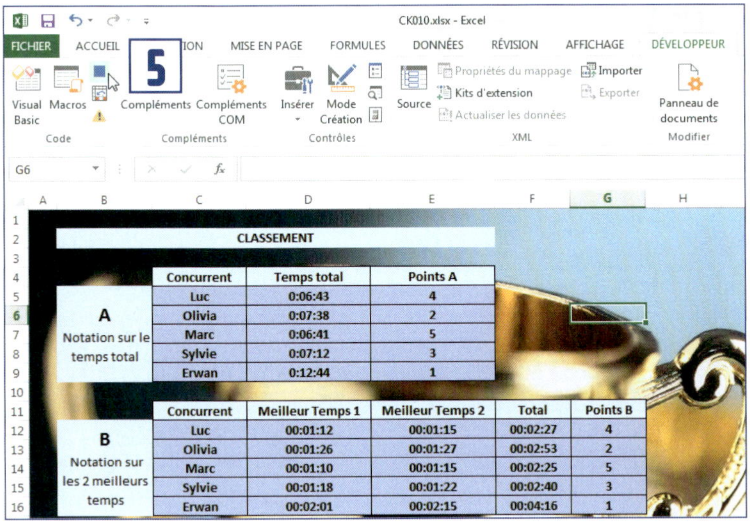

4/ Actions

Faites les diverses actions que votre macro devra reproduire : changement de couleur de cellule, de taille de caractères...

Ici, cliquez sur l'onglet de feuille grille de résultat.

5/ Fin d'enregistrement

Une fois vos manipulations terminées, cliquez sur le bouton Arrêter l'enregistrement. Votre macro est enregistrée.

Si vous avez défini un raccourci clavier, celui-ci est actif et lancera la macro, qui reproduira toutes manipulations demandées. Sinon cliquez sur le bouton Macros dans le groupe Code, pour la lancer.

Lorsque vous enregistrerez votre classeur, Excel vous proposera d'enregistrer votre fichier sous format **XLSM** et non **XLSX** pour pouvoir garder en mémoire dans votre classeur le code Visual Basic pour Applications que vous venez de créer.

AFFECTER UNE MACRO

0h30

Afin d'utiliser simplement votre macro, il est possible de l'affecter à un bouton. Un simple clic dessus permettra ensuite de lancer les diverses actions de cette macro. Selon le type de macro, vous pouvez, bien sûr, utiliser un type de contrôle différent du bouton.

1/ Insérer un contrôle

Sous l'onglet Développeur, dans le groupe Contrôles, cliquez sur le bouton Insérer, puis sur le bouton Bouton dans la rubrique Contrôles de formulaire.

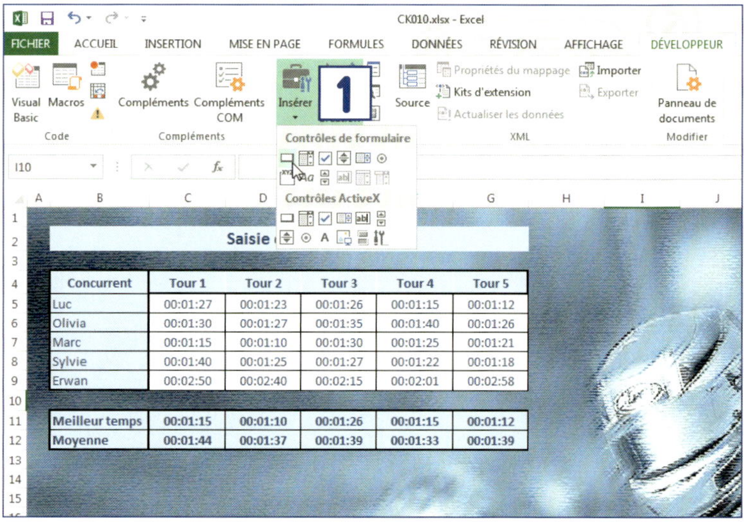

2/ Dessiner le contrôle

Cliquez et maintenez le bouton de la souris pressé, tout en faisant glisser le curseur pour dessiner le bouton.

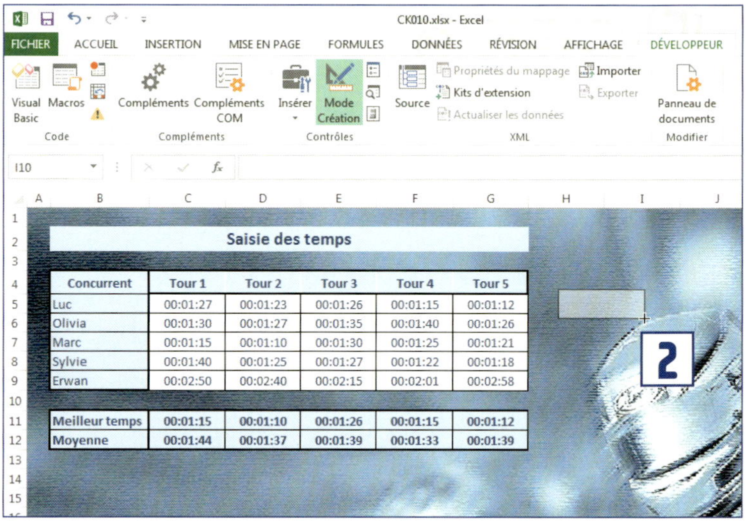

Ctrl+F8 > Exécuter une macro

atelier **74**

EN FONCTION DU MODE D'AFFECTATION D'UNE MACRO, vous pouvez exécuter la macro en utilisant une touche de raccourci avec la touche Ctrl ou dans un groupe personnalisé sur le ruban, ou une zone dans un objet, un graphique ou un contrôle.

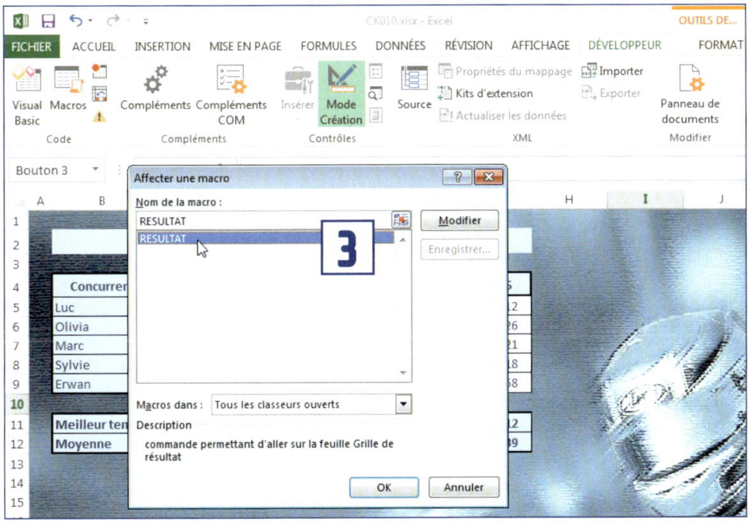

3/ Affecter une macro

La boîte de dialogue Affecter une macro s'ouvre dès que vous avez terminé de dessiner le contrôle. Cliquez sur le nom de macro à affecter puis cliquez sur le bouton OK.

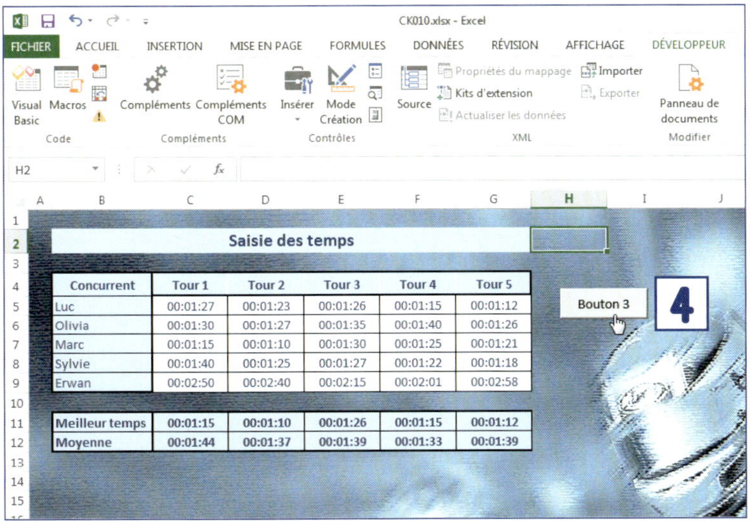

4/ Bouton actif

Cliquez n'importe où sur la feuille de calcul. Votre bouton est en fonction. Dans cet atelier le bouton vous emmènera sur la feuille **grille de résultat**.

INSÉRER UNE IMAGE

0h10

Pour illustrer un tableau de données à l'aide d'une image spécifique, Excel met à votre disposition une galerie de nombreuses photos et cliparts en ligne. Vous pouvez aussi insérer une image provenant de votre poste de travail.

1/ Le groupe Illustrations

Sous l'onglet Insertion, cliquez sur le groupe Illustrations.

2/ Insérer une image

Si vous souhaitez insérer une image qui provient de votre disque, cliquez sur le bouton Images. Si vous n'avez pas l'image dont vous avez besoin, cliquez sur le bouton Insérer une image.

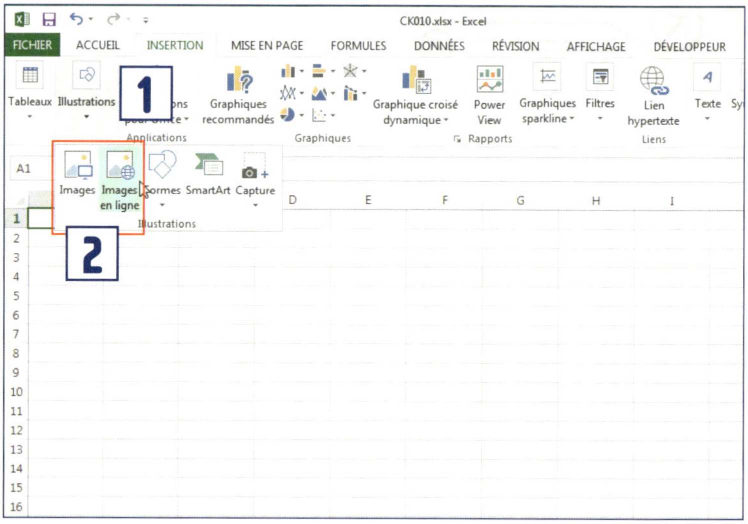

3/ Arguments de la fonction

Saisissez un mot clé dans la zone Image clipart Office.com ou la zone Recherche d'images Bing pour lancer l'écran de résultat et pouvoir choisir une image à insérer.

4/ Espace SkyDrive

Cliquez sur le bouton Parcourir pour sélectionner un fichier image sur votre espace SkyDrive.

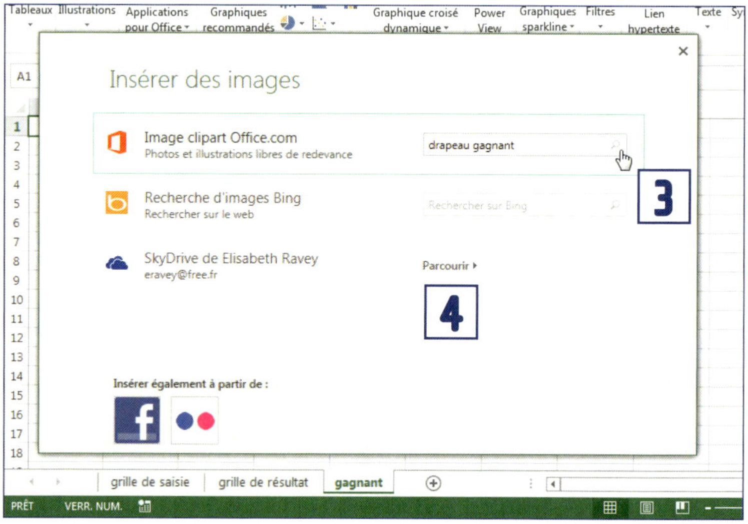

Insertion > Illustrations > Images

atelier

75

LES IMAGES QUE VOUS INSÉREZ SONT INCORPORÉES dans votre graphique et augmentent par conséquent la taille du fichier. Pour réduire la taille du fichier, vous pouvez établir une liaison vers l'image au lieu de l'insérer. Dans la boîte de dialogue Insérer une image, cliquez sur l'image à insérer, cliquez sur la flèche en regard de Insérer, puis cliquez sur Lier au fichier.

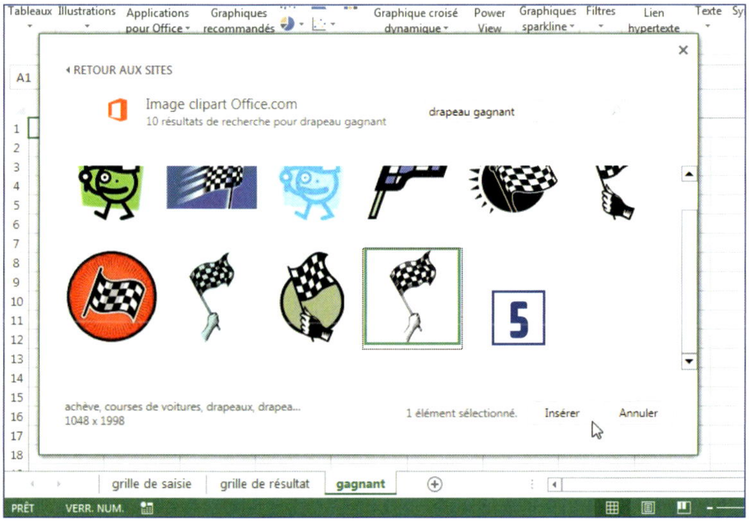

5/ Choix d'une image

À partir de votre mot clé, un certain nombre d'images vous sont proposées. Cliquez sur celle qui correspond à vos attentes et cliquez sur le bouton Insérer.

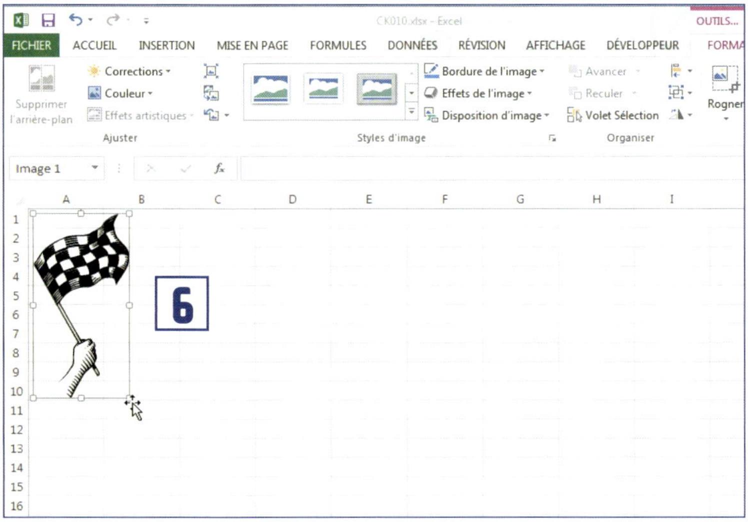

6/ Image sur la feuille

L'image est insérée sur la feuille de calcul. Lorsqu'elle est sélectionnée les outils image s'affichent dans le ruban.

MODIFIER UNE IMAGE

0h30

Excel vous permet d'intervenir sur les images et cliparts que vous insérez avec des outils de retouche de couleur, de luminosité ou de contraste, entre autres. À chaque fois des galeries de compositions sont présentes.

1/ Sélection

Sélectionnez l'image que vous souhaitez modifier.

2/ Les outils image

Les outils image s'affichent dans le ruban, proposant l'onglet Format.

3/ Les styles d'images

Sous l'onglet Format, dans le groupe Styles d'image, Excel propose trois outils complets pour modifier votre image : Bordure de l'image, Effet de l'image et Disposition d'image. Vous pouvez agir sur chacun des attributs.

4/ Galerie de styles

Excel vous propose aussi plusieurs styles prédéfinis qui comprennent le paramétrage des trois attributs précédents. Cliquez sur le bouton Autres pour dérouler toute la galerie.

5/ Sélection de styles

Lorsque vous passez le curseur sur les éléments de la galerie, Excel vous montre un aperçu du résultat. Cliquez sur le style de votre choix.

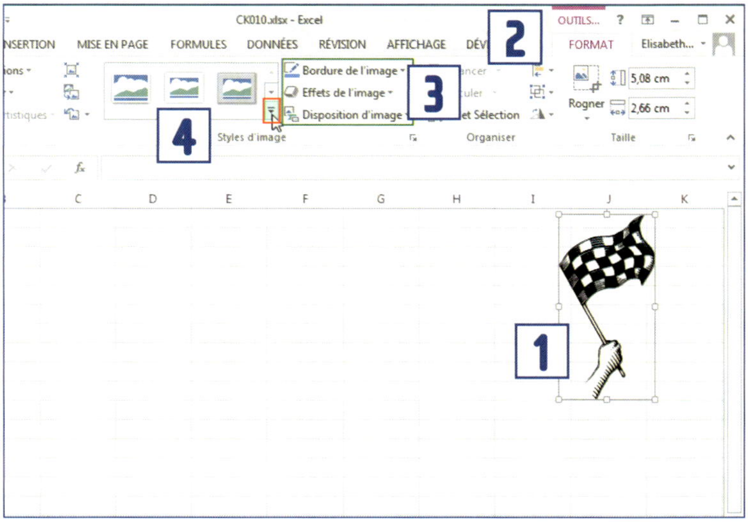

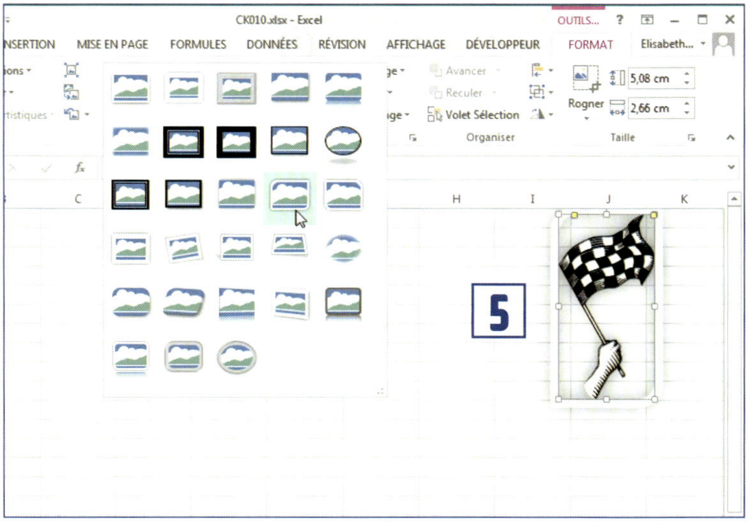

Si l'objet est une image, par exemple une photo, une image bitmap ou une image de la bibliothèque, vous pouvez le rogner, c'est-à-dire tailler ses bords verticaux ou horizontaux.

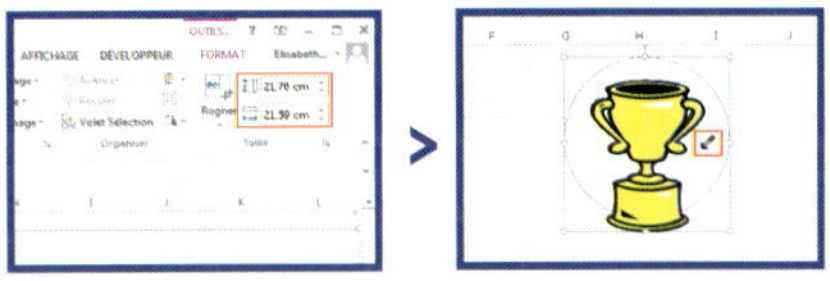

EN UTILISANT L'OUTIL COULEUR TRANSPARENTE, vous pouvez rendre une couleur de votre image transparente.

atelier

76

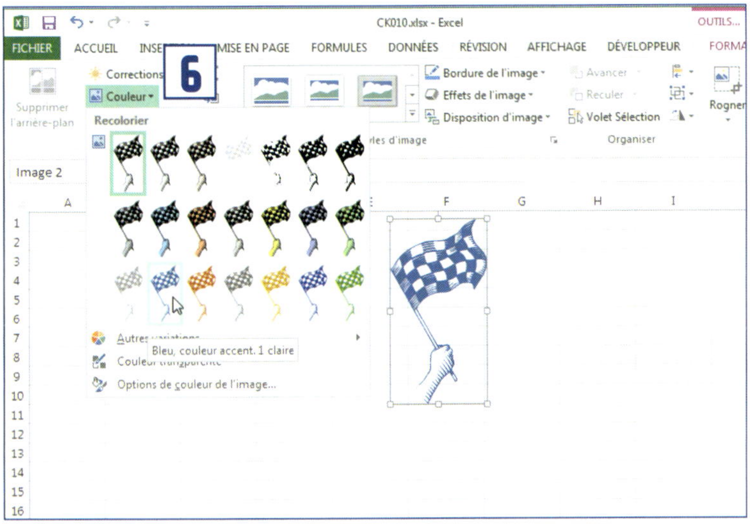

6/ Modifier la couleur

Dans le groupe Ajuster, cliquez sur le bouton Couleur. Une galerie de couleur vous est proposée, passez le curseur dessus sans cliquer pour avoir un aperçu. Cliquez lorsque vous avez trouvé celle qui convient.

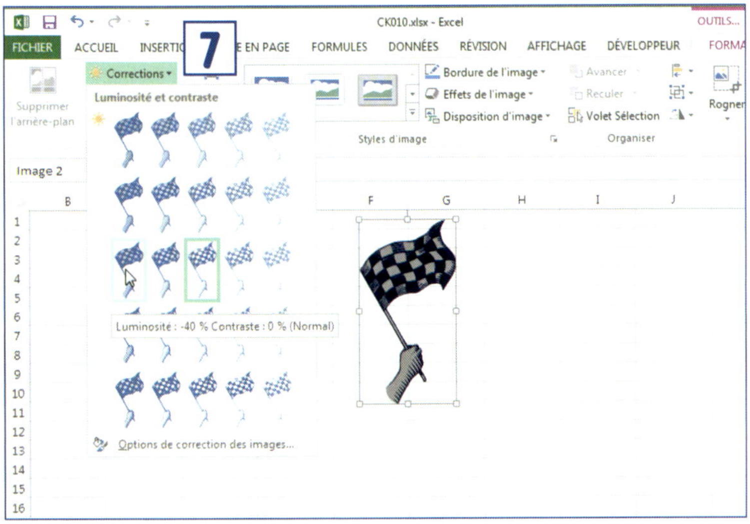

7/ Luminosité et contraste

Dans le groupe Ajuster, cliquez sur le bouton Corrections. Diverses corrections de luminosité et de contraste vous sont proposées, passez le curseur dessus sans cliquer pour avoir un aperçu.
Cliquez lorsque le rendu vous convient.

REDIMENSIONNER, DÉPLACER ET APPLIQUER UNE ROTATION À UNE IMAGE

0h30

Si vous souhaitez étirer, réduire ou simplement modifier la taille d'une image, utilisez les poignées de redimensionnement. Elles sont placées tout autour de l'image ainsi qu'un outil de rotation.

1/ Sélection

Cliiquez sur l'image à redimensionner. Des petits carrés blancs, appelés poignées de redimensionnement s'affichent sur le contour. Cliquez sur l'une d'elles selon le type de redimensionnement et maintenez pressé le bouton de la souris.

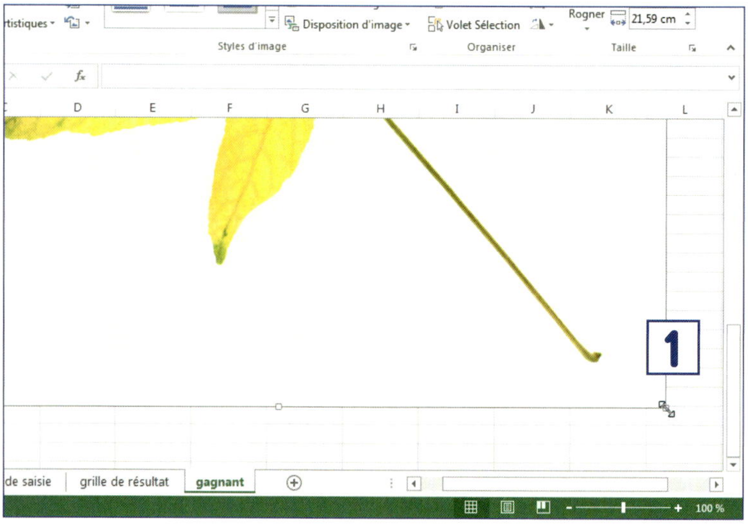

2/ Redimensionnement

Glissez sans relâcher le bouton de la souris jusqu'à ce que l'image ait atteint la taille souhaitée. À ce moment vous pouvez relâcher le clic.

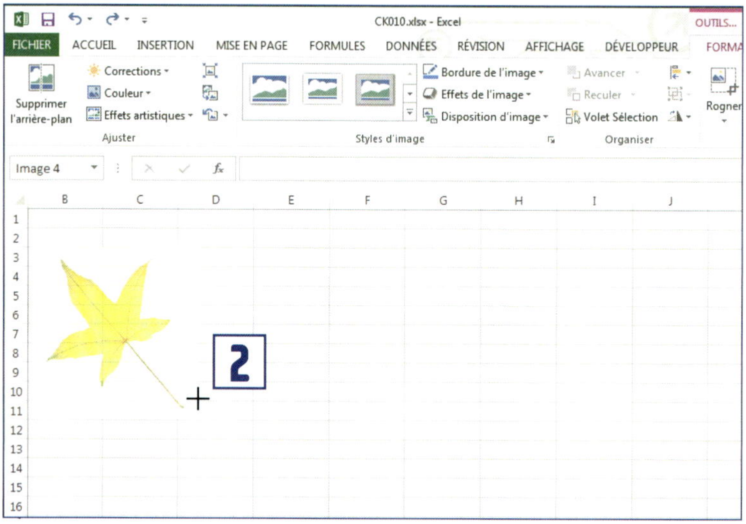

L'outil **Remplacer l'image** vous permet d'échanger l'image par une autre image tout en conservant la mise en forme ou les effets de l'image active.
Outils Image > Format > Ajuster > Remplacer l'image

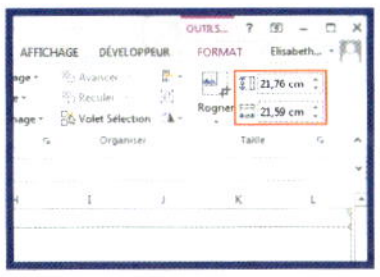

VOUS POUVEZ AUSSI REDIMENSIONNER l'image en utilisant les zones Hauteur et Largeur dans le groupe Taille. Cliquez sur l'image et saisissez les dimensions requises.

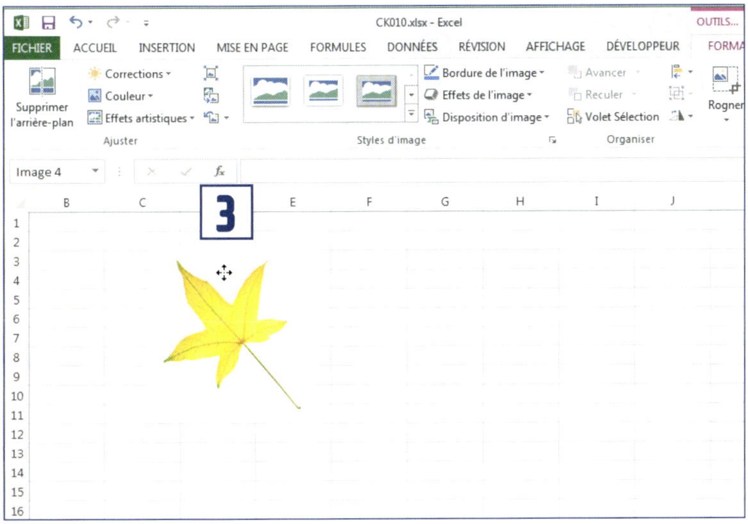

3/ Déplacer l'image

Pour déplacer un objet, passez la souris dessus. Le curseur change de forme pour devenir une croix avec une flèche. Cliquez et maintenez pressé, glissez la forme jusqu'à l'emplacement voulu puis relâchez.

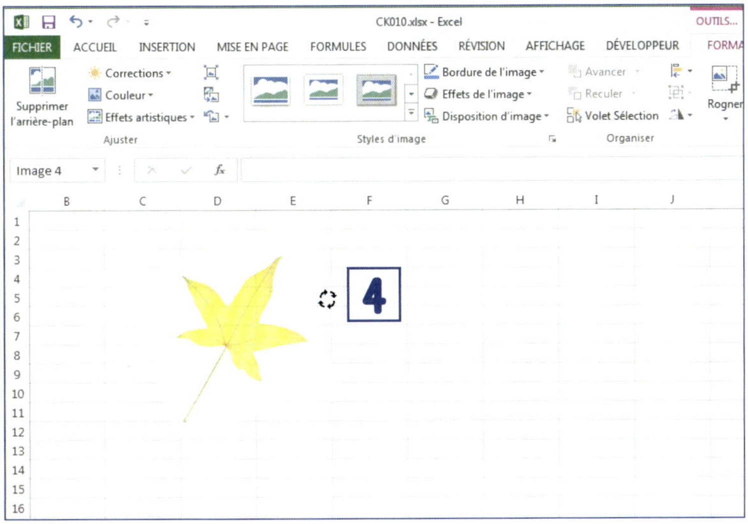

4/ Rotation de l'image

Pour faire tourner un objet, sélectionnez-le. Au-dessus d'une des poignées de redimensionnement, une icône en forme d'une flèche qui tourne est affichée. Cliquez dessus et maintenez pressé. Le curseur change de forme. Tout en maintenant pressé, glissez en tournant jusqu'à ce que l'objet ait l'angle prévu.

APPLIQUER UN EFFET ARTISTIQUE À UNE IMAGE

0h30

Vous pouvez appliquer des effets artistiques à une image ou à une image de remplissage afin qu'elle ressemble à un croquis, à un dessin ou à une peinture.

1/ Sélection

Sélectionnez l'image sur laquelle vous voulez appliquer un effet. Les outils image s'affichent dans le ruban, proposant l'onglet Format.

2/ Effets artistiques

Sous l'onglet Format, dans le groupe Ajuster, cliquez sur le bouton Effets artistiques.

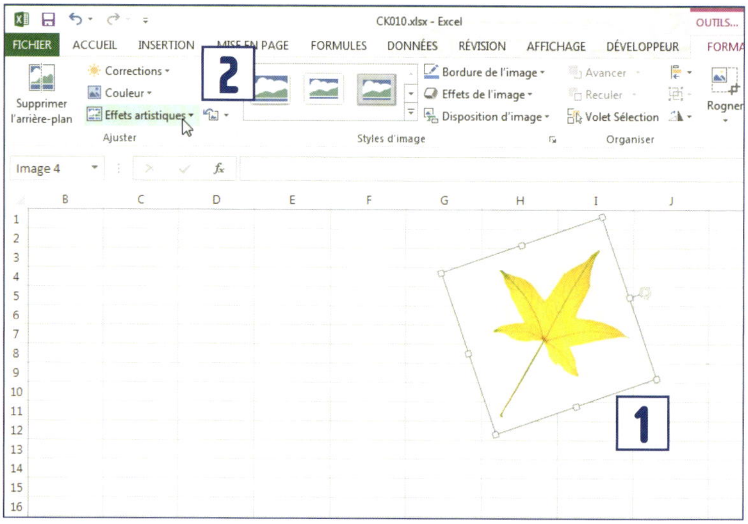

3/ Galerie d'effets

Excel vous propose plusieurs effets artistiques prédéfinis. Lorsque vous passez le curseur sur les éléments de la galerie, Excel vous montre un aperçu du résultat. Cliquez sur l'effet de votre choix.

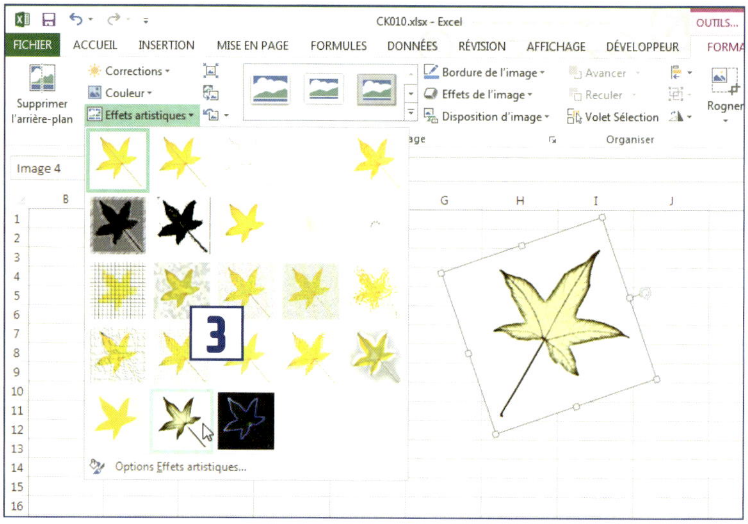

Format > Ajuster > Effets artistiques

atelier **78**

VOUS NE POUVEZ APPLIQUER QU'UN SEUL EFFET ARTISTIQUE à la fois à une image. Ainsi, l'application d'un nouvel effet artistique supprime l'effet artistique d'origine.

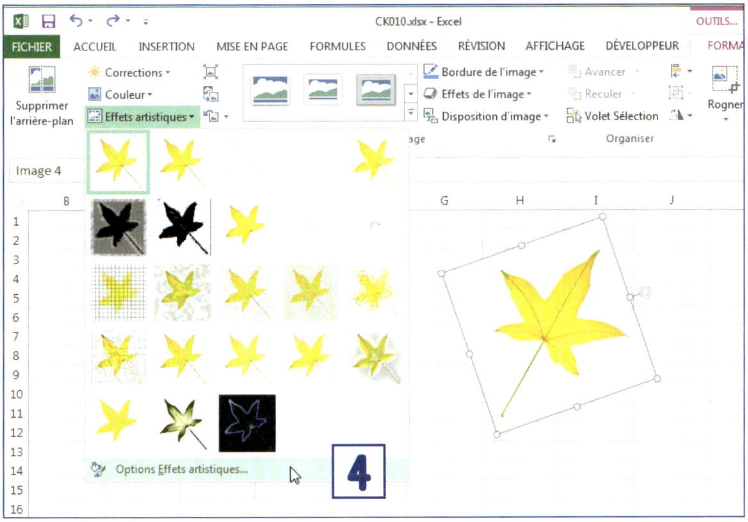

4/ Options d'effets

Malgré la quantité d'effets prédéfinis proposés, vous pouvez définir vous-même l'effet à appliquer en cliquant sur la commande Options Effets artistiques.

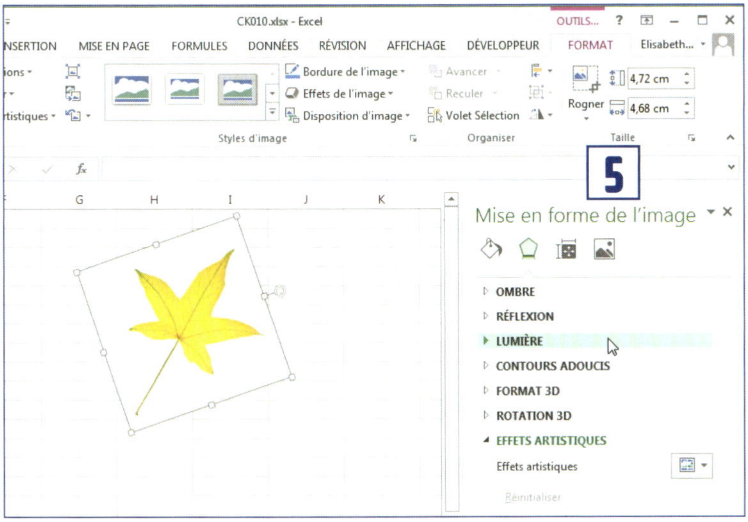

5/ Volet de mise en forme

Excel affiche sur la droite de l'écran un volet nommé Mise en forme de l'image, qui vous propose en détail l'accès à chacun des paramètres d'effets.

INSÉRER ET MODIFIER UNE FORME

0h25

Vous pouvez ajouter des formes, telles que des carrés, des cercles et des flèches, à vos feuilles de calcul. Une fois que vous avez ajouté une ou plusieurs formes, vous pouvez leur ajouter du texte, des puces, des numéros et des styles rapides.

1/ Le groupe Illustrations

Sous l'onglet Insertion, dans le groupe Illustrations, cliquez sur le bouton Formes.

2/ Galerie de formes

Dans le menu qui s'affiche cliquez sur la forme que vous désirez dans l'une des diverses rubriques proposées.

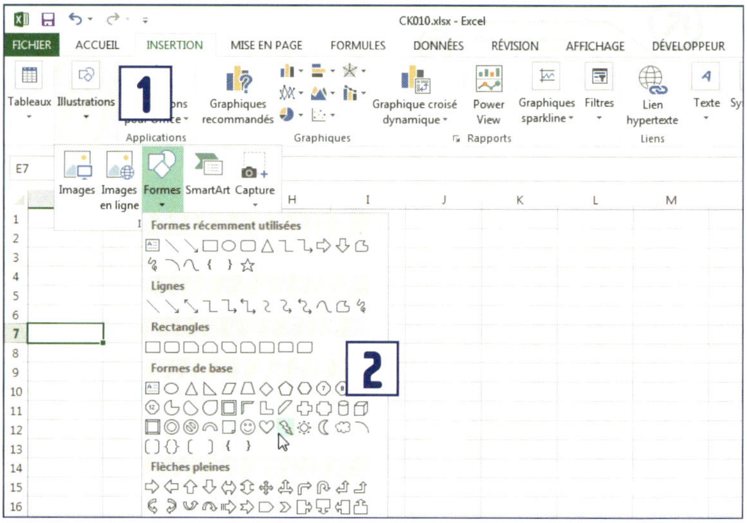

3/ Création de la forme

Une fois la forme choisie, cliquez et maintenez le bouton pressé, puis faites glisser la souris. La forme s'affiche et grandit au fur et à mesure. Relâchez le bouton lorsque la taille de la forme vous convient.

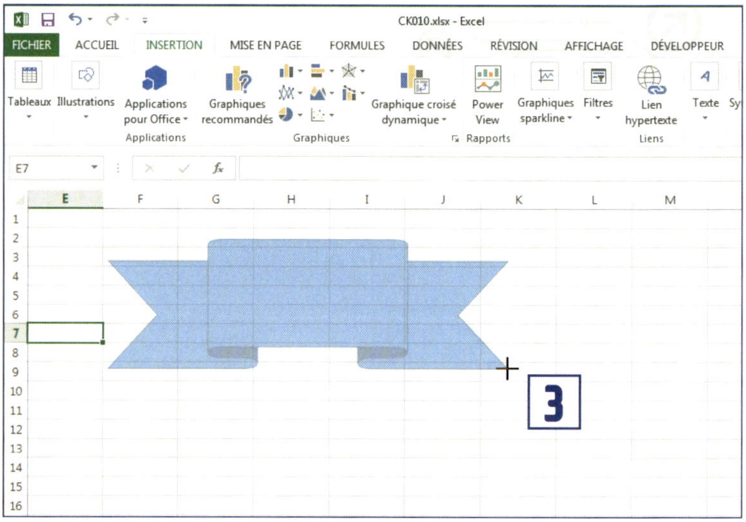

Insertion > Illustrations > Formes > Galerie de formes

atelier **79**

Vous pouvez sélectionner en même temps plusieurs formes et autres types d'objets. Cliquez sur l'un des objets à sélectionner, puis maintenez enfoncée la touche [Maj] ou [Ctrl] en cliquant sur les autres objets à sélectionner.

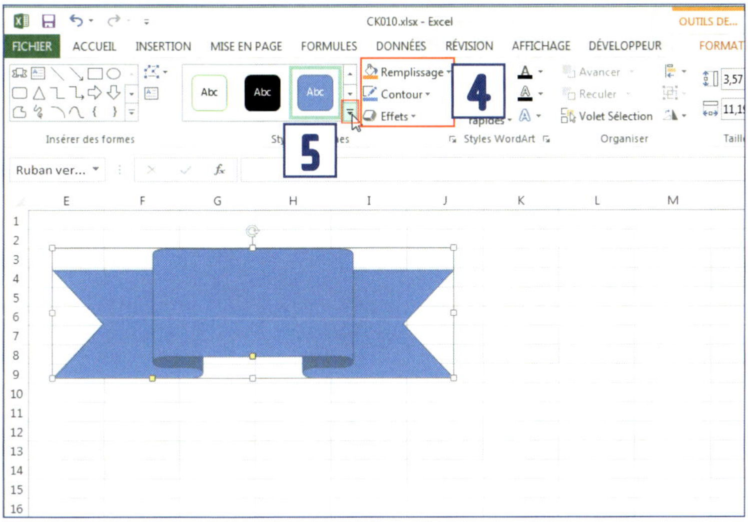

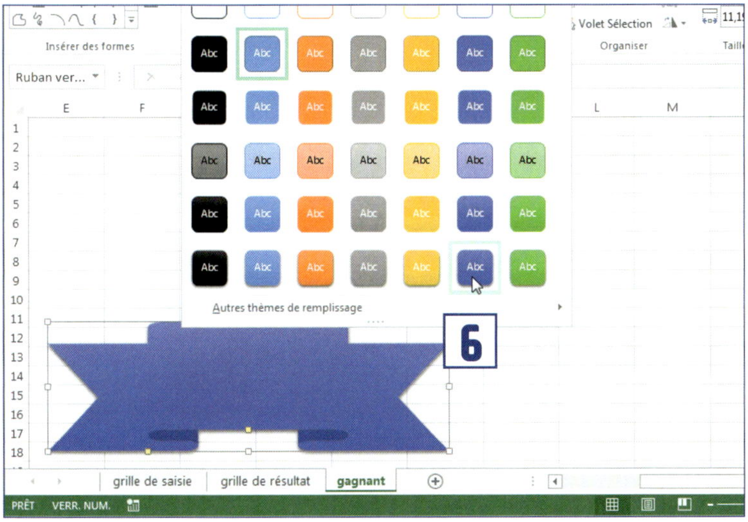

4/ Modifier le style de la forme

Lorsque vous sélectionnez la forme, les outils de dessin s'affichent dans le ruban. Cliquez sur l'onglet Format. Dans le groupe Styles de formes, vous trouverez trois outils de paramétrage de style : Remplissage, Contour et Effets. Cliquez sur chacun d'eux pour définir votre propre style de forme.

5/ Galerie de styles rapides

Bien que vous puissiez créer votre propre style de forme, Excel vous propose une galerie de styles prédéfinis pour gagner du temps. Cliquez sur le bouton Autres pour l'afficher.

6/ Sélectionner le style

Dans la galerie qui s'affiche, cliquez sur l'un des styles de formes qui vous plaît. Excel affiche un aperçu du résultat avant que vous cliquiez pour vous aider à faire votre choix.

AJOUTER UNE ZONE DE TEXTE SUR UNE IMAGE

0h15

Vous pouvez ajouter, copier ou supprimer des zones de texte. Une zone de texte vous permet d'ajouter du texte n'importe où dans le fichier. Vous pouvez intégrer une zone de texte dans une image.

1/ Le groupe Texte

Sous l'onglet Insertion, dans le groupe Texte, cliquez sur le bouton Zone de texte.

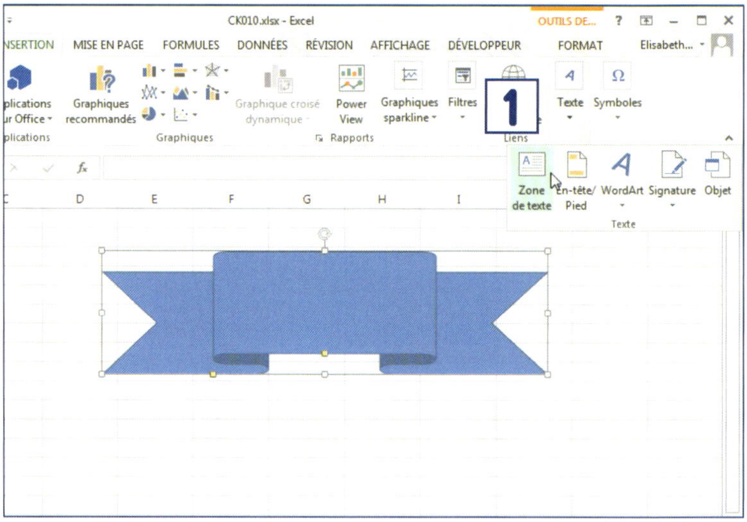

2/ Ajouter la zone de texte

Le curseur change de forme .
Cliquez sur l'image à laquelle vous voulez ajouter une zone de texte.

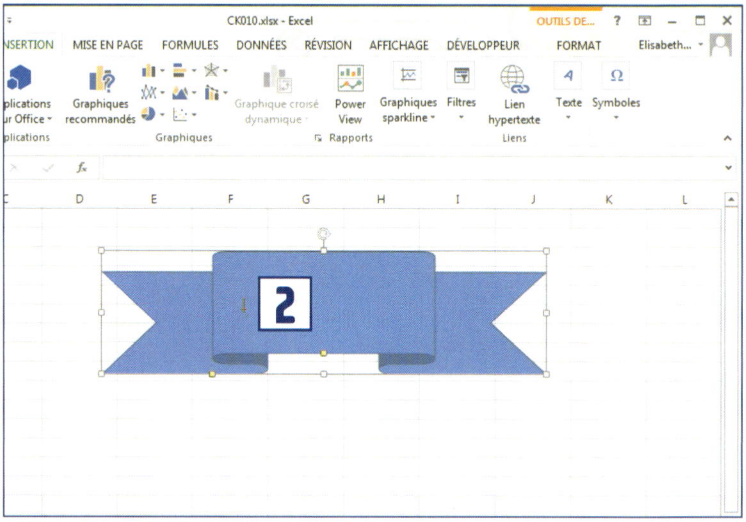

Insertion > Texte > Zone de texte

atelier
80

LES ZONES DE TEXTE ET LA PLUPART DES FORMES (à l'exception des lignes et des connecteurs) peuvent contenir du texte que vous pouvez positionner ou renvoyer à la ligne. Vous pouvez également changer les marges des zones de texte, ajuster les formes au texte ou modifier l'orientation du texte.

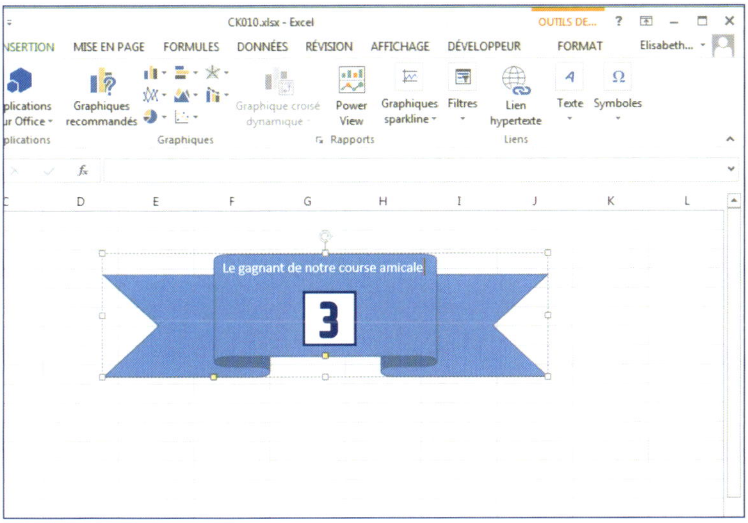

3/ Saisir le texte

Il ne reste plus qu'à saisir le texte désiré. Il s'ajuste au fur et à mesure à la zone. Il vous sera ensuite possible de le mettre en forme. Pour revenir dans la zone de texte, il suffit de double-cliquer dessus.

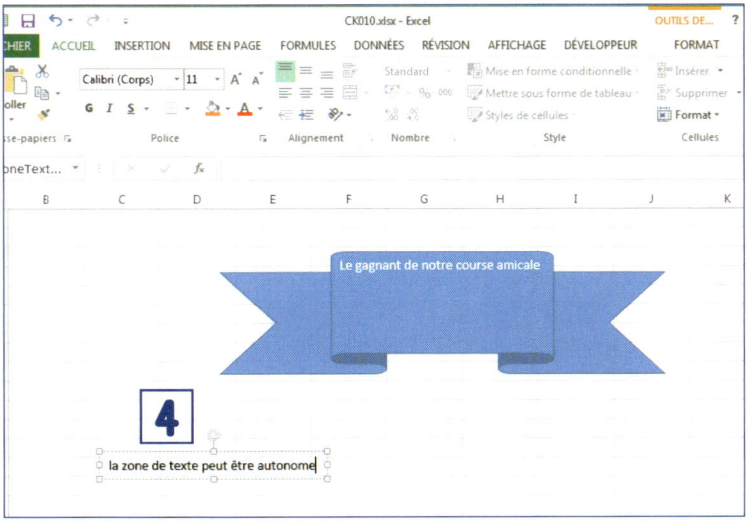

4/ Zone de texte autonome

Bien sûr, vous pouvez insérer une zone de texte sans qu'il y ait de forme. Elle se place n'importe où sur la feuille. Vous pouvez lui ajouter une couleur de remplissage et/ou un contour afin de la faire ressortir.

AJOUTER UN OBJET WORDART

0h25

Vous pouvez rapidement faire ressortir du texte à l'aide d'effets spéciaux WordArt. Pour ce faire, il suffit de sélectionner un style WordArt dans la galerie et de le personnaliser.

1/ Le groupe Texte

Sous l'onglet Insertion, dans le groupe Texte, cliquez sur le bouton WordArt.

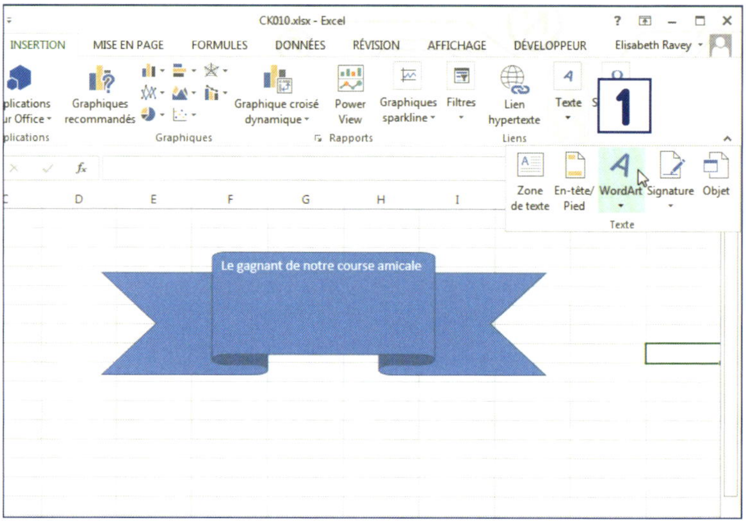

2/ Galerie WordArt

Dans la galerie WordArt, la lettre A présente les différentes conceptions qui seront appliquées à l'intégralité du texte que vous tapez.

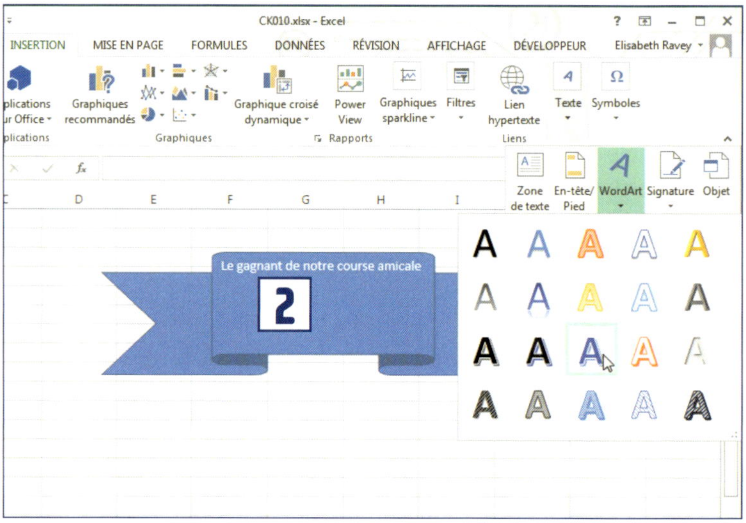

Insertion > Texte > WordArt

atelier **81**

VOUS POUVEZ MODIFIER LA POSITION DES OBJETS WORDART en les faisant pivoter ou en les inversant. Inverser une forme est synonyme de créer une image miroir ou de retourner une forme. Pour appliquer des angles de rotation de 15 degrés, maintenez la touche Maj enfoncée tout en faisant glisser la poignée de rotation.

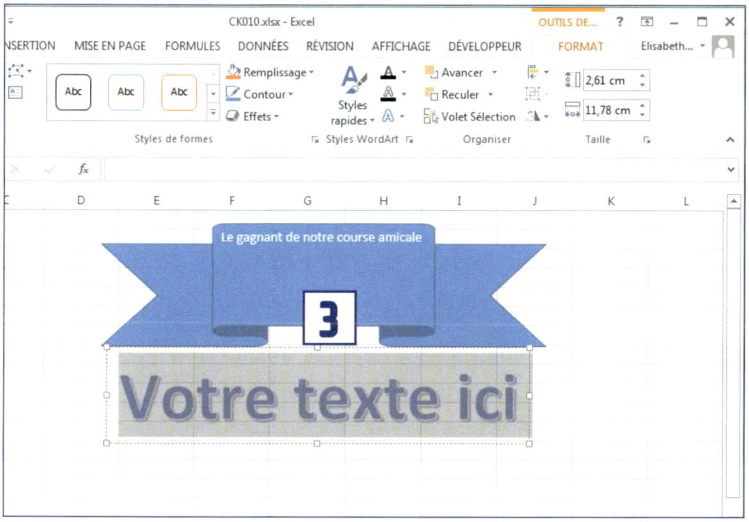

3/ Saisir le texte

Il ne reste plus qu'à saisir le texte désiré, qui remplace automatiquement le texte initial Votre texte ici.

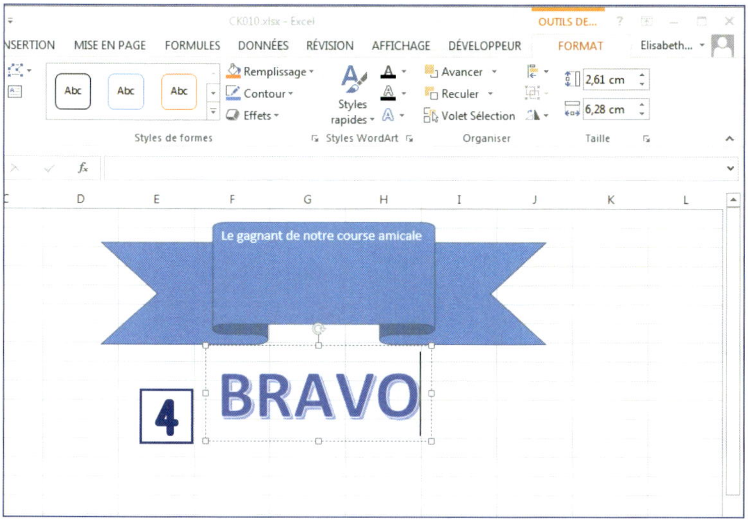

4/ WordArt ajouté

Le WordArt est ajouté. Excel le considérant comme un objet, vous pouvez le déplacer, le redimensionner ou le faire tourner comme une simple forme.

PERSONNALISER UN OBJET WORDART

0h30

Lors de l'ajout, malgré le nombre de choix, vous pouvez avoir besoin de changer quelques paramètres de style de votre objet WordArt. Excel vous propose plusieurs outils pour cela.

1/ Sélection

Sélectionnez l'objet WordArt à modifier dans votre feuille de calcul. Les outils dessin s'affichent dans le ruban.

2/ Style WordArt

Sous l'onglet Format cliquez sur le bouton Styles rapides dans le groupe Styles WordArt. Dans la galerie qui s'affiche, la lettre A présente à nouveau les différentes conceptions qui seront appliquées. Lorsque vous passez le curseur sur les différentes propositions, Excel vous montre un aperçu du résultat. Cliquez sur celle qui vous convient.

3/ Transformer l'objet WordArt

Sous l'onglet Format dans le groupe Styles WordArt, le bouton Effets du texte vous offre une grande palette d'outils. Cliquez par exemple sur Transformer pour «tordre» votre texte.

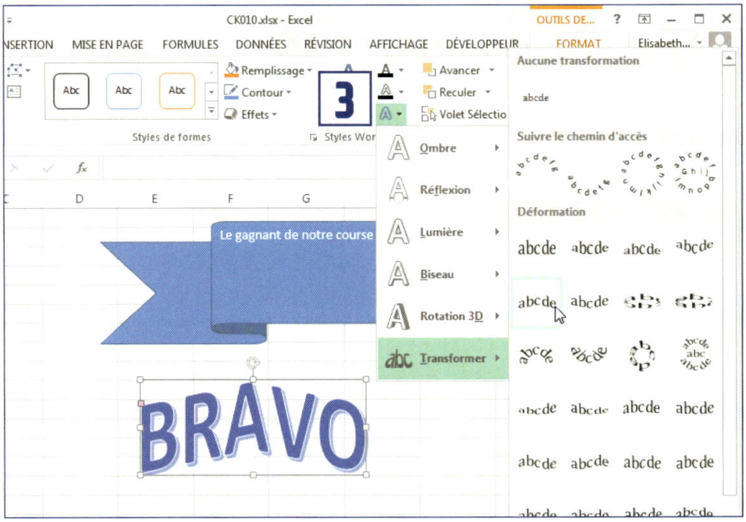

Lorsque vous faites un clic droit sur un objet WordArt, la majorité des outils de personnalisation sont mis à votre disposition dans le menu contextuel.

atelier
82

SI LES ONGLETS OUTILS DE DESSIN OU FORMAT NE S'AFFICHENT PAS, vérifiez que vous avez sélectionné le texte dans l'objet WordArt. Vous devrez peut-être cliquer avec le bouton droit sur l'objet WordArt pour ouvrir l'onglet Format.

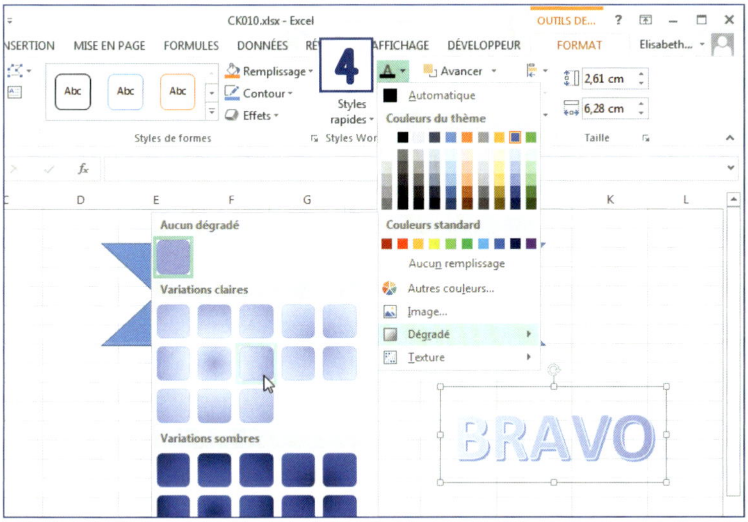

4/ Remplir le texte

Le bouton Remplissage du texte vous offre plus qu'une simple palette de couleur, il propose aussi de remplir votre objet WordArt avec une image ou une texture. Cliquez par exemple sur Dégradé pour définir un dégradé de votre texte.

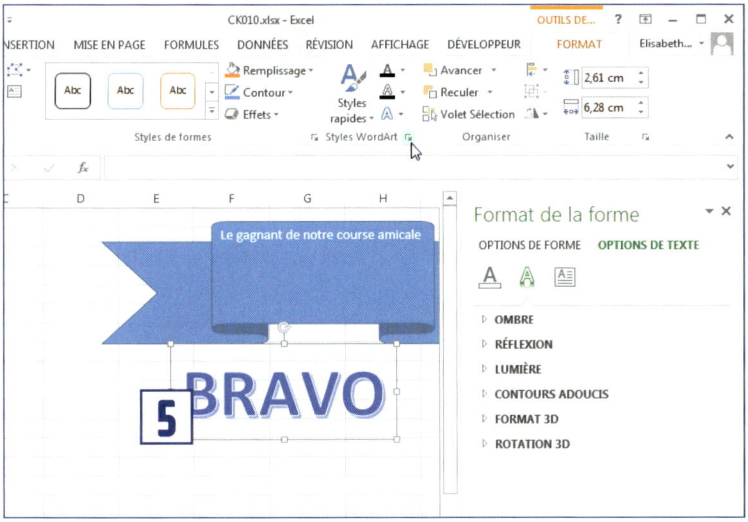

5/ Personnalisation avancée

En cliquant sur le lanceur de boîte de dialogue du groupe Styles WordArt, vous allez ouvrir le volet Format de la forme qui vous donne accès à tous les outils de modification.

CONCATÉNER DES DONNÉES

0h20

Vous pouvez utiliser le signe & (et commercial) pour concaténer (joindre) une ou plusieurs chaînes de texte afin d'obtenir un seul élément de texte. Pour cet atelier, vous allez afficher dans une seule cellule un texte et le nom du vainqueur.

1/ Sélection

Sélectionnez la cellule qui doit contenir le texte à concaténer.

2/ Enclencher une formule

Pour prévenir Excel que vous ne voulez pas simplement saisir du texte, mais vous en servir comme une variable, saisissez le signe = dans la cellule.

- Pour définir le texte en variable, vous devez le mettre entre guillemets.
- Pour joindre une autre valeur, vous devez utiliser le signe &.

Saisissez donc "Le gagnant de la course est "&

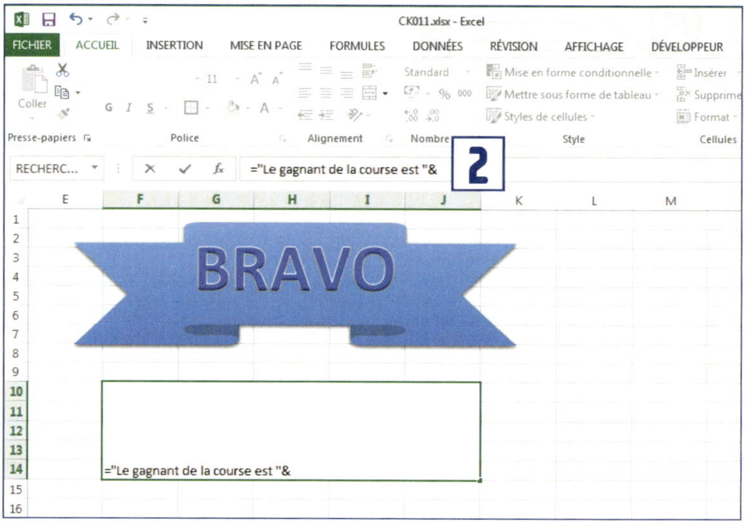

La fonction **Concaténer** vous propose une autre manière de concaténer des contenus de cellule ou des contenus saisis.

atelier **83**

VOUS POUVEZ CONCATÉNER AUTANT DE DONNÉES que vous le souhaitez, que ce soit du texte saisi entre guillemets ou des cellules sélectionnées. Pensez à ajouter le & suivi d'un espace entre guillemets (&" ") entre deux valeurs à concaténer, sinon le résultat affichera des données collées les unes aux autres sans espacement.

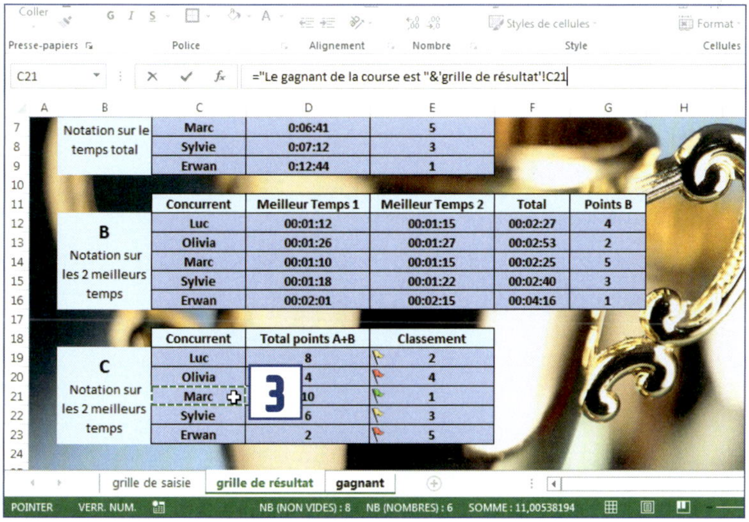

3/ Récupérer la seconde valeur

Suivant le &, vous pouvez insérer une seconde valeur. Dans cet atelier, elle se trouve sur une autre feuille. Cliquez sur l'onglet de la feuille **grille de résultat**, puis cliquez sur la cellule contenant le nom du vainqueur et appuyez sur la touche [Entrée].

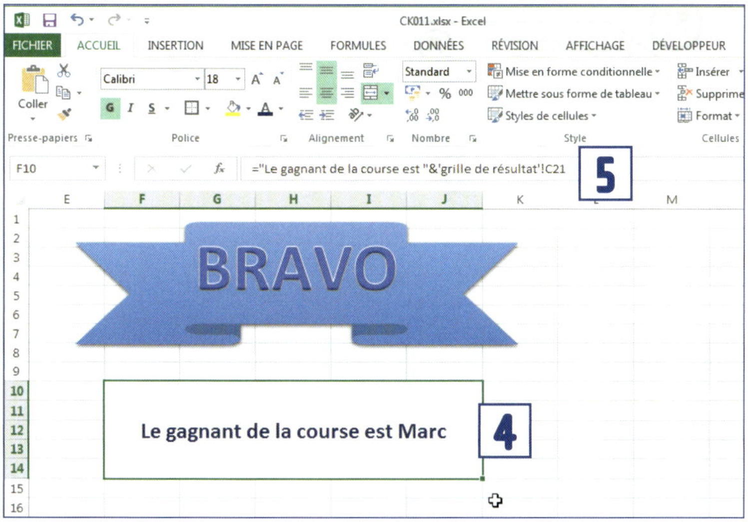

4/ Le texte est affiché

Les deux textes n'en font plus qu'un. La cellule peut être mise en forme comme n'importe quelle autre cellule.

5/ La formule de concaténation

Dans la barre de formule, les valeurs et les signes de concaténation sont apparents.

5

COURSE À PIED

Vous pouvez suivre vos résultats et définir vos objectifs grâce à l'aide des divers outils d'analyse qu'Excel propose. Pour cela saisissez les données de vos divers joggings et regardez les courbes des résultats sur un graphique de tendance ou plus en détail.

ANALYSE INSTANTANÉE

0h10

Par le passé, l'analyse de vos données pouvait être fastidieuse mais, désormais, quelques étapes suffisent. Excel vous propose plusieurs options de présentation et d'analyse pertinentes pour vos données.

1/ Sélection

Vous pouvez utiliser le fichier JG01.xlsx. Sélectionnez les cellules contenant les données que vous voulez analyser.

2/ Le bouton Analyse rapide

Cliquez sur le bouton Analyse rapide dans le coin inférieur droit des données sélectionnées.

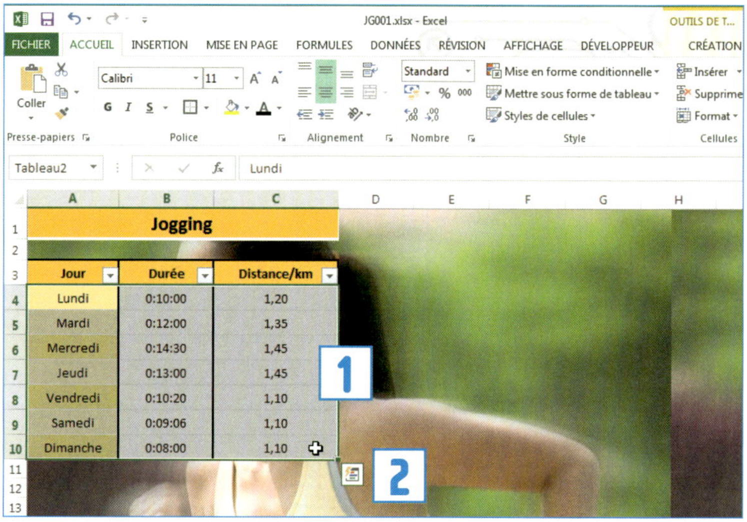

3/ Fenêtre de propositions

Il vous suffit de cliquez sur l'un des divers onglets et de passer votre curseur sur les propositions pour en avoir un aperçu sur vos données.

4/ Propositions de mise en forme

L'onglet Mise en forme vous permet de mettre en évidence des parties de vos données en ajoutant des éléments tels que des barres de données et des couleurs. Cela vous permet d'afficher rapidement les valeurs élevées et basses, entre autres.

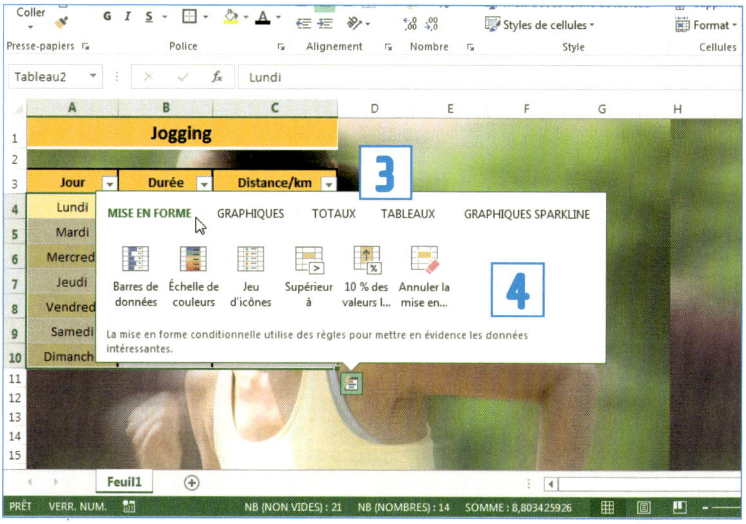

Sélection puis Ctrl > Analyse rapide

atelier

84

VOUS POUVEZ ÉGALEMENT APPLIQUER un style de tableau, créer des tableaux croisés dynamiques, insérer rapidement des totaux et appliquer une mise en forme conditionnelle.

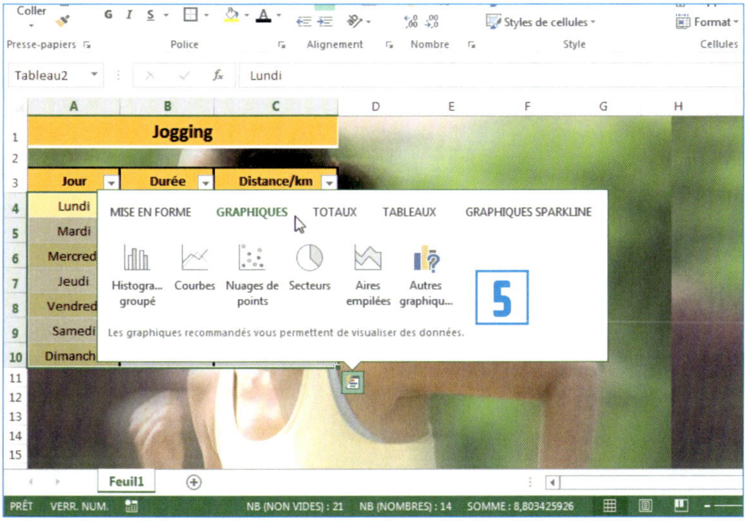

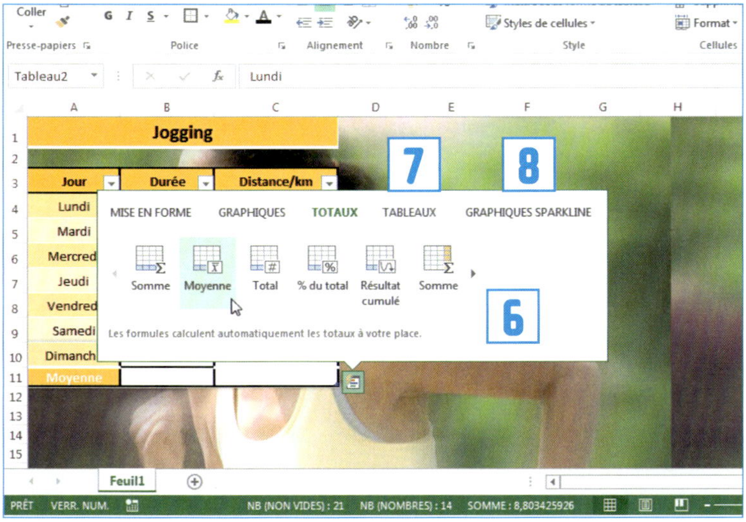

5/ Proposition de graphiques

L'onglet Graphiques recommande différents graphiques, en fonction du type de données que vous avez sélectionnées. Si vous ne voyez pas le graphique que vous voulez, cliquez sur Autres graphiques.

6/ Propositions de totaux

L'onglet Totaux permet de calculer les nombres dans des colonnes et des lignes. Par exemple, Résultat cumulé insère un total qui augmente à mesure que vous ajoutez des éléments à vos données.
Cliquez sur les petites flèches à droite ou à gauche pour afficher d'autres options.

7/ Propositions de tableaux

L'onglet Tableaux permet de filtrer et de trier facilement vos données. Les tableaux croisés dynamiques se font très simplement. Si vous ne voyez pas les styles de tableau que vous voulez, cliquez sur Autres.

8/ Propositions de Spakline

L'onglet Graphiques Spakline vous offre, d'afficher des graphiques dans une cellule, offrant une façon rapide d'afficher les tendances.

INSÉRER UN GRAPHIQUE

0h25

Les graphiques confèrent une dimension visuelle aux données. Au lieu d'analyser des colonnes entières de nombres, vous savez d'un coup d'œil ce que signifient les données.

1/ Sélection

Vous pouvez utiliser le fichier JG001.xlsx. Sélectionnez une plage de cellule contenant les données qui doivent apparaître sur le graphique.
Sous l'onglet Insertion, dans le groupe Graphiques, cliquez sur l'un des types de graphiques proposés. Chaque type vous propose un sous-menu contenant plusieurs formats de graphiques.

2/ Le type Histogramme

Les histogrammes permettent d'illustrer les variations des données sur une période donnée ou de comparer des éléments.

3/ Le type Secteurs

Les données qui ne sont agencées qu'en une seule colonne ou une seule ligne, sans valeur négative, sur une feuille de calcul peuvent être représentées sur un graphique en secteurs. Ils représentent la taille des éléments d'une série par rapport à leur somme.

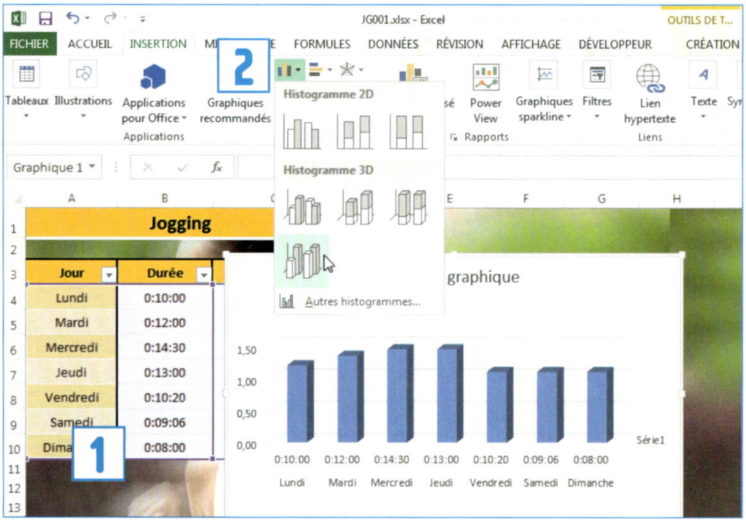

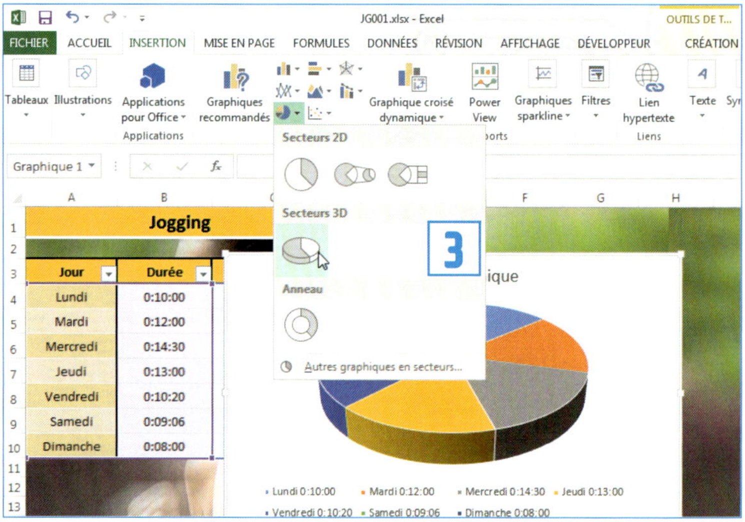

F11 > Créer un graphique comme nouvelle feuille

atelier
85

UN GRAPHIQUE EST LIÉ AUX DONNÉES de la feuille de calcul à partir de laquelle il est créé. Il est par conséquent automatiquement mis à jour lorsque ces données sont modifiées.

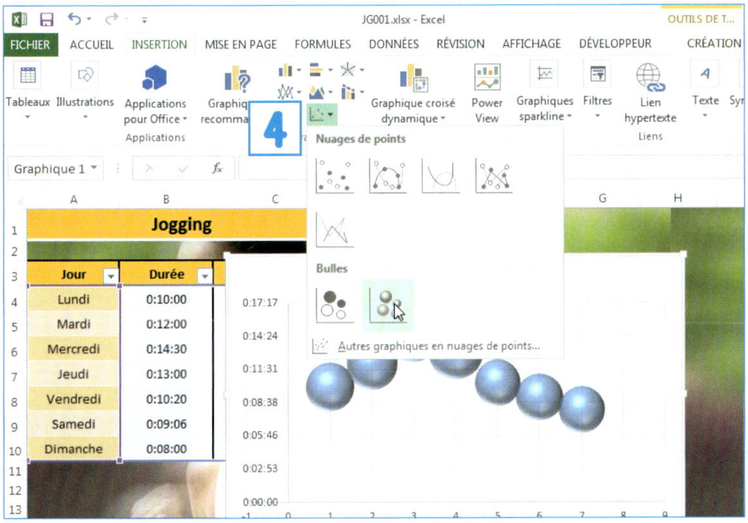

4/ Le type Bulles

Le type Bulle est utilisé pour les données, qui sont agencées dans les colonnes sur une feuille de calcul de façon à ce que les valeurs X soient indiquées dans la première colonne et les valeurs Y correspondantes ainsi que les valeurs de la taille des bulles, dans des colonnes adjacentes.

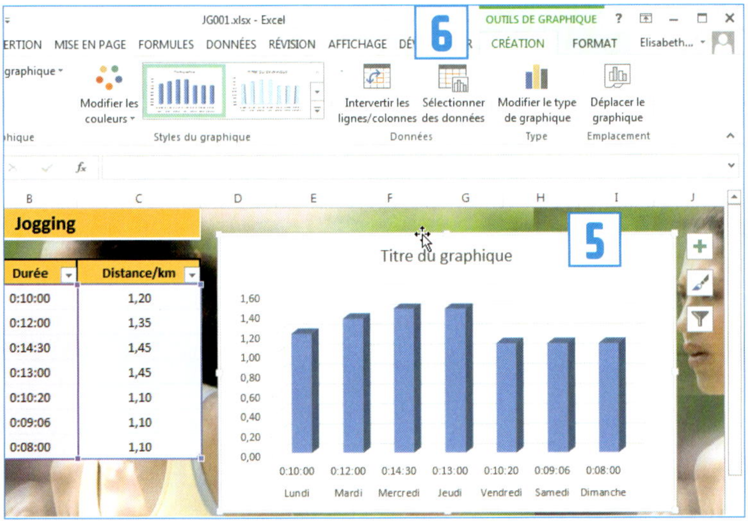

5/ Objet graphique

Une fois que vous avez sélectionné le graphique dont vous avez besoin, Excel l'affiche en tant qu'objet sur la feuille de calcul.

6/ Outils de graphique

Afin de modifier, paramétrer ou mettre en forme votre graphique, les Outils de graphique sont affichés dans le ruban, contenant les onglet Création et Format.

MODIFIER LE TYPE DE GRAPHIQUE

0h20

À l'utilisation, vous pouvez réaliser que le type de graphique que vous aviez sélectionné ne fait pas ressortir vos données, ou que les résultats ne sont pas clairement mis en exergue. Vous pouvez en changer sans avoir à recommencer la procédure d'insertion de graphique.

1/ Sélection

Vous pouvez utiliser le fichier JG003.xlsx. Cliquez sur le graphique dont vous voulez modifier le type.

2/ Les outils de graphique

Sous les Outils de graphique, cliquez sur l'onglet Création puis, dans le groupe Type, cliquez sur le bouton Modifier les type de graphique.

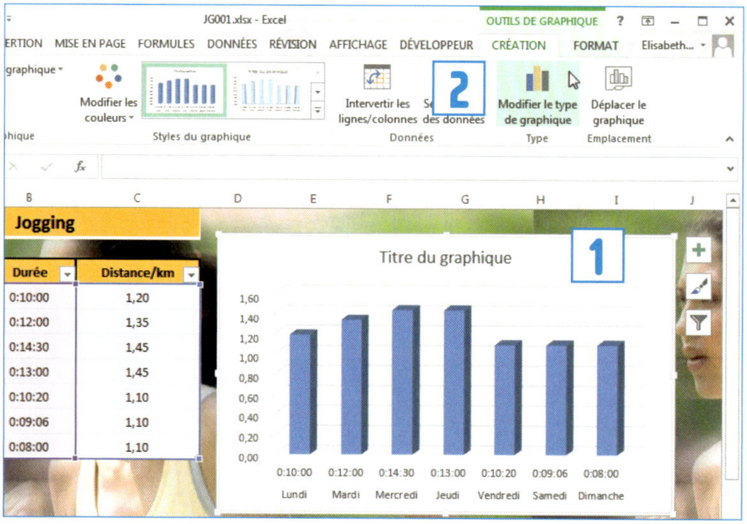

3/ Modifier le type

Dans la boîte de dialogue Modifier le type de graphique, sous l'onglet Graphiques recommandés, Excel vous propose un certain nombre de graphiques qui pourraient faire ressortir vos données. Si l'un d'eux vous convient, cliquez dessus et cliquez ensuite sur le bouton OK.

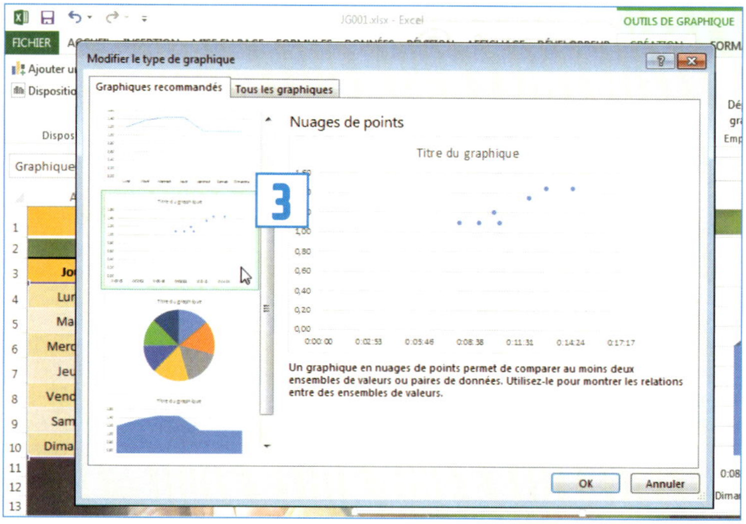

Outils de graphique > Création > Type > Modifier les types de graphique

atelier **86**

EN UTILISANT LE TYPE DE GRAPHIQUE COMBINÉ, vous pouvez définir un type de graphique différent pour une ou plusieurs séries du graphique en le sélectionnant dans la liste de choix.

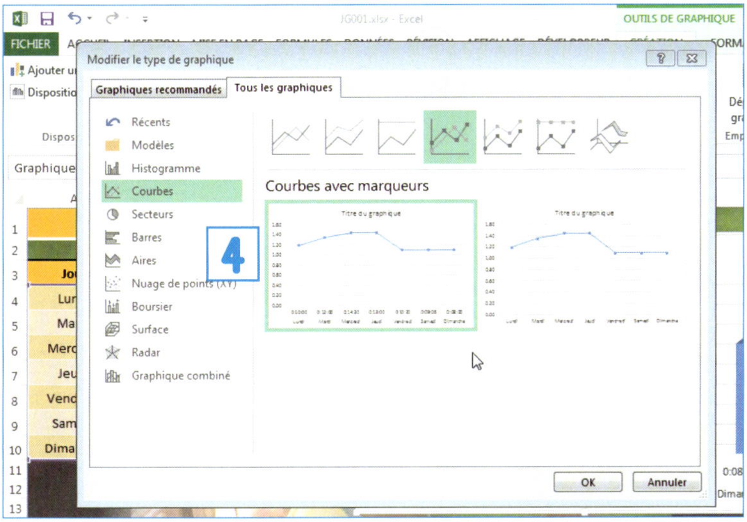

4/ Tous les types de graphiques

Sous l'onglet Tous les graphiques, cliquez sur le type que vous recherchez, puis sur le graphique nécessaire à la mise en valeur de vos données.

Cliquez sur le bouton OK.

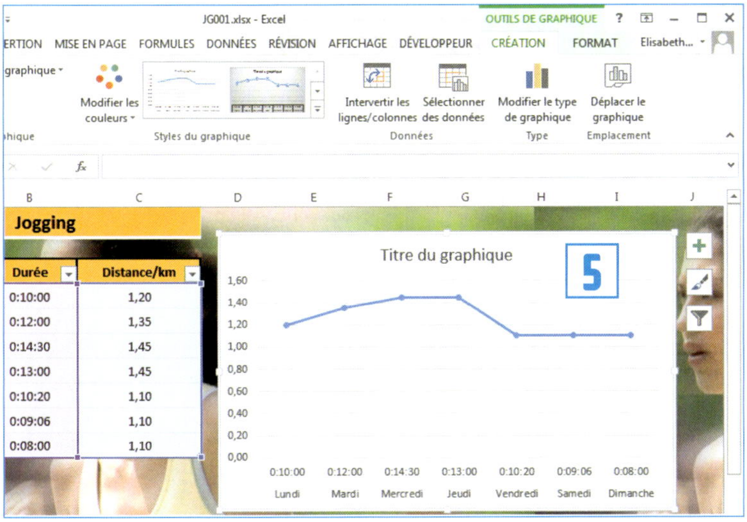

5/ Nouveau type

Le graphique a pris le nouveau type que vous avez sélectionné, tout en gardant les données précédentes.

APPLIQUER UN STYLE AU GRAPHIQUE

0h10

Lorsqu'un graphique est créé, il est représenté dans une couleur et une mise en forme standards. Son aspect peut être modifié en utilisant les styles prédéfinis qu'Excel met à votre disposition dans une galerie de styles.

1/ Sélection

Vous pouvez utiliser le fichier JG004.xlsx. Sélectionnez le graphique auquel vous voulez appliquer un style.

2/ Styles du graphique

Sous les Outils de graphique, cliquez sur l'onglet Création puis, dans le groupe Styles du graphique, cliquez sur le bouton Autres afin d'afficher la galerie de styles rapides.

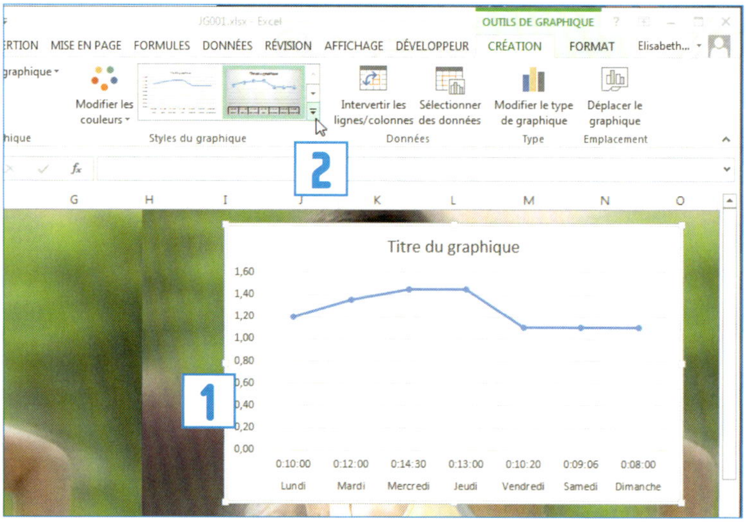

3/ Galerie de style

Dans la galerie, en passant le curseur sur les différents styles, Excel vous affiche un aperçu du rendu. Cliquez sur celui qui correspond à vos attentes.

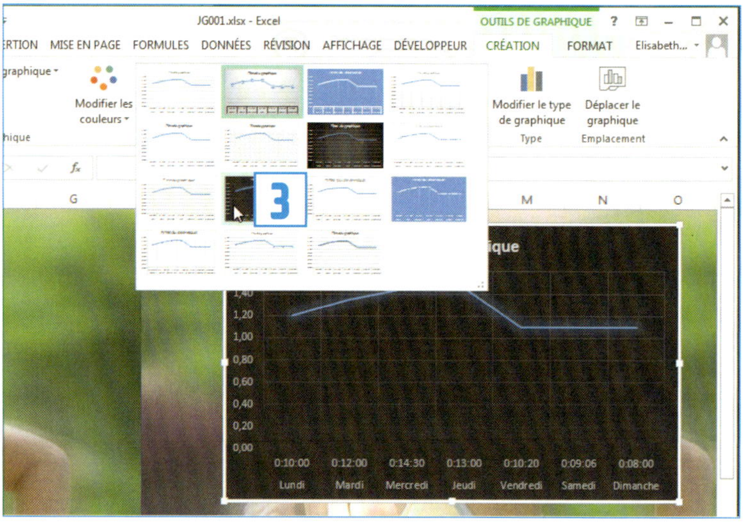

Outils de graphique > Création > Styles du graphique

LES STYLES GRAPHIQUES UTILISENT LES COULEURS DU THÈME. Pour changer de modèle de couleurs, basculez vers un autre thème. Cliquez sur Mise en page, cliquez sur le bouton Couleurs, puis sélectionnez le modèle de couleurs souhaité ou créez vos propres couleurs de thème.

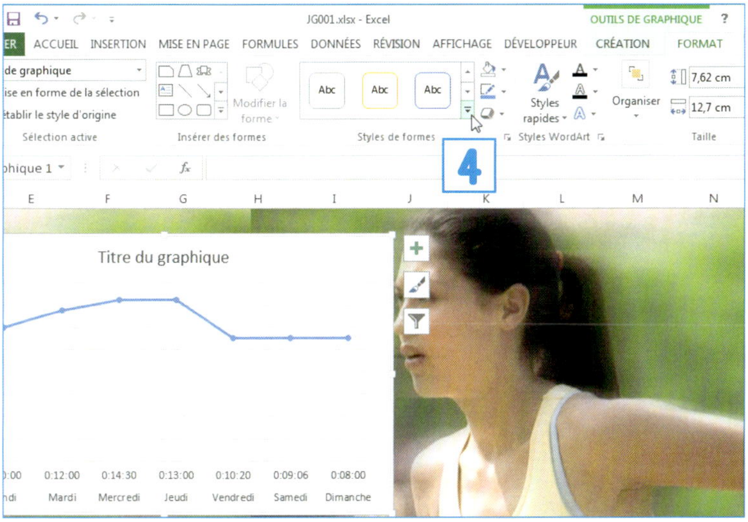

4/ Style de formes

Vous pouvez modifier l'arrière-plan du graphique séparément en cliquant sous les Outils de graphiques. Cliquez sur l'onglet Format puis, dans le groupe Styles de formes, cliquez sur le bouton Autres afin d'afficher la galerie de styles de formes.

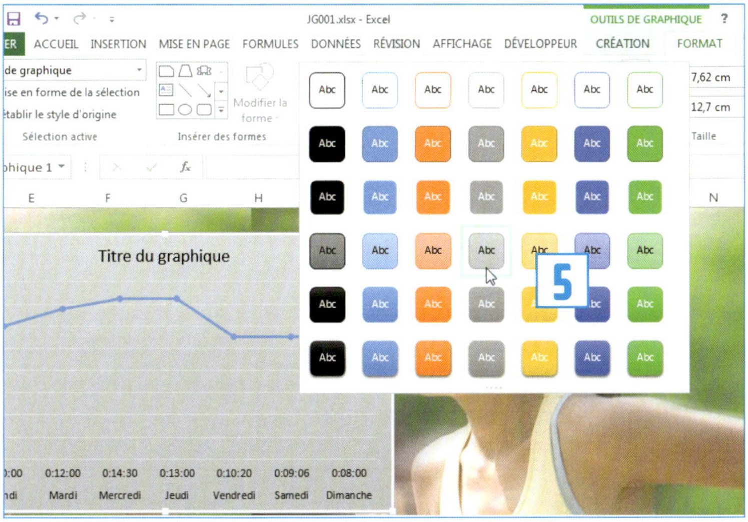

5/ Sélection du style

De la même façon que pour les styles rapides, en passant le curseur sur les différents styles dans la galerie, Excel vous affiche un aperçu du rendu.

Cliquez sur celui qui vous convient.

APPLIQUER UN EFFET AU GRAPHIQUE OU À UN ÉLÉMENT DU GRAPHIQUE

0h15

Un effet ajoute de la profondeur à l'élément sélectionné. Vous pouvez combiner plusieurs effets individuels. Vous pouvez modifier la couleur, la rotation ou le décalage d'une ombre, d'un reflet ou d'une lumière. Des effets de texture sont aussi proposés.

1/ Sélection

Vous pouvez utiliser le fichier JG004.xlsx. Sélectionnez le graphique ou l'élément sur lequel vous voulez appliquer un effet.

2/ Le bouton Effets

Sous les Outils de graphique, cliquez sur l'onglet Format puis, dans le groupe Styles de formes, cliquez sur le bouton Effets afin d'afficher le sous-menu des effets accessibles.

3/ Effet ombre

Parmi les effets proposés se trouve l'effet Ombre, il offre une gamme complète d'effets d'ombre pour donner une impression de lumière et de distance par rapport à la feuille.

4/ Effet Biseau

Vous pouvez aussi définir l'effet biseau, qui mettra en volume le contour de votre graphique ou l'un de ses éléments.

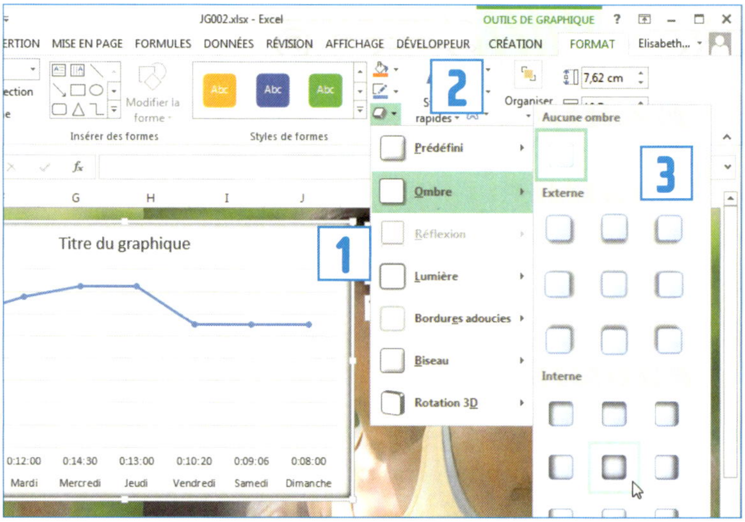

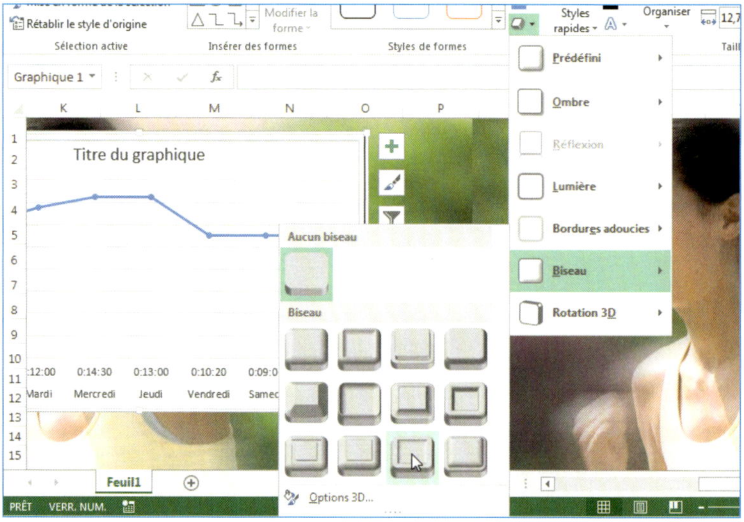

Outils de graphique > Format > Styles de formes

atelier

88

SI VOUS AJOUTEZ À LA FORME UN EFFET 3D, par exemple une plaque, puis une bordure arrondie, vous ne verrez aucun changement sur la forme car l'effet 3D a la priorité. Toutefois, si vous supprimez l'effet 3D, la bordure arrondie sera visible.

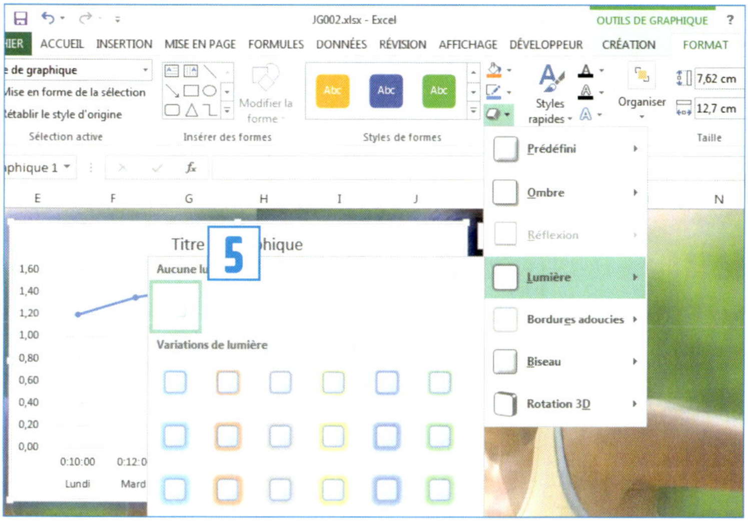

5/ Effet Lumière

L'effet Lumière encadre le graphique ou l'élément sélectionné d'un halo coloré plus ou moins épais.

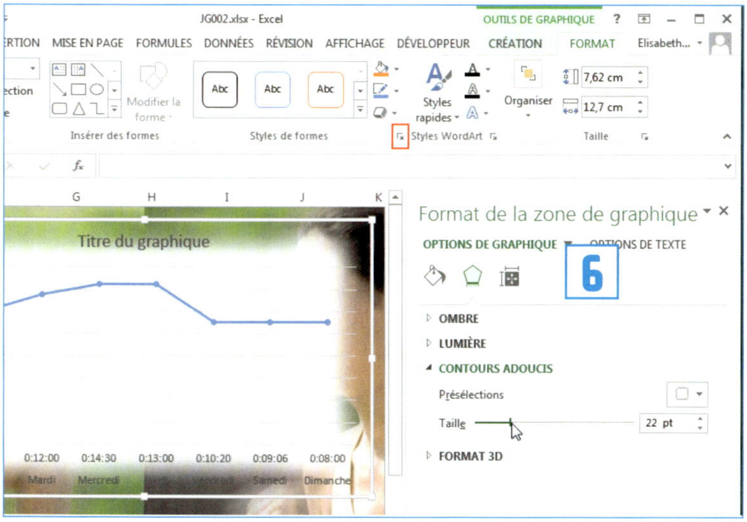

6/ Le volet Format de la zone

En double-cliquant sur le contour du graphique ou un de ses éléments, un volet s'affiche sur la droite de l'écran, mettant à disposition tous les outils qui permettent de mettre en forme ou en volume avec une grande précision.

EXPLOSER UN GRAPHIQUE EN SECTEURS

0h20

Pour attirer l'attention sur les parties d'un graphique en secteurs sans modifier ses données, vous pouvez extraire tous les secteurs. En les écartant les uns des autres les secteurs sont plus lisibles.

1/ Sélection

Vous pouvez utiliser le fichier JG006.xlsx. Faites un simple clic sur le camembert et gardez pressé le bouton.

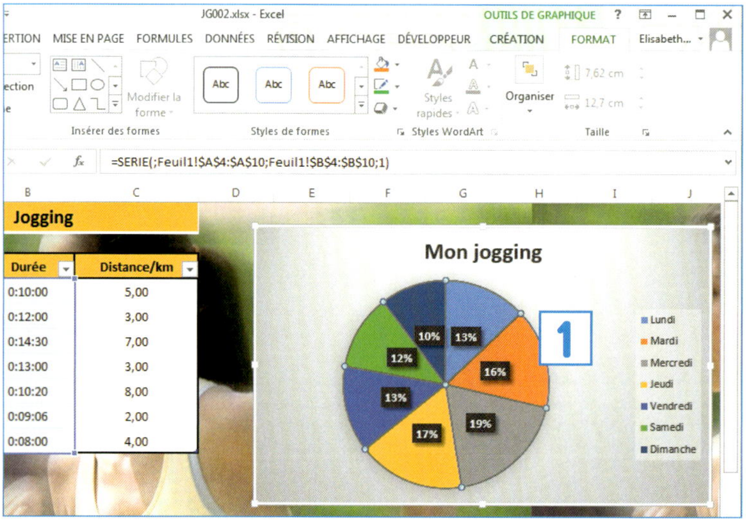

2/ Déplacer les secteurs

Faites glisser lentement en vous éloignant du centre du graphique tout en maintenant le bouton pressé.

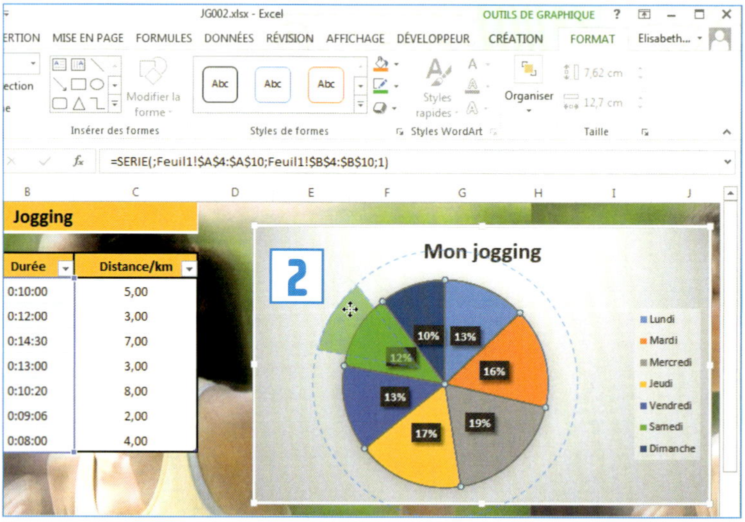

Pour mettre en exergue l'un des secteurs, vous pouvez lui ajouter un effet 3D ou définir une ombre plus foncée pour donner l'impression qu'il est au-dessus des autres.

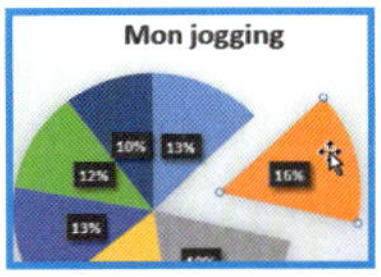

atelier

89

POUR METTRE L'ACCENT SUR UN SECTEUR DU GRAPHIQUE EN SECTEURS, vous pouvez le déplacer par rapport au reste du graphique. Double-cliquez sur le secteur que vous souhaitez extraire, puis faites-le glisser en dehors du centre du graphique.

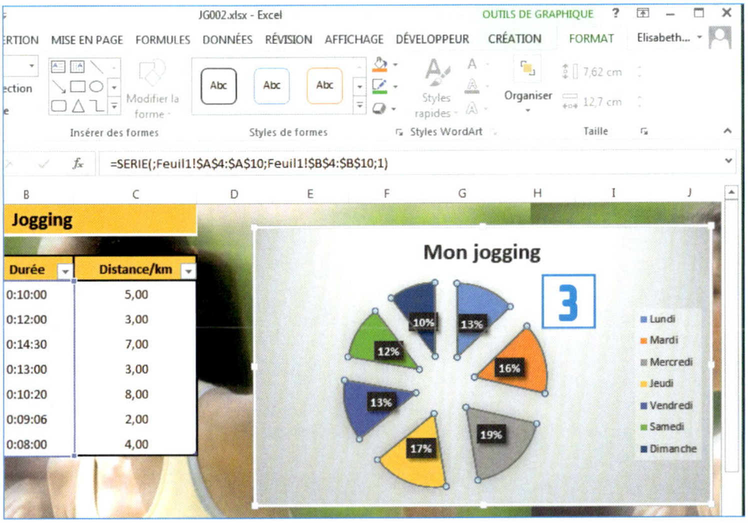

3/ Graphique éclaté

Lorsque vous relâchez le bouton de la souris, le graphique s'éclate, les secteurs sont séparés les uns des autres.

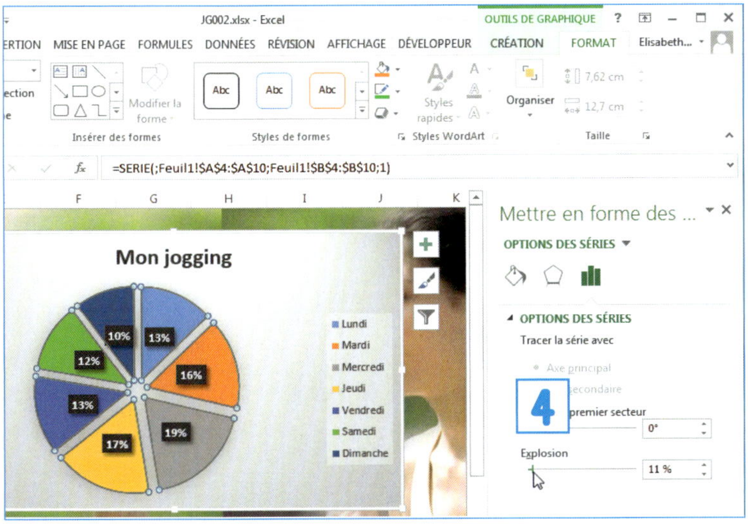

4/ Explosion du graphique

Si vous double-cliquez sur l'un des secteurs, le volet Mettre en forme des séries s'affiche sur la droite de l'écran. Dans la zone Explosion, faites glisser le curseur pour accroître ou décroître la séparation ou saisissez un chiffre dans la zone de pourcentage.

AJOUTER UNE BORDURE À UN ÉLÉMENT

0h15

Vous pouvez modifier le contour d'éléments de graphique, tels que la zone de graphique, la zone de traçage, la série de données, les axes, les titres, les étiquettes de données ou la légende.

1/ Sélection

Vous pouvez utiliser le fichier JG007.xlsx. Sélectionnez le graphique ou l'élément sur lequel vous voulez appliquer une bordure.

2/ Le bouton Contour

Sous les Outils de graphique, cliquez sur l'onglet Format puis, dans le groupe Styles de formes, cliquez sur le bouton Contour afin d'afficher la palette des couleurs du thème ainsi que les couleurs standard.

3/ Épaisseur de trait

Dans le menu Contour se trouve aussi la commande Épaisseur, qui permet de définir un trait plus ou moins épais selon le besoin.

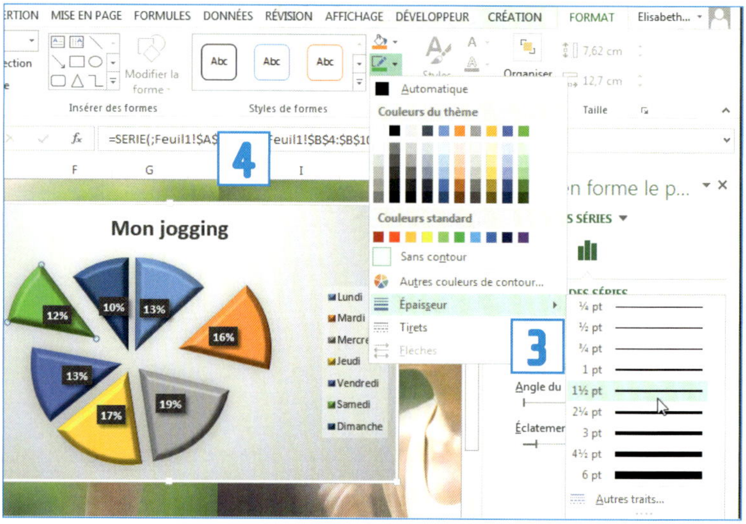

Outils de graphique > Format > Styles de formes > Contour

atelier **90**

POUR UTILISER UNE COULEUR DE CONTOUR QUI N'EST PAS DISPONIBLE sous Couleurs du thème ou Couleurs standard, cliquez sur Autres couleurs de contour. Dans la boîte de dialogue Couleurs, spécifiez la couleur à utiliser sous l'onglet Standard ou Personnalisée, puis cliquez sur OK. Les couleurs de contour personnalisées que vous créez sont ajoutées sous Couleurs utilisées récemment pour vous permettre de les réutiliser ultérieurement.

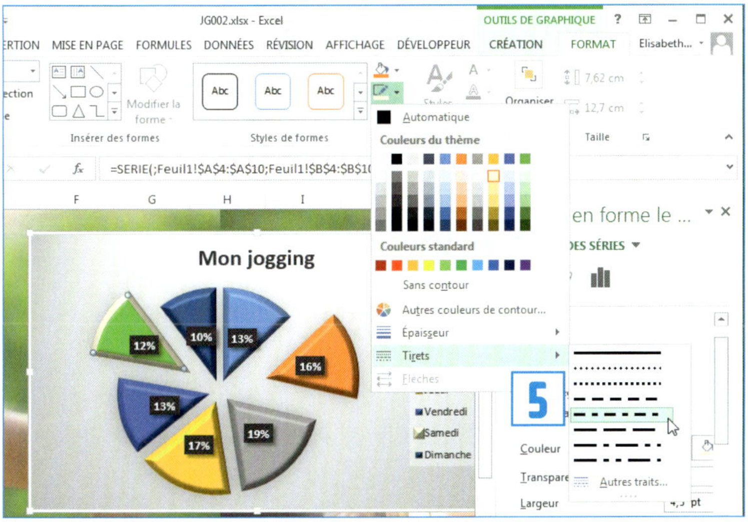

5/ Le type de trait

Il est aussi possible de définir le type de trait à utiliser pour le contour du graphique ou de l'élément en cliquant sur la commande Tirets puis en sélectionnant le trait.

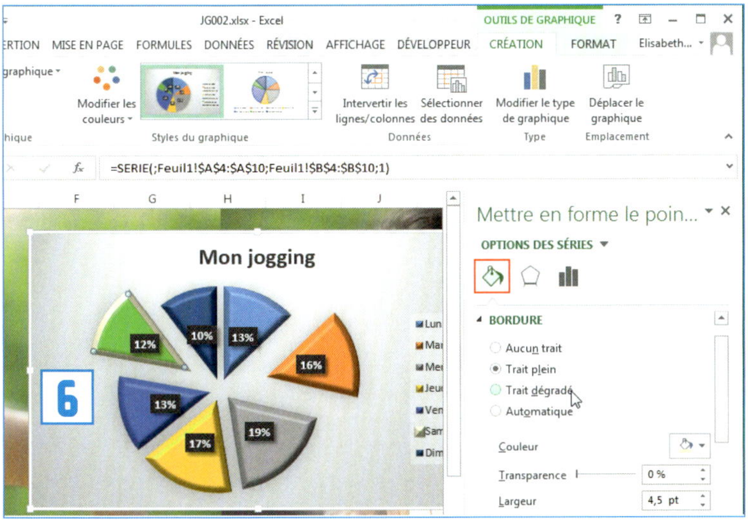

6/ Volet Mettre en forme

Si vous double-cliquez sur l'élément, le volet Mettre en forme s'affiche sur la droite de l'écran. En cliquant sur l'icône Remplissage et ligne, se trouve la rubrique Bordure, qui vous permet de la définir avec précision.

CHANGER LE REMPLISSAGE D'UN ÉLÉMENT

0h15

Pour faire ressortir certains éléments ou partie d'élément, vous pouvez en modifier le remplissage pour ajouter une textute, un dégradé ou une image, ce qui donnera plus de poids à vos données.

1/ Sélection

Vous pouvez utiliser le fichier JG007.xlsx. Sélectionnez le graphique ou l'élément sur lequel vous voulez appliquer une bordure.

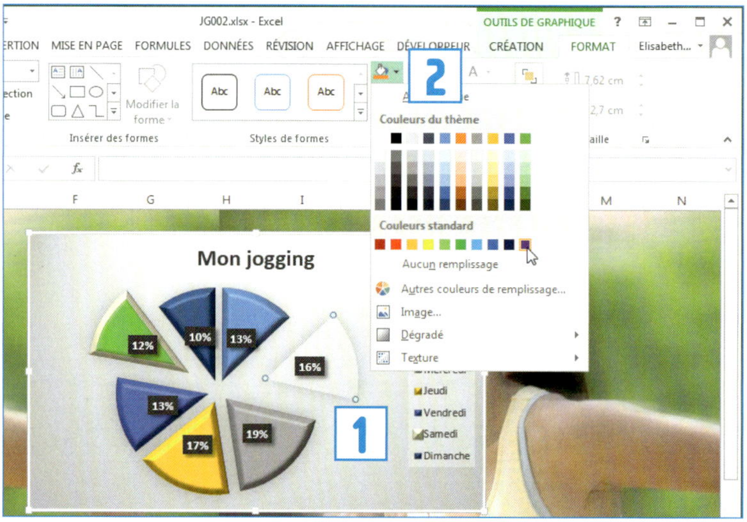

2/ Le bouton Remplissage

Sous les Outils de graphique, cliquez sur l'onglet Format puis, dans le groupe Styles de formes, cliquez sur le bouton Remplissage afin d'afficher la palette des couleurs du thème ainsi que les couleurs standard.

3/ Ajouter un dégradé

Dans le menu Remplissage se trouve aussi la commande Dégradé, qui permet de définir un remplissage en dégradé de la couleur précédente.

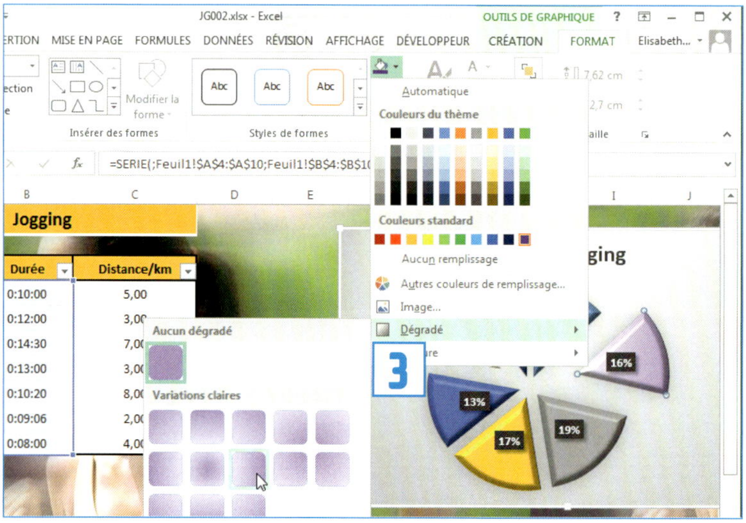

Outils de graphique > Format > Styles de formes > Remplissage

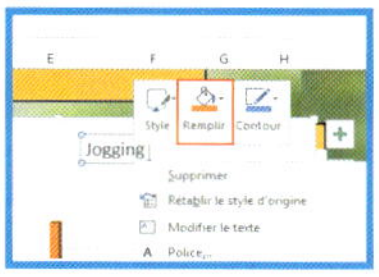

atelier

91

PLUTÔT QUE D'UTILISER LES COMMANDES DU RUBAN, vous pouvez également cliquer avec le bouton droit sur l'élément dont vous voulez changer le remplissage, puis cliquer sur l'outil Remplir.

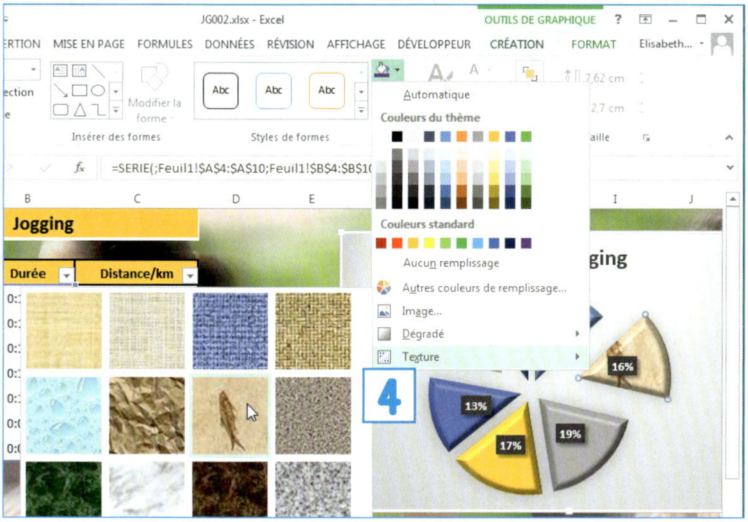

4/ Ajouter une texture

Il est aussi possible de définir un texte comme remplissage de l'élément. Pour cela cliquez sur la commande Texture, puis sélectionnez l'une des textures proposées.

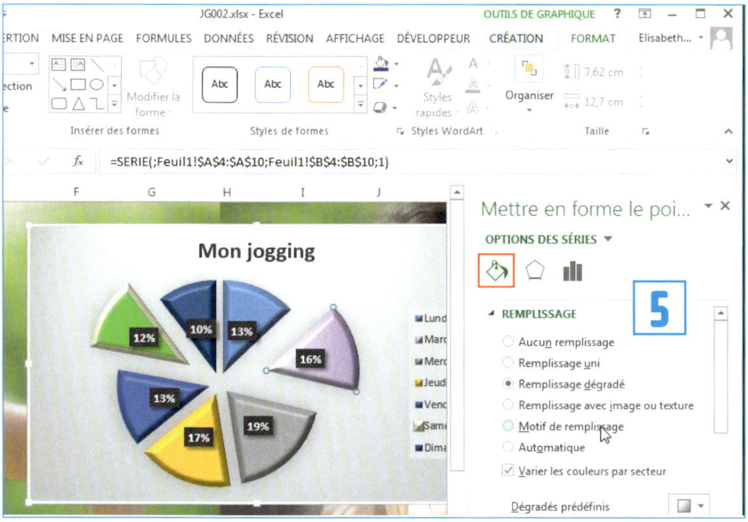

5/ Volet Mettre en forme

Si vous double-cliquez sur l'élément, le volet Mettre en forme s'affiche sur la droite de l'écran. En cliquant sur l'icône Remplissage et ligne, se trouve la rubrique Remplissage, qui vous permet de paramétrer avec précision.

MODIFIER ET METTRE EN FORME LE TITRE DU GRAPHIQUE

0h15

Lorsque vous créez un graphique, une zone Titre du graphique s'affiche au-dessus du graphique. Vous pouvez facilement sélectionner cette zone et taper le titre voulu, la mettre en forme comme vous le voulez et la déplacer vers un autre endroit dans le graphique.

1/ Saisir un titre

Vous pouvez utiliser le fichier JG007.xlsx. Cliquez dans la zone du titre du graphique et saisissez le nouveau titre.

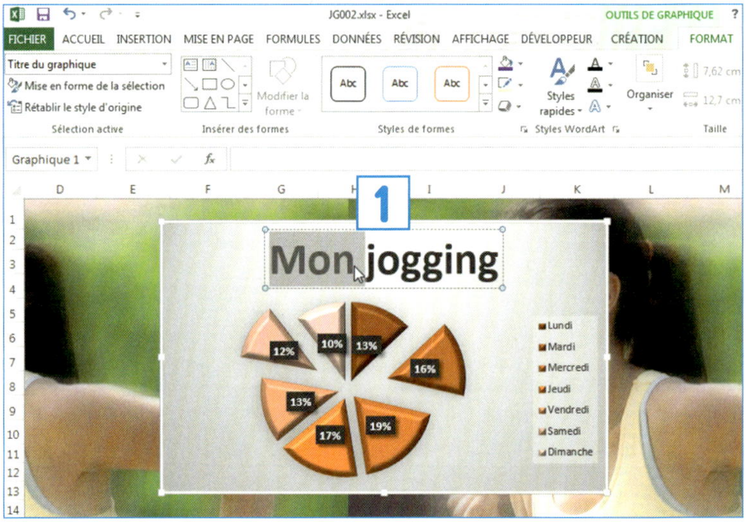

2/ Ajouter un style

Sélectionnez la zone de titre de graphique. Puis, sous les Outils de graphique, cliquez sur l'onglet Format. Dans le groupe Styles WordArt, cliquez sur le bouton Styles rapides afin d'afficher la galerie des styles disponibles.

3/ Galerie de style

Dans la galerie, en passant le curseur sur les différents styles, Excel vous affiche un aperçu du rendu. Cliquez sur celui de votre choix.

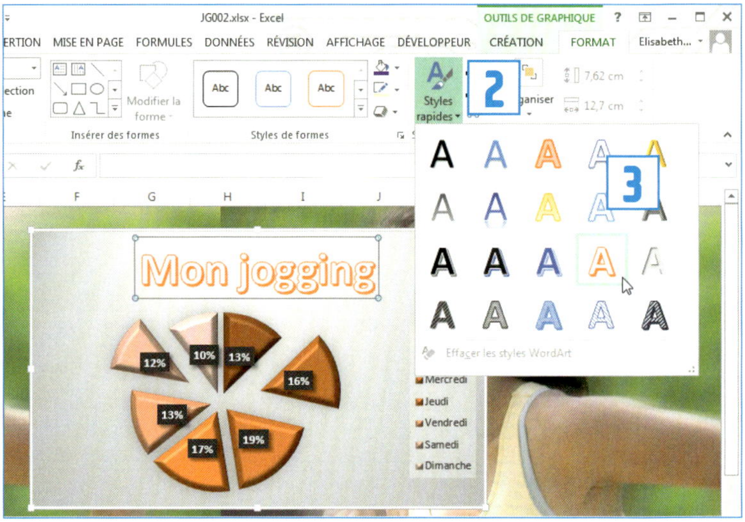

Outils de graphique > Format > Styles de formes > Style WordArt

atelier **92**

POUR LIER LE TITRE D'UN GRAPHIQUE À UNE CELLULE DE FEUILLE DE CALCUL, cliquez sur le titre du graphique que vous souhaitez lier, cliquez dans la barre de formule, saisissez le signe égal [=] et sélectionnez la cellule contenant les données ou le texte à afficher dans le titre du graphique.

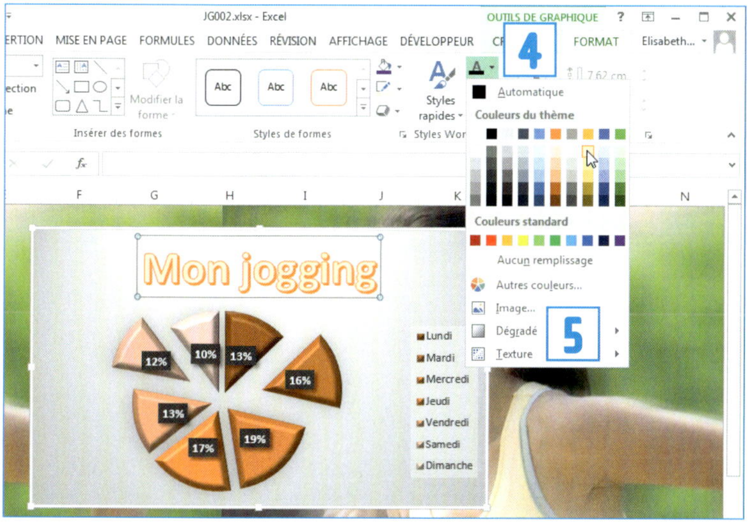

4/ Remplissage du texte

Sous les Outils de graphique, cliquez sur l'onglet Format puis, dans le groupe Styles WordArt, cliquez sur le bouton Remplissage d'un texte afin d'afficher la palette des couleurs du thème ainsi que les couleurs standard.

5/ Dégradé et texture

Dans le menu Remplissage du texte se trouvent aussi les commandes Dégradé et Texture, qui permettent de définir un remplissage graphique.

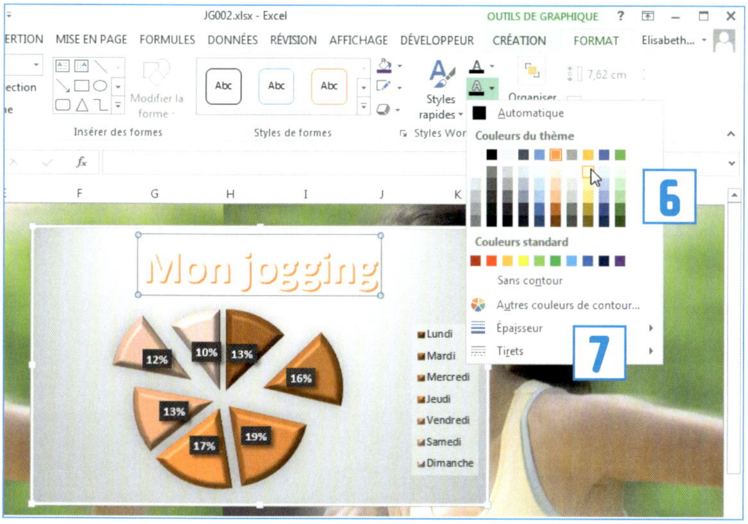

6/ Contour du texte

Sous les Outils de graphique, cliquez sur l'onglet Format puis, dans le groupe Styles WordArt, cliquez sur le bouton Contour du texte.

7/ Épaisseur et type de contour

Dans le menu Contour du texte se trouvent aussi les commandes Épaisseur et Tirets, qui permettent de définir un trait plus ou moins épais, continu ou en pointillé.

CHANGER LES DONNÉES DU GRAPHIQUE

0h20

Si certaines données se sont ajoutées ou sont devenues obsolètes depuis que vous avez créé votre graphique, vous pouvez modifier la sélection des données sources.

1/ Sélection

Vous pouvez utiliser le fichier JG007.xlsx. Sélectionnez le graphique dont vous voulez changer la source de données.

2/ Le groupe Style

Sous les Outils de graphique, cliquez sur l'onglet Création, cliquez sur le bouton Sélectionner des données, dans le groupe Données.

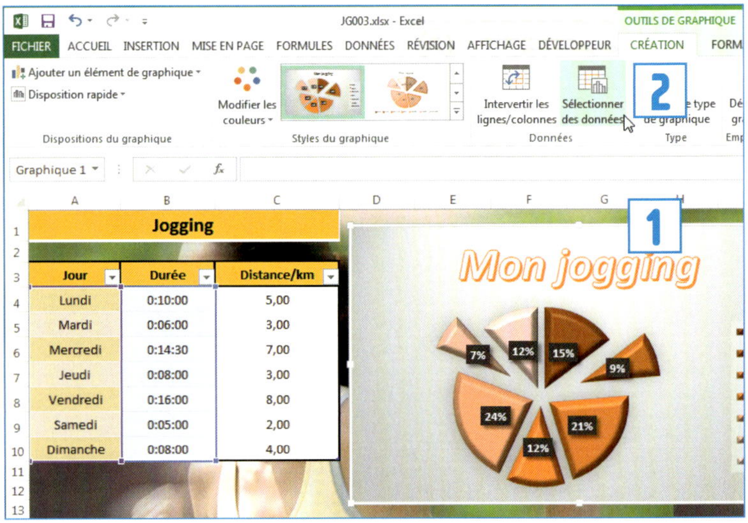

3/ Sélectionner les données

La boîte de dialogue Sélectionner la source de données s'affiche.

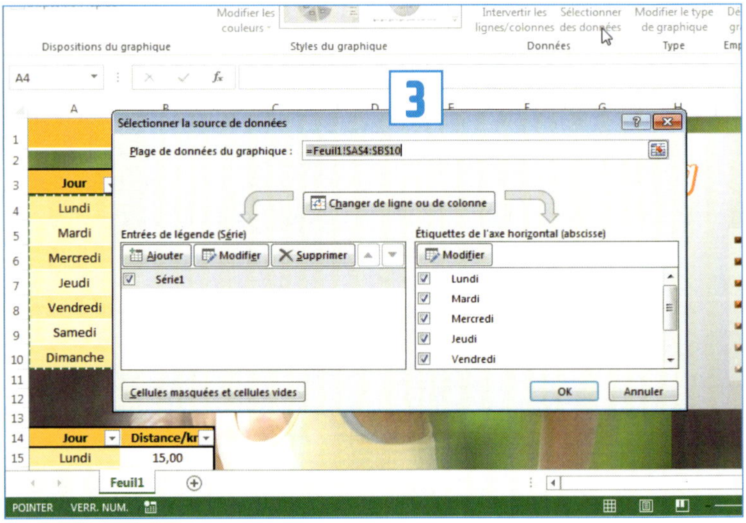

Outils de graphique > Création > Données > Sélectionner des données

atelier **93**

LES AUTRES OPTIONS DE LA BOÎTE DE DIALOGUE permettent de modifier la façon dont les données de la feuille de calcul sont présentées dans le graphique, de changer le nom des séries ainsi que l'affichage des étiquettes d'axe.

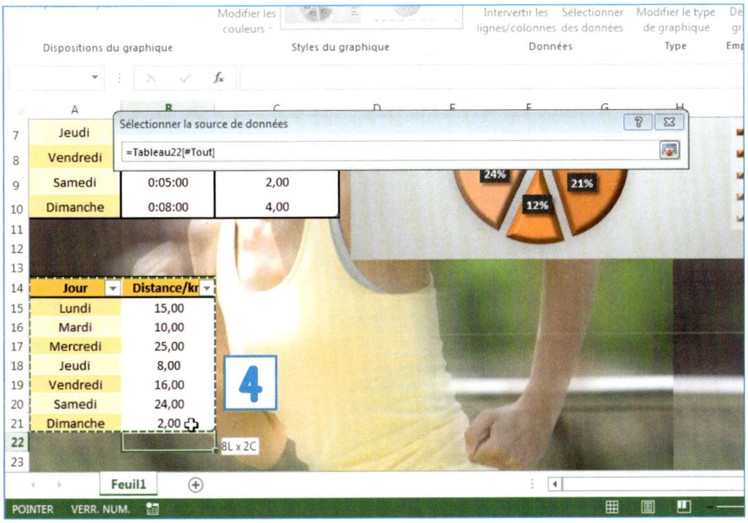

4/ Zone de sélection

Cliquez sur le bouton [icône] sélectionnez la nouvelle plage de cellule qui doit être prise en compte dans le graphique. Cliquez à nouveau sur le bouton.

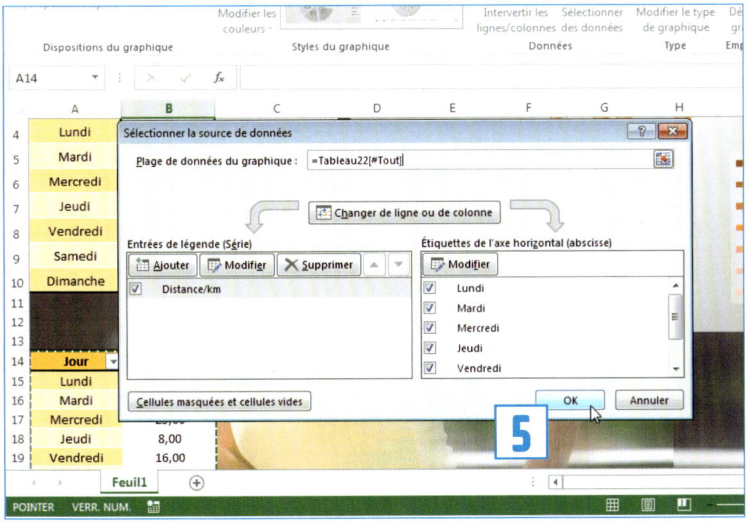

5/ Nouvelles valeurs

Cliquez sur le bouton OK.

Le graphique s'affiche immédiatement avec les nouvelles valeurs.

INTERVERTIR LES DONNÉES ET DISPOSER LES ÉLÉMENTS

0h15

Après avoir créé un graphique, vous pouvez aisément modifier la façon dont les données des lignes et des colonnes qu'il contient sont tracées. La commande Intervertir les lignes/colonnes permute les données sources sur l'axe.

1/ Sélection

Vous pouvez utiliser le fichier **JG007.xlsx**. Sélectionnez une plage de cellule que vous souhaitez rapidement mettre en forme en tant que tableau.

2/ Intervertir les données

Sous les Outils de graphique, cliquez sur l'onglet Création, cliquez sur le bouton Intervertir des données, dans le groupe Données.

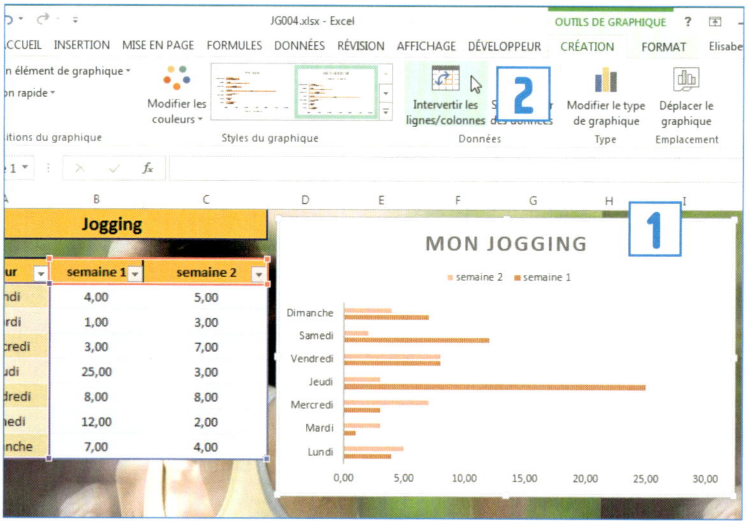

3/ Galerie de tableaux

Dans cet exemple, le graphique présentait les données sur deux semaines en comparant la valeur de chaque jour, à présent le graphique compare les semaines l'une après l'autre.

Outils de graphique > Création > Données > Intervertir des données

atelier **94**

UN GRAPHIQUE ÉTANT CONSIDÉRÉ COMME UN OBJET PAR EXCEL, il peut être placé au-dessus ou en dessous d'autres objets sur la feuille. Pour cela utilisez le groupe Organisé sous l'onglet format des outils graphiques.

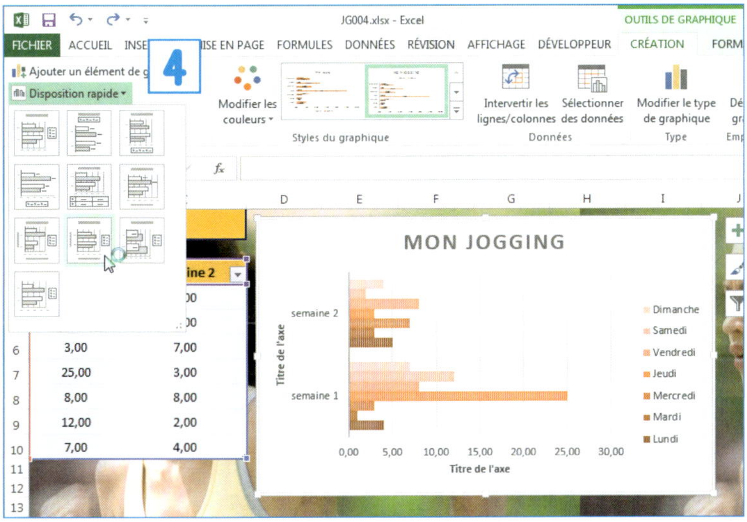

4/ Dispositions rapides

Sous les Outils de graphique, cliquez sur l'onglet Création, cliquez sur le bouton Disposition rapide, dans le groupe Dispositions du graphique.

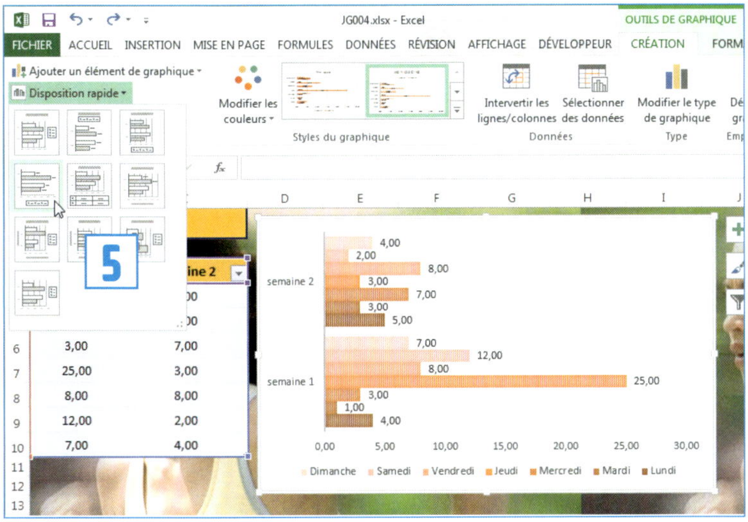

5/ Modification immédiate

Dès que vous avez cliqué sur l'une des dispositions, Excel affiche toutes les informations correspondantes.

DÉPLACER LE GRAPHIQUE SUR UNE AUTRE FEUILLE EN TANT QU'OBJET

0h20

Par défaut, le graphique est incorporé en tant qu'objet sur la feuille de calcul contenant les données qu'il représente. Il est tout à fait possible de déplacer ce graphique sur la feuille comme n'importe quel objet. Il est parfois utile de le déplacer sur une autre feuille.

1/ Ajout de feuille de calcul

Ajoutez une nouvelle feuille dans votre classeur si nécessaire pour recevoir le graphique.

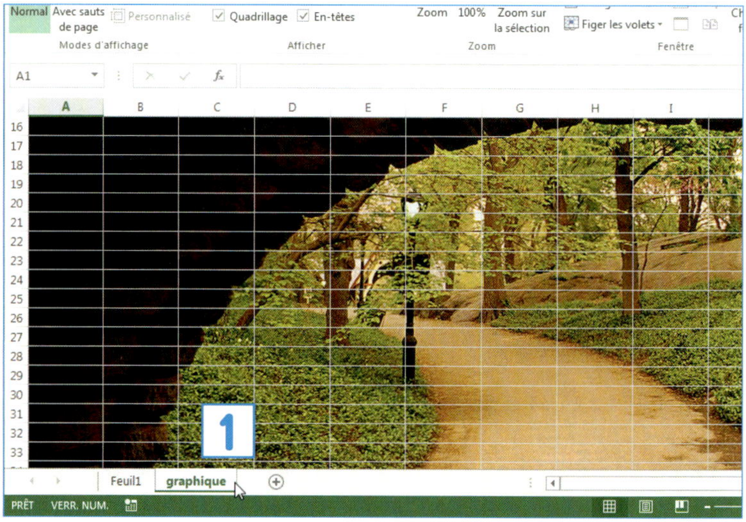

2/ Sélection

Sélectionnez le graphique à déplacer en tant qu'objet.

3/ Déplacer le graphique

Sous les Outils de graphique, cliquez sur l'onglet Création, cliquez sur le bouton Déplacer le graphique, dans le groupe Emplacement.

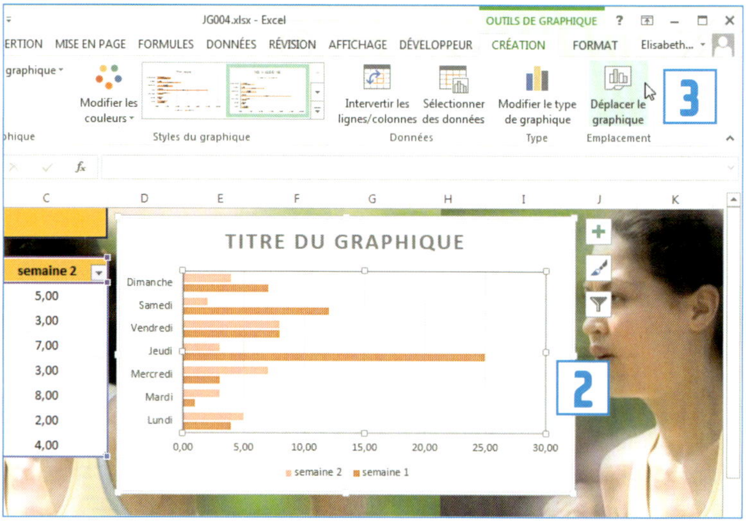

Outils de graphique > Création > Emplacement > Déplacer le graphique

atelier 95

POUR DÉPLACER UN GRAPHIQUE EN TANT QU'OBJET SUR UNE FEUILLE D'UN AUTRE CLASSEUR, coupez le graphique puis rendez-vous sur la feuille de destination. Appliquez un collage spécial en sélectionnant l'option Objet Dessin Microsoft Office. Les modifications des données dans le classeur d'origine se répercuteront sur le graphique dans le classeur de destination.

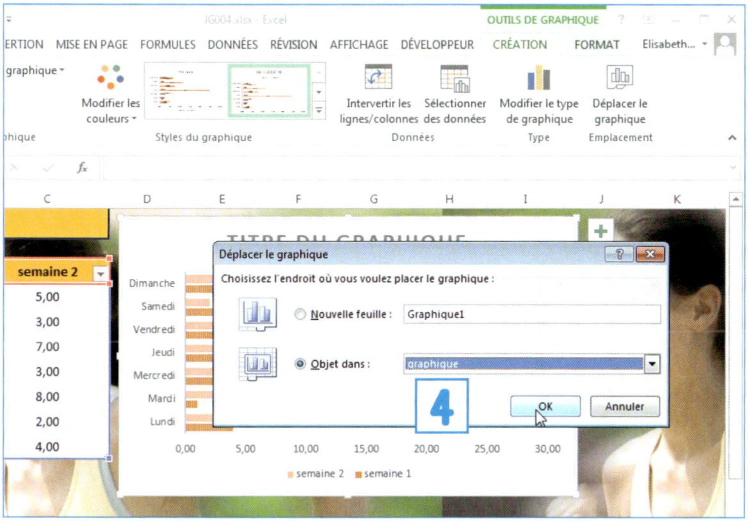

4/ La zone Objet dans

La boîte de dialogue Déplacer le graphique s'affiche. Cochez l'option Objet dans et dans la liste sélectionnez la feuille dans laquelle vous déplacez le graphique. Cliquez sur le bouton OK.

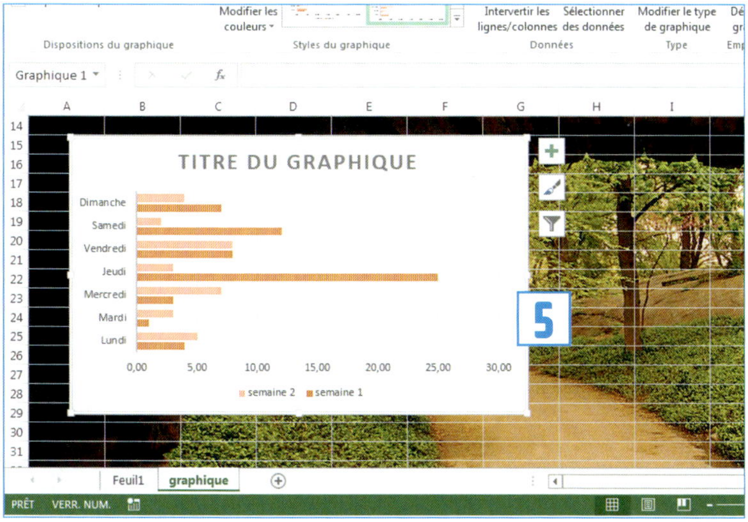

5/ Déplacement

Le graphique est déplacé dans la feuille sélectionnée, mais il reste lié aux données de la feuille d'origine.

DÉPLACER LE GRAPHIQUE COMME UNE NOUVELLE FEUILLE

0h20

Par défaut, le graphique est incorporé en tant qu'objet sur la feuille de calcul contenant les données qu'il représente. Vous pouvez déplacer ce graphique en tant que nouvelle feuille sans pour autant déplacer les données.

1/ Sélection

Sélectionnez le graphique à déplacer en tant que nouvelle feuille.

2/ Déplacer le graphique

Sous les Outils de graphique, cliquez sur l'onglet Création, cliquez sur le bouton Déplacer le graphique, dans le groupe Emplacement.

3/ La zone Nouvelle feuille

La boîte de dialogue Déplacer le graphique s'affiche. Cochez l'option Nouvelle feuille et saisissez le nom que vous souhaitez à la nouvelle feuille. Cliquez sur le bouton OK.

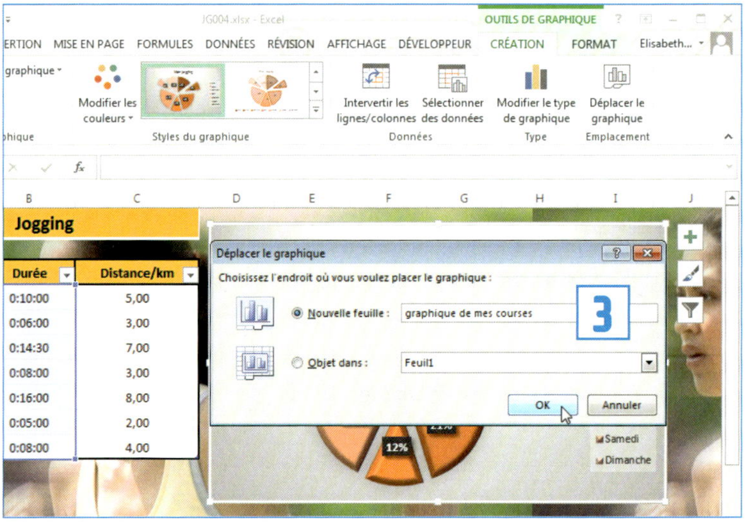

Outils de graphique > Création > Emplacement > Déplacer le graphique

POUR DÉPLACER UN GRAPHIQUE COMME NOUVELLE FEUILLE DANS UN AUTRE CLASSEUR, déplacez-le comme nouvelle feuille dans le classeur d'origine, puis déplacez la feuille dans le classeur de destination. Les modifications des données dans le classeur d'origine se répercuteront sur le graphique dans le classeur de destination.

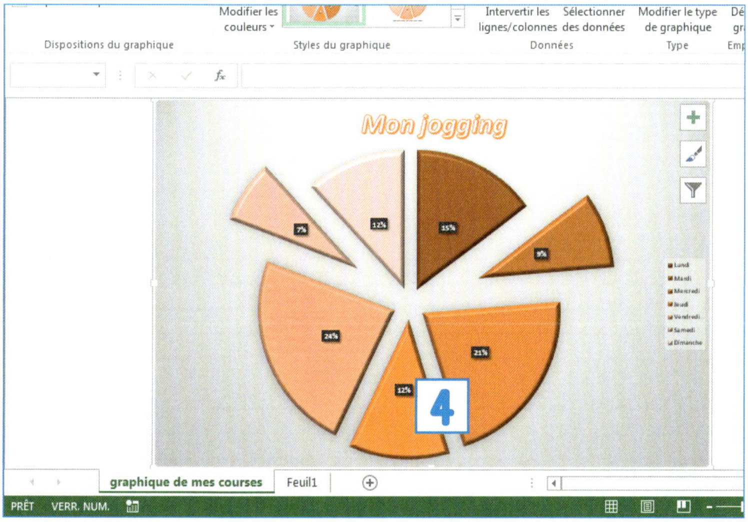

4/ Graphique déplacé

La feuille est créée et le graphique la remplit entièrement. Il est toujours lié aux données qui se trouvent dans la feuille d'origine.

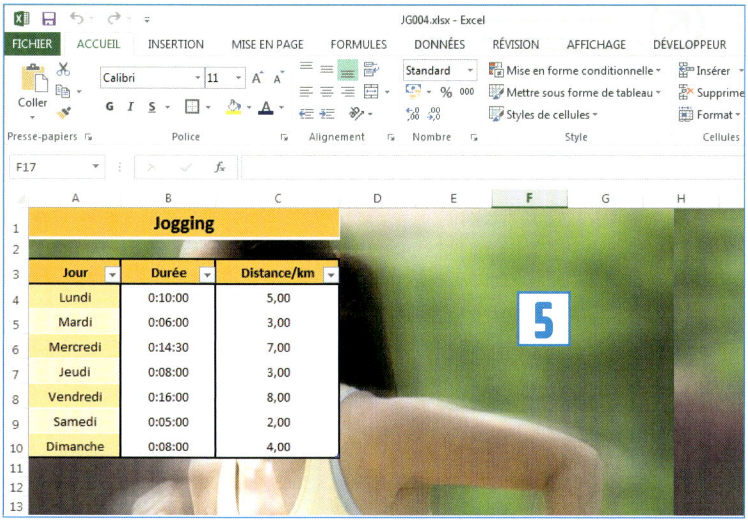

5/ Feuille avec les données

La feuille qui contenait le graphique ne contient à présent plus que ses données.

INSÉRER UN GRAPHIQUE SPARKLINE

0h15

Les données présentées dans une ligne ou une colonne sont utiles, mais il est parfois difficile de distinguer rapidement les tendances. Il est possible de donner du contexte à ces nombres en insérant des graphiques sparkline à proximité des données.

1/ Sélection

Vous pouvez utiliser le fichier JG005.xlsx. Sélectionnez une cellule vide ou un groupe de cellules vides dans lesquelles vous souhaitez insérer un ou plusieurs graphiques sparkline.

2/ Graphique Sparkline

Sous l'onglet Insertion, dans le groupe Graphiques Sparkline, cliquez sur l'un des trois types de sparkline.

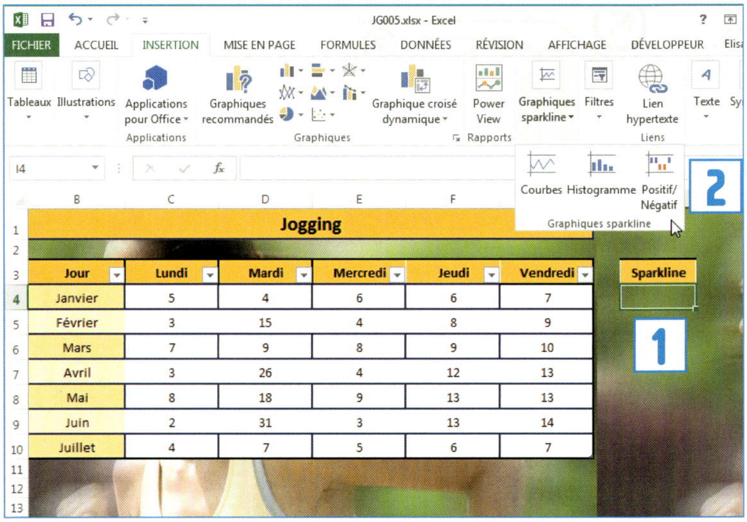

3/ Plage de données

Dans le champ Plage de données de la boîte de dialogue Créer des graphiques sparkline, vous devez indiquer la plage de cellule qui contient les données de base à représenter dans le graphique sparkline. Pour cela cliquez sur le bouton .

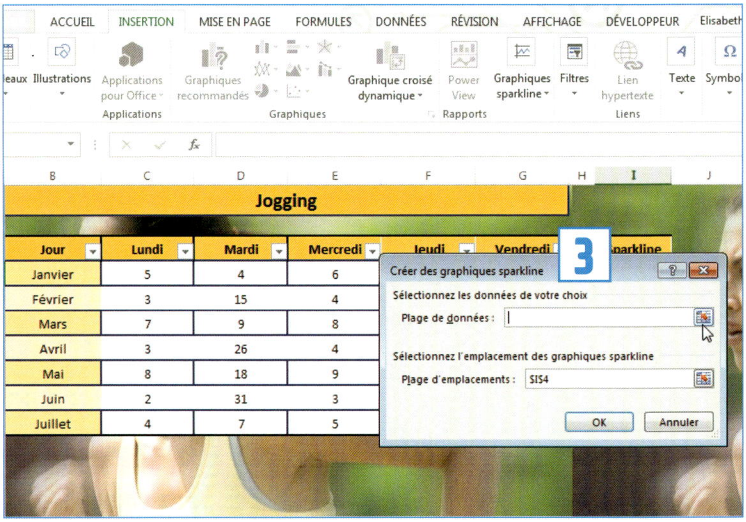

Insertion > Graphique sparkline > Type de sparkline choisi

atelier **97**

PUISQU'UN GRAPHIQUE SPARKLINE EST UN PETIT GRAPHIQUE imbriqué dans une cellule, vous pouvez entrer le texte dans une cellule et utiliser un graphique sparkline en arrière-plan. Il vous suffit de saisir du texte dans la cellule contenant le graphique sparkline.

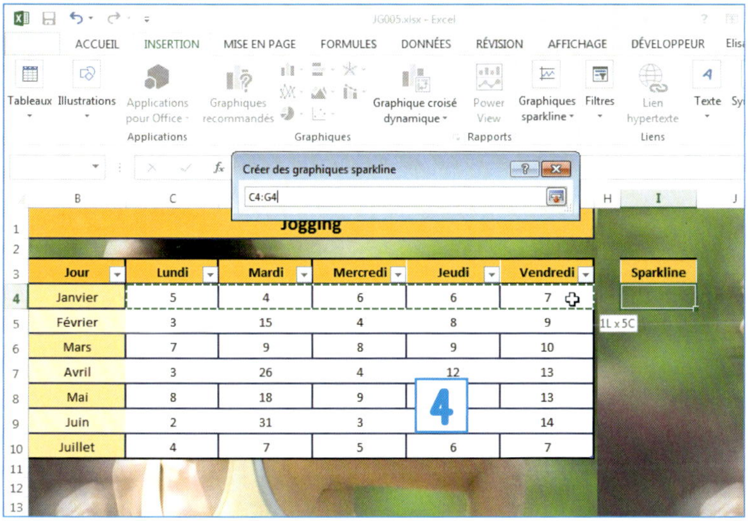

4/ Sélection de la plage de cellule

Faites la sélection de la plage de cellule et cliquez à nouveau sur le bouton .

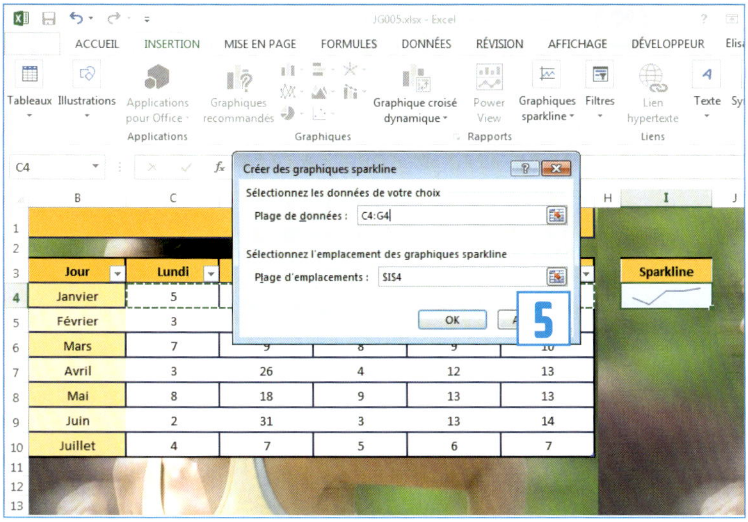

5/ Graphique dans une cellule

Dans la zone Plage d'emplacement l'adresse de la cellule qui va contenir le graphique sparkline est affichée. Cliquez sur le bouton OK.

Le graphique s'affiche immédiatement dans la cellule.

PERSONNALISER UN GRAPHIQUE SPARKLINE

0h10

Les commandes contenues sous cet onglet vous permettent de créer un nouveau graphique sparkline, d'en modifier le type, de le formater, d'afficher ou de masquer les points de données, entre autres.

1/ Sélection

Vous pouvez utiliser le fichier JG008.xlsx. Sélectionnez le ou les graphiques sparkline à modifier.

2/ Les outils Sparkline

Sous les Outils Sparkline, dans l'onglet Création, cliquez sur le bouton Couleur sparkline, dans le groupe Style, afin d'afficher la palette des couleurs du thème ainsi que les couleurs standard.

3/ Épaisseur de trait

Dans le menu se trouve aussi la commande Épaisseur, qui permet de définir un trait plus ou moins épais selon le besoin.

4/ Galerie de styles

Cliquez sur le bouton Autre, pour afficher la galerie de styles rapides de Sparkline.

5/ Choix de mise en forme

Dans la galerie, sélectionnez l'une des mises en forme proposées.

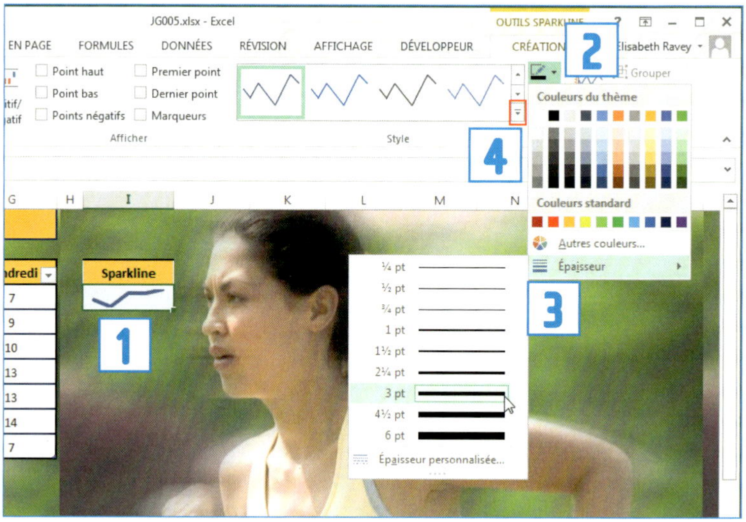

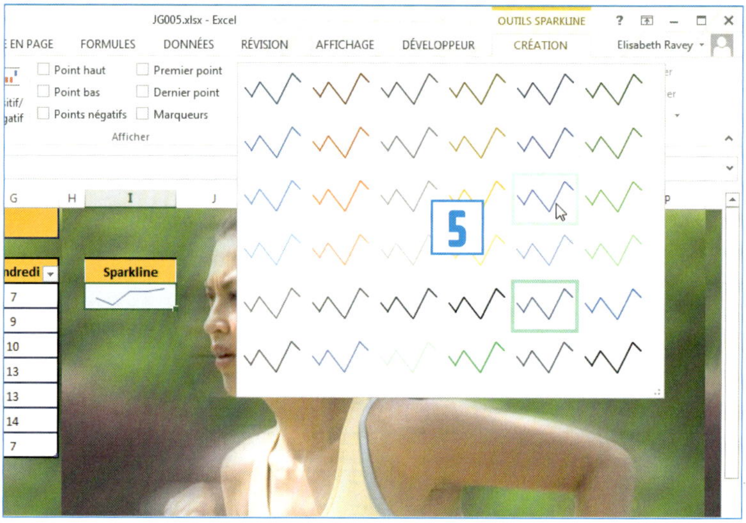

atelier

98

Outils sparkline > Création > Style > Couleur sparkline

SI VOUS SOUHAITEZ CHANGER LES DONNÉES SOURCES DU GRAPHIQUE sparkline, cliquez sur le bouton Modifier les données dans le groupe Graphique sparkline et, dans le sous-menu, précisez le type de données à changer avant de faire votre nouvelle sélection.

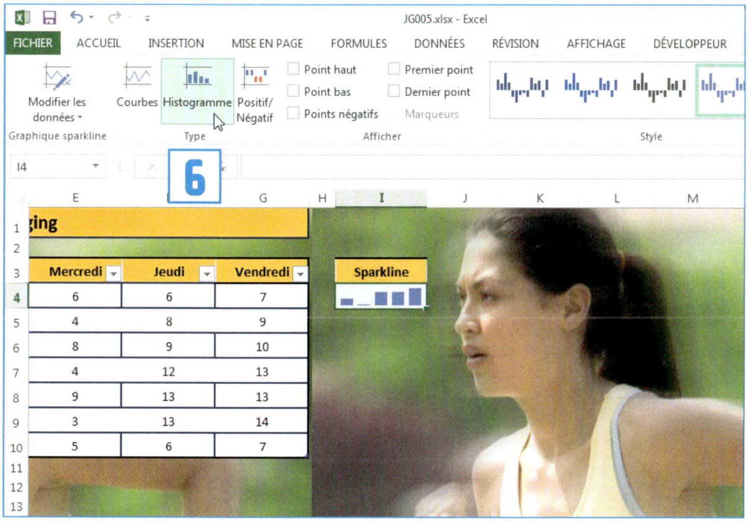

6/ Changer de type de Sparkline

Pour changer de type de Sparkline, cliquez sur le bouton correspondant au nouveau type que vous souhaitez dans le groupe Type.

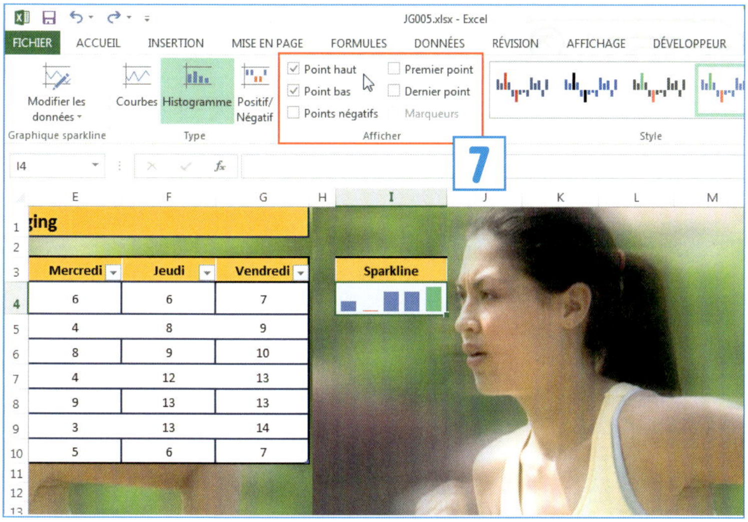

7/ Faire ressortir les tendances

Afin de mettre en évidence les valeurs individuelles dans les graphiques sparkline, utilisez les outils du groupe Afficher.
Dans l'exemple les points hauts et points bas sont mis en exergue par la couleur verte pour l'une et rouge pour l'autre.

6

HIERARCHIE D'UNE ASSOCIATION

L'instance de direction de l'association détient un pouvoir décisionnel de l'association . Elle est composée de membres appelés membres du bureau ou membres de droit et ils font aussi partie du Conseil d'Administration. Les objets Excel permettent d'afficher clairement une hiérarchie.

INSÉRER UN OBJET SMARTART

0h15

Un graphique SmartArt est une représentation graphique de vos informations et idées. Vous pouvez choisir une disposition parmi celles, nombreuses, qui vous sont proposées dans le but de faire passer votre message avec rapidité, simplicité et efficacité.

1/ SmartArt

Sous l'onglet Insertion, dans le groupe Illustrations, cliquez sur le bouton SmartArt.

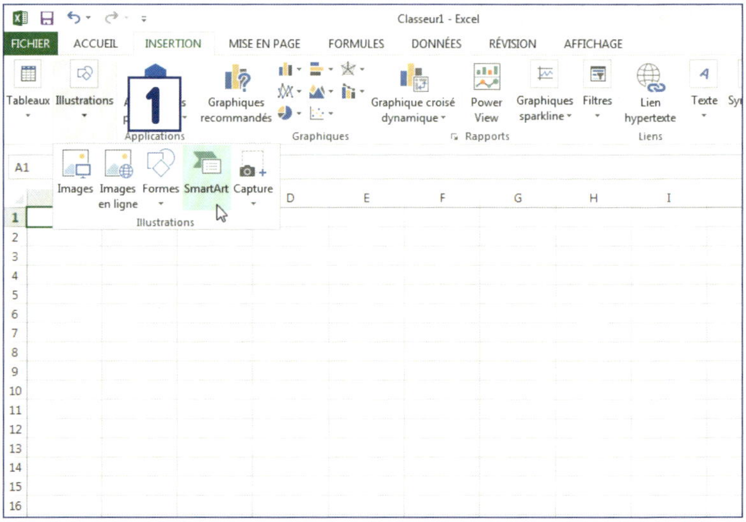

2/ Galerie de SmartArt

La boîte de dialogue Choisir un graphique SmartArt s'affiche et propose toutes les dispositions de SmartArt.

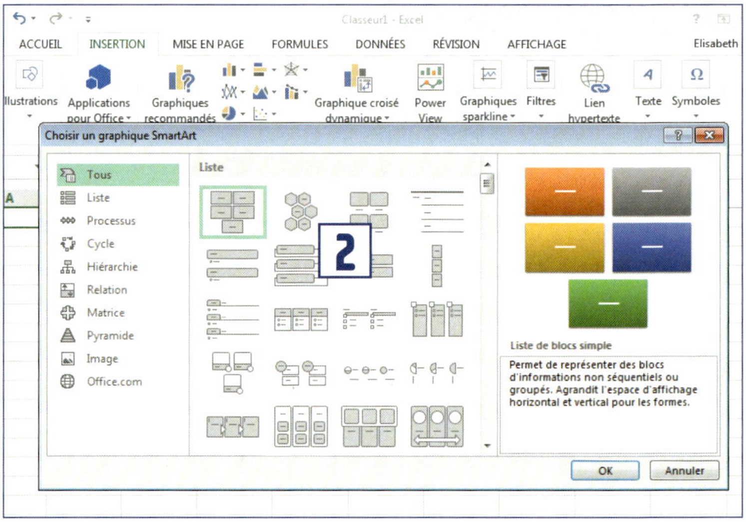

Insertion > Illustrations > SmartArt

atelier

99

À CHAQUE TYPE DE GRAPHIQUE SMARTART correspondent diverses dispositions uniques. Certaines ont des emplacements réservés pour les images. Certaines sont constituées de formes distinctes correspondant aux différents éléments d'information, notamment les points secondaires. D'autres mêlent les points secondaires et les points récapitulatifs correspondants.

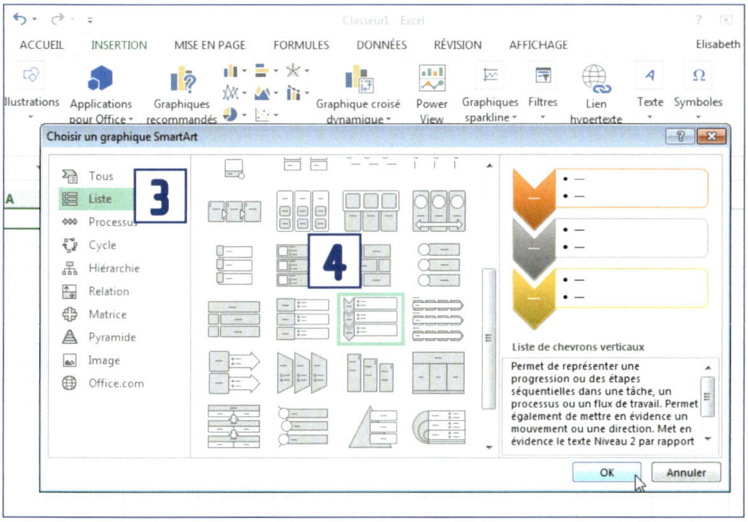

3/ Type de SmartArt

Vous pouvez sélectionner un type précis dans la colonne de gauche.

4/ Dispositions

Chaque type Excel propose des dispositions spécifiques. Cliquez sur l'une d'elles et un aperçu s'affiche à droite.
Cliquez sur le bouton OK.

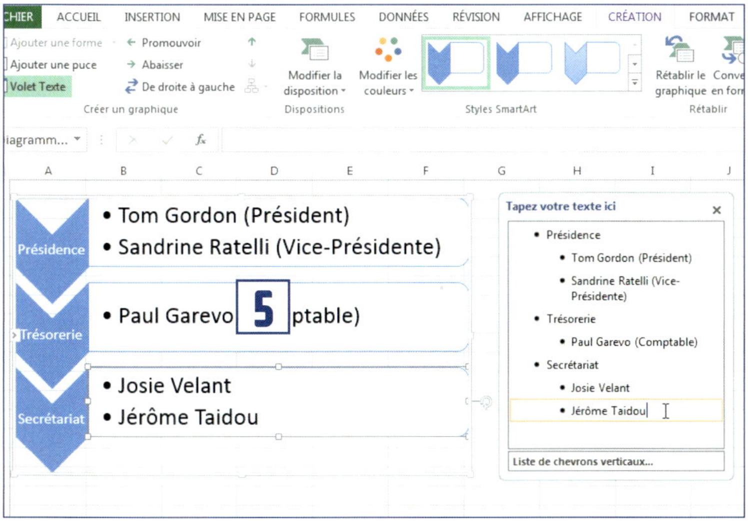

5/ Objet SmartArt

L'objet SmartArt est inséré dans la feuille de calcul. Le volet Texte est affiché par défaut. Vous pouvez y saisir les données à faire apparaître dans votre SmartArt.

MODIFIER LA DISPOSITION D'UN OBJET SMARTART

0h10

Avant de choisir une disposition pour un graphique SmartArt, réfléchissez au message que vous voulez faire passer et à la façon dont les informations doivent être présentées. Malgré tout, il est simple et rapide de changer de disposition.

1/ Sélection

Cliquez sur l'objet SmartArt dont vous voulez modifier la disposition.

2/ Les outils SmartArt

Sous les Outils SmartArt, cliquez sur l'onglet Création puis, dans le groupe Dispositions, cliquez sur le bouton Modifier la disposition.

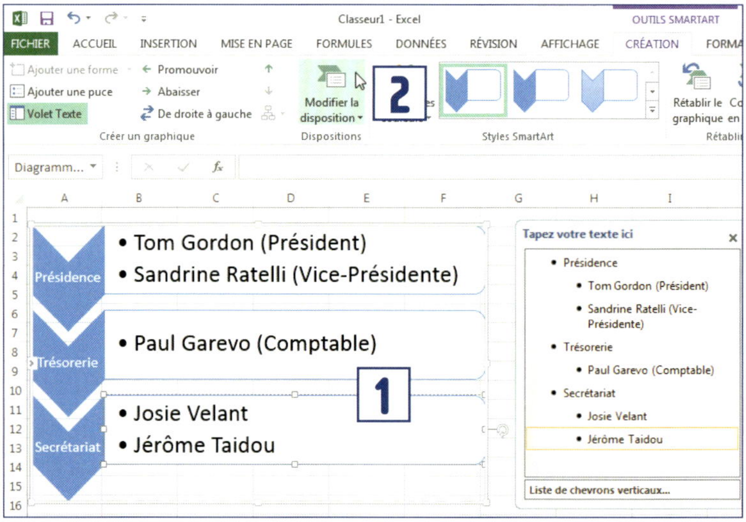

3/ Galerie de dispositions

Cliquez sur la disposition de votre choix dans la galerie qui s'affiche. En passant simplement le curseur sans cliquer, Excel vous offre un aperçu du résultat.

4/ Changer de type

Sous la galerie vous pouvez cliquer sur la commande Autres dispositions pour accéder à d'autres dispositions ou pour changer de type de SmartArt.

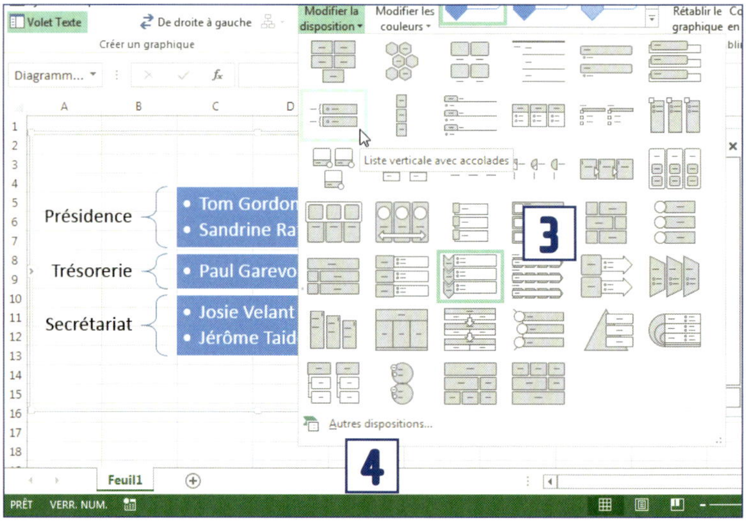

Outils SmartArt > Création > Dispositions > Modifier la disposition

PRENEZ ÉGALEMENT EN COMPTE LA QUANTITÉ DE TEXTE dont vous disposez, car elle a un effet sur l'aspect et le nombre de formes nécessaires dans une disposition. Existe-t-il plusieurs points principaux, eux-mêmes divisés en points secondaires ?

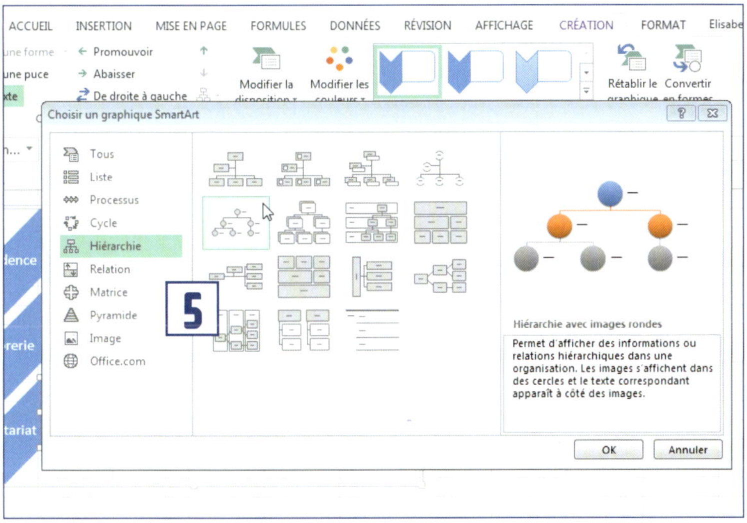

5/ Sélection de la disposition

Dans la boîte de dialogue Choisir un graphique SmartArt, sélectionnez votre disposition.

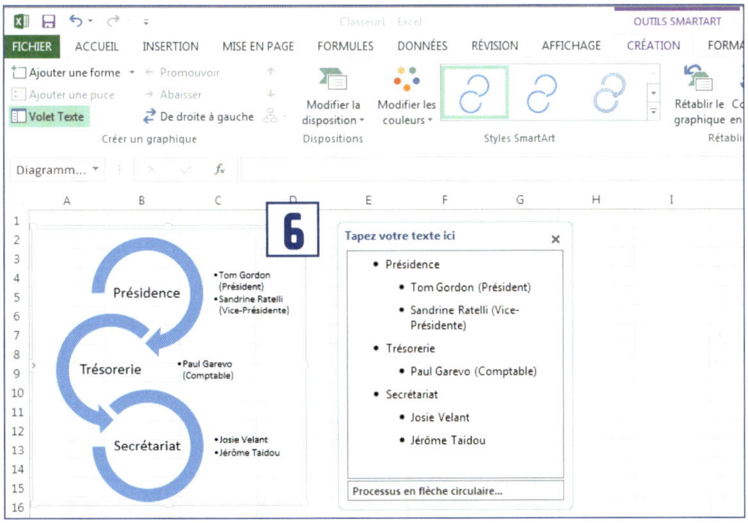

6/ Objet SmartArt

Le SmartArt a pris la nouvelle disposition choisie.

CHANGER LA COULEUR ET LE STYLE D'UN OBJET SMARTART

0h15

Vous pouvez appliquer simultanément des combinaisons de couleurs professionnelles à toutes les formes d'un graphique SmartArt ou modifier individuellement la couleur d'une forme ou de la bordure d'une forme.

1/ Sélection

Sélectionnez l'objet SmartArt dont vous voulez changer les couleurs.

2/ Format de nombre

Sous les Outils SmartArt, cliquez sur l'onglet Création puis, dans le groupe Style SmartArt, cliquez sur le bouton Modifier les couleurs.

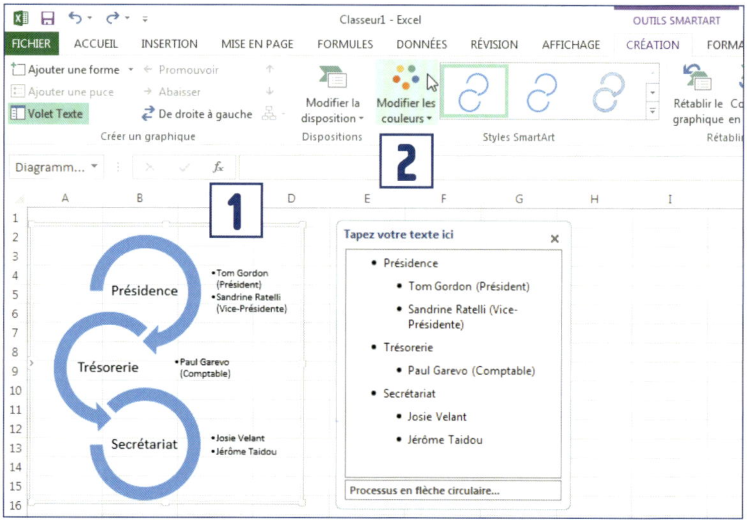

3/ Galerie de couleurs

Pour connaître les effets qu'aura une couleur sur un graphique SmartArt avant de sélectionner une miniature, placez votre pointeur sur la miniature souhaitée et observez le rendu de votre graphique SmartArt.

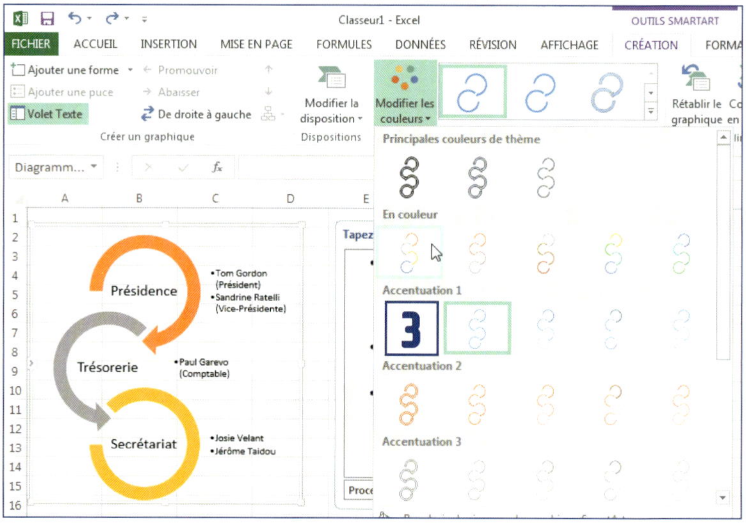

Outils SmartArt > Création > Dispositions > Modifier les couleurs

atelier
101

LES STYLES RAPIDES SONT DES COMBINAISONS de différentes options de mise en forme. Ils s'affichent sous forme de miniatures dans les diverses galeries de styles rapides. Lorsque vous placez le pointeur sur une miniature de style rapide, vous pouvez constater l'effet de ce style sur le graphique ou la forme SmartArt.

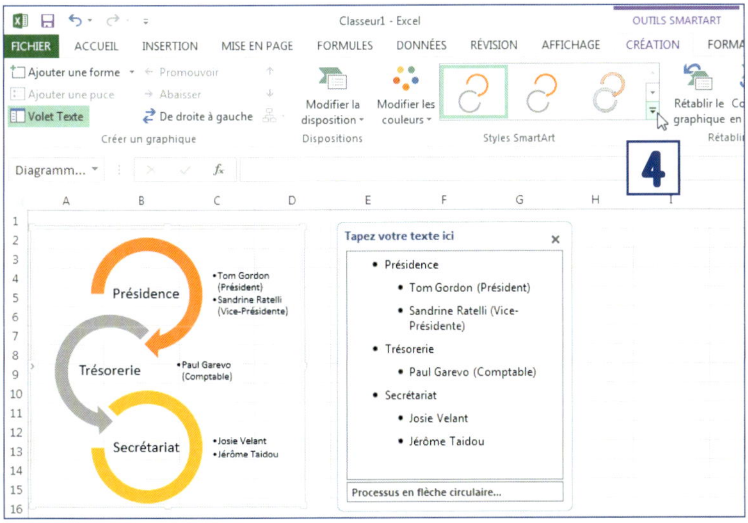

4/ Styles SmartArt

Sous les Outils SmartArt, cliquez sur l'onglet Création puis dans le groupe Style SmartArt, cliquez sur le style de votre choix. Pour afficher d'autres styles SmartArt, cliquez sur le bouton Autres.

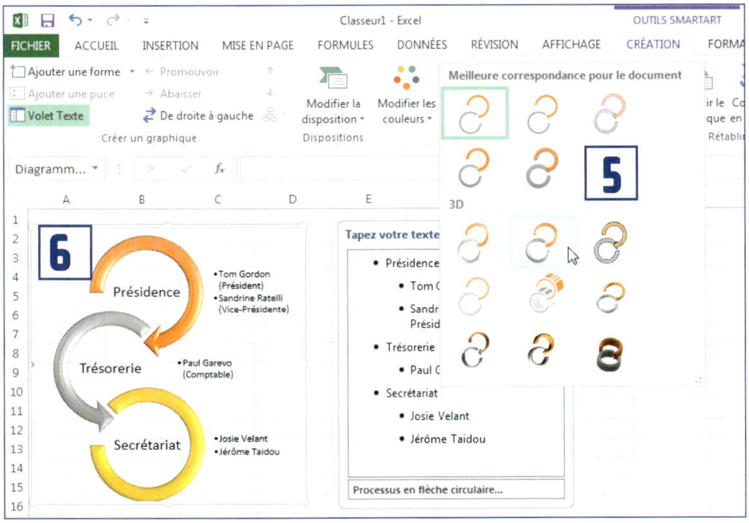

5/ Galerie de styles

Dans la galerie de styles, passez lentement votre curseur pour apprécier les propositions de mise en forme et en valeur. Cliquez lorsque l'une d'elles vous convient.

METTRE EN FORME LE TEXTE ET REDIMENSIONNER LES ÉLÉMENTS

0h20

Pour mettre en forme le texte du SmartArt, vous pouvez utiliser les outils classiques du menu Police sous l'onglet Accueil. Vous pouvez aussi ajouter un style WordArt pour faire ressortir un texte précis.

1/ Sélection

Sélectionnez l'élément texte à mettre en forme dans votre objet SmartArt.

2/ Style rapide

Sous les Outils SmartArt, cliquez sur l'onglet Format puis, dans le groupe Style WordArt, cliquez sur le bouton Autres.

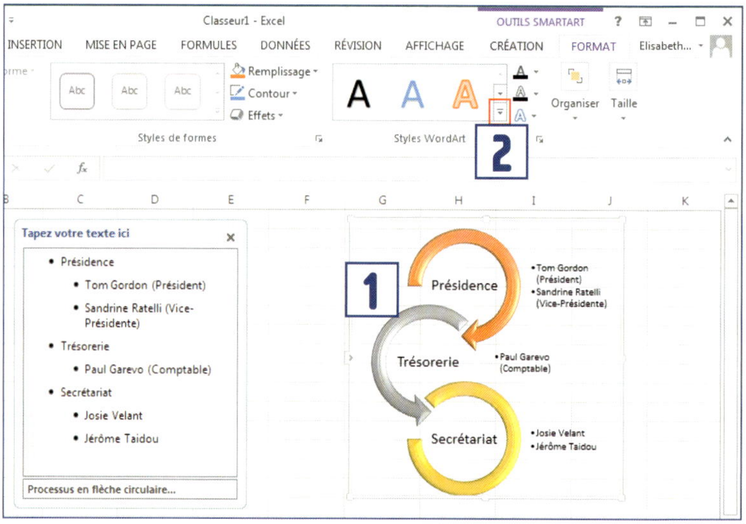

3/ Galerie WordArt

Dans la galerie de style WordArt, passez lentement votre curseur pour apprécier les mises en forme. Cliquez lorsque l'une d'elles vous convient.

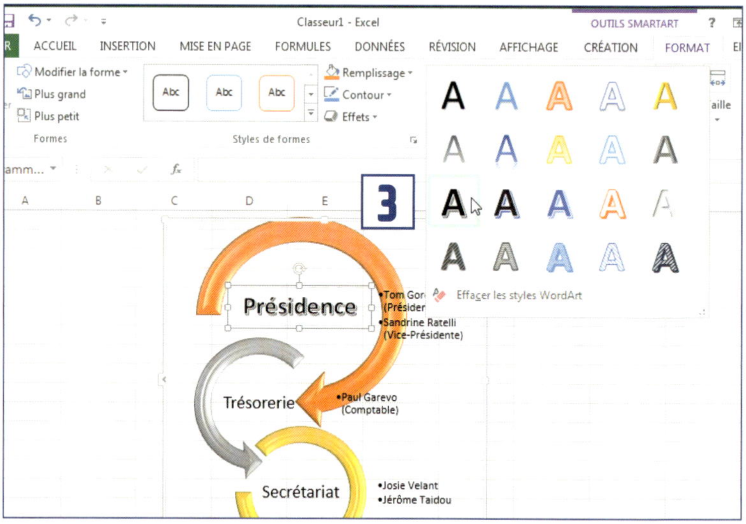

Outils SmartArt > Création > Créer un graphique > De droite à gauche

atelier **102**

SI LA TAILLE ET L'EMPLACEMENT D'UNE FORME NE VOUS CONVIENNENT PAS, vous pouvez la déplacer ou la redimensionner. La plupart des options de personnalisation se trouvent sous les Outils SmartArt, sous l'onglet Mise en forme.

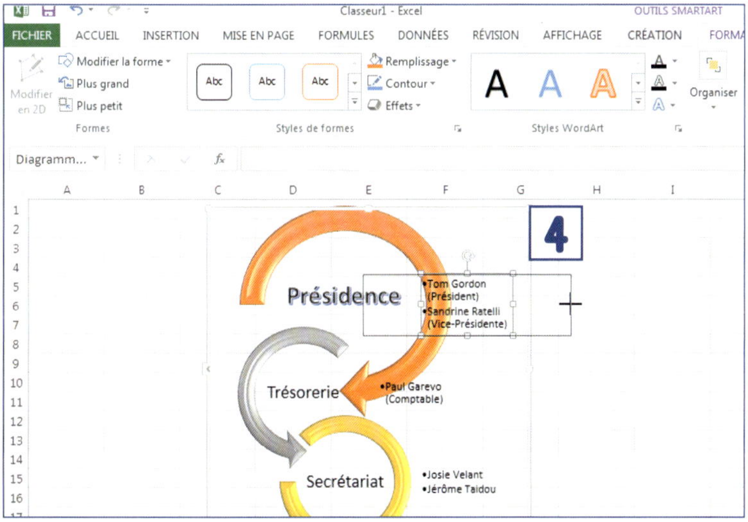

4/ Redimensionner un élément

Cliquez sur l'élément à redimensionner. Des rectangles blancs s'affichent tout autour de celui-ci. Cliquez sur l'un d'eux selon le redimensionnement à faire, et maintenez pressé le bouton. Glissez jusqu'à ce qu'il arrive à la taille voulue et relâchez le bouton.

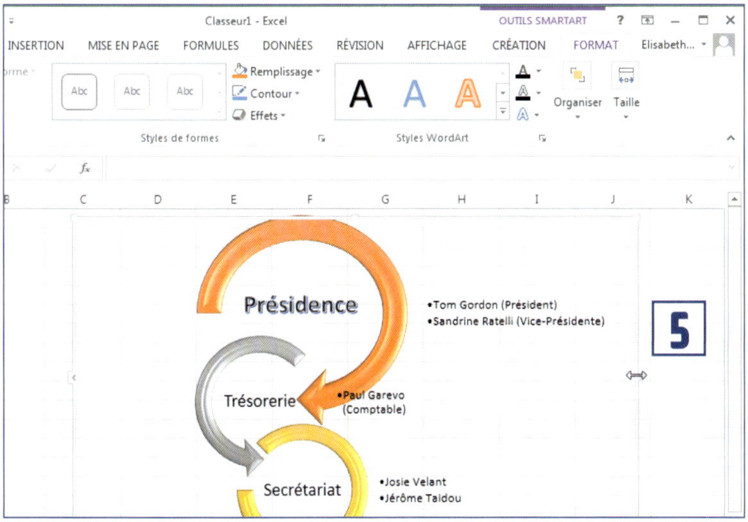

5/ Redimensionner l'objet

Cliquez sur le contour du SmartArt à redimensionner. Des rectangles blancs s'affichent aussi tout autour de celui-ci. De la même façon, cliquez sur l'un d'eux selon le redimensionnement à faire, et maintenez pressé le bouton.
Glissez jusqu'à ce qu'il atteigne la bonne taille.

CHANGER LA DIRECTION ET LA FORME D'UN ÉLÉMENT

0h20

Pour modifier l'accentuation ou inverser le flux d'un graphique SmartArt, vous pouvez changer sa direction à l'aide de la fonctionnalité De droite à gauche. Cela peut aussi vous aider à rendre le graphique plus lisible.

1/ Sélection

Sélectionnez l'élément ou l'objet SmartArt dont vous voulez changer la direction de flux.

2/ Direction du flux

Sous les Outils SmartArt, cliquez sur l'onglet Création puis, dans le groupe Créer un graphique, cliquez sur le bouton De droite à gauche.

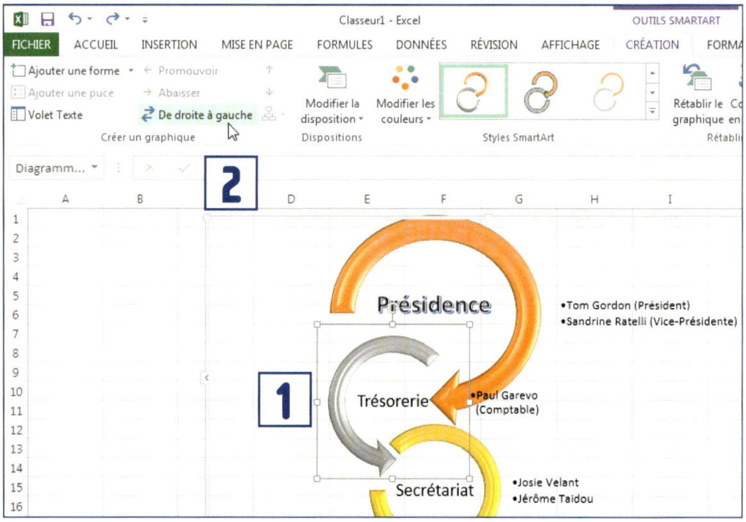

3/ Effet miroir

Le ou les éléments sont automatiquement renversés. Pour rétablir la direction d'origine du graphique SmartArt, cliquez à nouveau sur le bouton De droite à gauche.

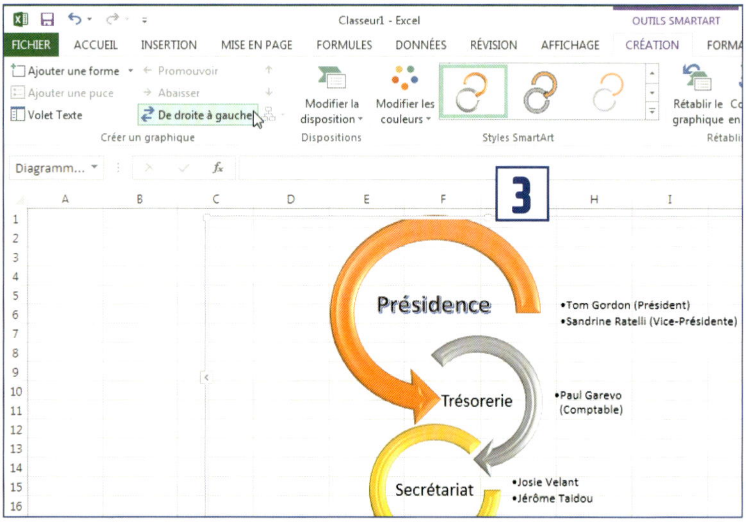

Outils SmartArt > Création > Créer un graphique > De droite à gauche

atelier **103**

SI AUCUNE DISPOSITION NE VOUS CONVIENT RÉELLEMENT, vous pouvez ajouter et supprimer des formes dans votre graphique SmartArt pour ajuster la structure de la disposition. Par exemple, il est possible que vous ayez besoin de deux voire cinq formes pour illustrer votre processus, alors que la disposition par défaut n'en contient que trois. Vous pouvez changer la forme existante par une autre sans modifier les données.

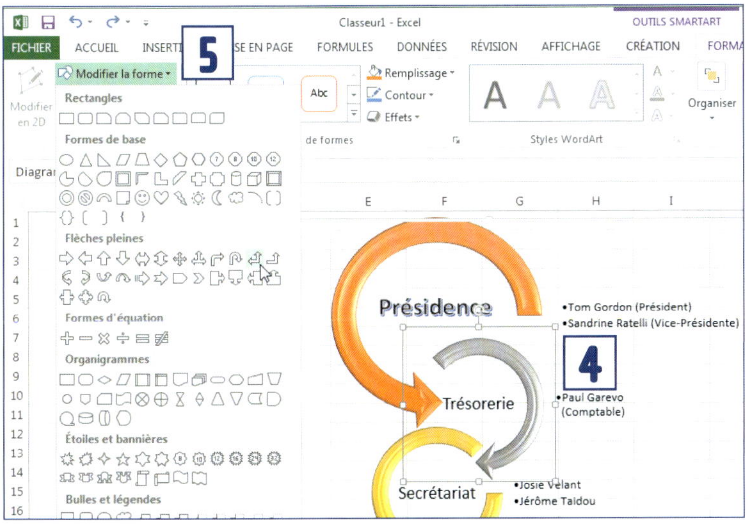

4/ Sélection

Sélectionnez l'élément dont vous voulez changer la forme existante.

5/ Modifier la forme

Sous les Outils SmartArt, cliquez sur l'onglet Format puis, dans le groupe Formes, cliquez sur le bouton Modifier la forme. Dans la galerie, cliquez sur la nouvelle forme à convertir.

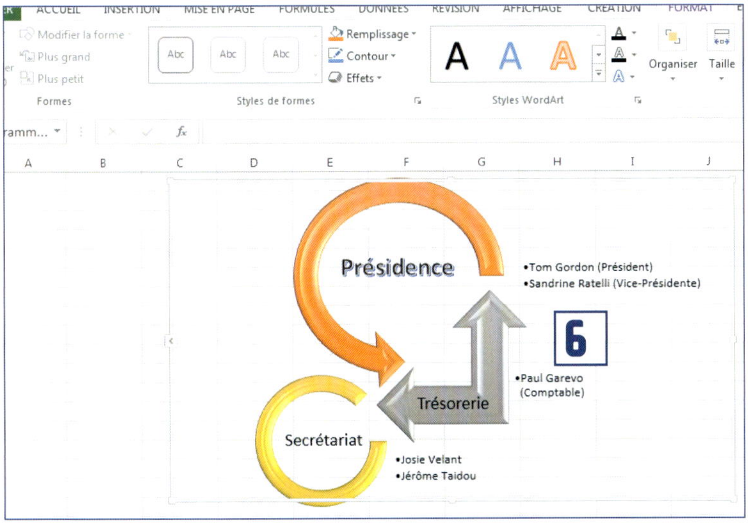

6/ Transformation

Sans qu'aucune donnée ne change, la forme s'est modifiée pour prendre le format choisi tout en gardant la mise en forme précédente.

CHANGER LA HIÉRACHIE DES ÉLÉMENTS

0h20

Bien qu'un organigramme ne soit en fait qu'une variante de graphique SmartArt, il offre des nuances particulières qui le différencient des autres variantes de graphiques SmartArt.

1/ Sélection

Sélectionnez l'élément à déplacer dans l'organigramme.

2/ Abaisser ou Promouvoir

Sous les Outils SmartArt, cliquez sur l'onglet Création puis, dans le groupe Créer un graphique, cliquez sur le bouton Abaisser ou le bouton Promouvoir, selon que vous souhaitiez le placer en hiérachie inférieure ou supérieure de sa position actuelle.

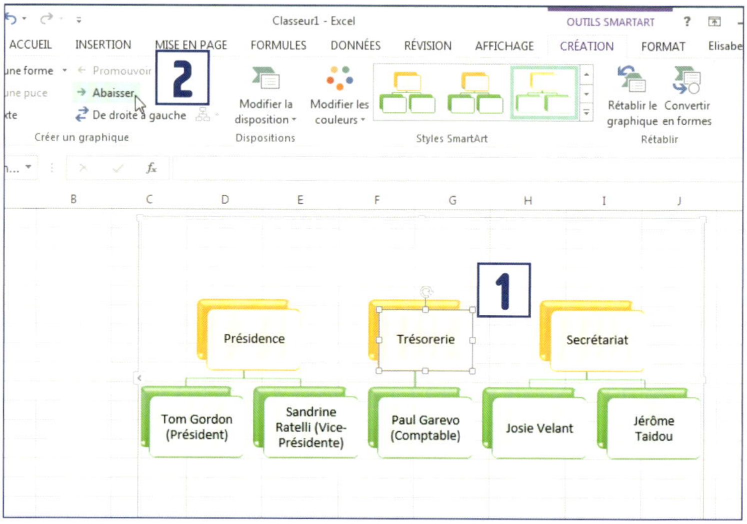

3/ Déplacement

L'élément rejoint immédiatement la ligne correspondante aux autres éléments de même hiérarchie.

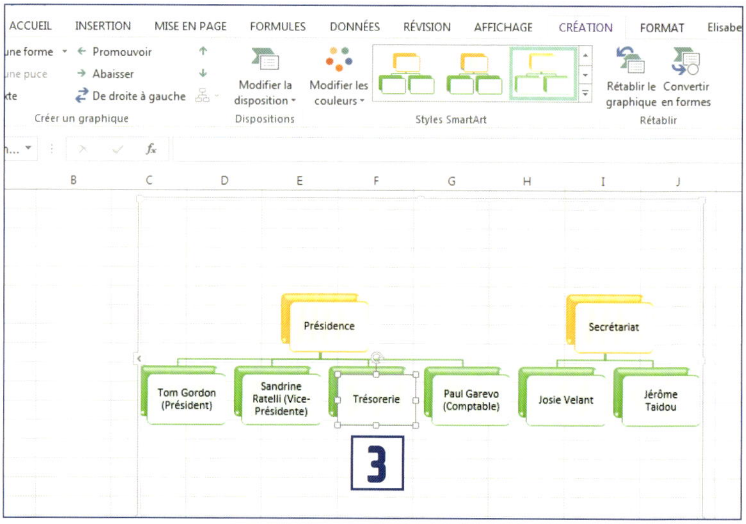

Outils SmartArt > Création > Créer un graphique > Abaisser
ou
Outils SmartArt > Création > Créer un graphique > Promouvoir

atelier **104**

VOUS POUVEZ METTRE EN FORME UN ORGANIGRAMME, tout comme vous mettez en forme un autre graphique SmartArt. Vous pouvez par exemple le repositionner, modifier les couleurs ou l'épaisseur de trait, et ainsi de suite.

4/ Sélection de groupe

Pour gagner du temps et éviter les erreurs vous pouvez abaisser ou promouvoir tout un groupe d'éléments. Il faut pour cela les sélectionner en cliquant sur eux tout en maintenant la touche [Maj] enfoncée pendant la sélection.

5/ Déplacer à nouveau

Cliquez à nouveau sur un bouton de déplacement hiérarchique.

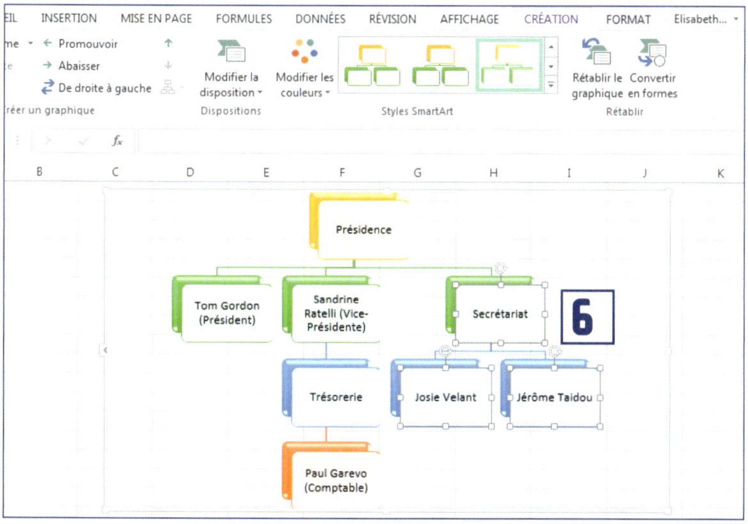

6/ Déplacement simultané

En un seul clic, tout le groupe s'est déplacé en respectant sa hiérachie interne.

Dans l'objectif pédagogique de cet ouvrage, vous pouvez accéder gratuitement (hors frais de connexion) à des exemples utilisés dans les ateliers sur le site de MA EDITIONS à l'adresse suivante :

www.ma-editions.com